グラフ・ネットワークアルゴリズムの基礎

数理とCプログラム

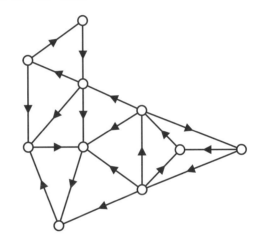

浅野孝夫 [著]

近代科学社

◆ 読者の皆さまへ ◆

平素より，小社の出版物をご愛読くださいまして，まことに有り難うございます．

㈱近代科学社は1959年の創立以来，微力ながら出版の立場から科学・工学の発展に寄与すべく尽力してきております．それも，ひとえに皆さまの温かいご支援があってのものと存じ，ここに衷心より御礼申し上げます．

なお，小社では，全出版物に対してHCD（人間中心設計）のコンセプトに基づき，そのユーザビリティを追求しております．本書を通じまして何かお気づきの事柄がございましたら，ぜひ以下の「お問合せ先」までご一報くださいますよう，お願いいたします．

お問合せ先：reader@kindaikagaku.co.jp

なお，本書の制作には，以下が各プロセスに関与いたしました：

・企画：小山　透
・編集：小山　透，高山哲司，安原悦子
・組版(TeX)・印刷・製本・資材管理：藤原印刷
・カバー・表紙デザイン：藤原印刷
・広報宣伝・営業：冨髙琢磨，山口幸治，西村知也

・本書の複製権・翻訳権・譲渡権は株式会社近代科学社が保有します．
・JCOPY〈(社)出版者著作権管理機構 委託出版物〉
本書の無断複写は著作権法上での例外を除き禁じられています．
複写される場合は，そのつど事前に(社)出版者著作権管理機構
（電話 03-3513-6969，FAX 03-3513-6979，e-mail: info@jcopy.or.jp）の
許諾を得てください．

はじめに

　本書は，グラフ・ネットワークアルゴリズムの講義の入門用の教科書である．グラフ・ネットワークアルゴリズムを含む発展的な離散アルゴリズムの講義・研究への橋渡しの役割を果たすことを目的として，内容は基本的なグラフ・ネットワークアルゴリズムに限定している．具体的には，アルゴリズムの基礎概念である漸近計算量やソーティング，優先度付きキュー，辞書，集合ユニオン・ファインドなどの基本的データ構造を学んだ学生を主たる対象として，大規模なグラフ・ネットワーク問題に対して高速性を発揮するアルゴリズムの基盤となる基本的な内容に限定している．このようなことから，本書は拙著『アルゴリズムの基礎とデータ構造：数理とCプログラム』（近代科学社，2017）の続編と見なせる．

　本書では，例題と図を多く用いて，グラフ・ネットワークアルゴリズムの背後に横たわる数理を解説し，読者が直観的なイメージを抱いて思考をめぐらせながらアルゴリズムの動作を手作業で確認できるようにしている．さらに，取り上げたアルゴリズムには，ほぼすべてC言語によるプログラムを与えて，様々な入力データのもとで走らせて出力結果も確認できるようにしている．また，各章での内容を効果的に復習できるように，章末に演習問題を置くとともに，多くの問題でその解答例も与えている．

　本書の具体的な構成は以下のとおりである．第1章では，効率的なグラフ・ネットワークアルゴリズムに必要不可欠なグラフ表現のデータ構造について述べている．第2章では，グラフ探索のアルゴリズムをグラフ表現のデータ構造に基づいて述べている．とくに，グラフ探索の代表とも言える深さ優先探索と幅優先探索を取り上げている．これらのグラフ探索のアルゴリズムは，通常のアルゴリズムにおけるソーティングの役割を果たすもので，多くの効率的なグラフ・ネットワークアルゴリズムで，前処理としての役割を果たしている．本書では，これらの準備に基づいて，第3章以降では，代表的なグラフアルゴリズムとネットワークア

ルゴリズムを取り上げている．すなわち，前半の第 3 章から第 6 章ではグラフアルゴリズムを，後半の第 7 章から第 13 章ではネットワークアルゴリズムを取り上げている．

より具体的には以下のとおりである．第 3 章では，最初のグラフアルゴリズムとして，深さ優先探索に基づく強連結成分分解アルゴリズムを与えている．強連結成分分解はシステムの故障診断や効率的解析への応用があると言われている．第 4 章では，有向閉路のないネットワークの最長パス問題に対する効率的なアルゴリズムを深さ優先探索に基づいて与えている．第 5 章では，グラフ理論の起源とも言われる一筆書きの問題に対するオイラーの特徴付けとそれによるアルゴリズムを，深さ優先探索（と見なせるアルゴリズム）に基づいて与えている．第 6 章では，二部グラフの最大マッチングを求める高速アルゴリズムを幅優先探索と深さ優先探索に基づいて与えている．

第 7 章では，最初のネットワークアルゴリズムとして，ネットワークアルゴリズムで最もポピュラーな最短パスアルゴリズムを与えている．そのアルゴリズムでは，グラフ表現のデータ構造とともに，基本的なデータ構造の優先度付きキュー（ヒープ）を用いている．アルゴリズムはグラフ探索の幅優先探索の一般化版と見なせる．第 8 章では，代表的なアルゴリズムデザインの一つである動的計画法に基づいて，全点間の最短パス問題に対するアルゴリズムを与えている．このアルゴリズムはプログラムがきわめて単純に書けるものであり，ある意味で本書では例外的に，グラフ表現のデータ構造もグラフ探索も用いていない．第 9 章では，同様に代表的なアルゴリズムデザインの一つであるグリーディ法に基づいて，ネットワークの最小全点木を求めるアルゴリズムを取り上げている．ここでは，ソーティングと基本データ構造の集合ユニオン・ファインド森が重要な役割を果たしている．なお，このアルゴリズムも同様に，ある意味で本書では例外的に，グラフ表現のデータ構造もグラフ探索も用いていない．

第 10 章から最後の第 14 章まではネットワークフロー問題を取り上げている．第 10 章は，ネットワークフロー問題の最初の章であるので，ネットワークフローアルゴリズムの背後に横たわる基本的なアイデアと，最大フローを求める Ford-Fulkerson（フォード–ファルカーソン）のアルゴリズムを与えている．第 11 章では，最大フローを求める高速アルゴリズムを与えている．そのアルゴリズムは，Dinic（ディニッツ）のアルゴリズムと呼ばれていて，あるネットワークでの幅優

先探索と深さ優先探索を繰り返すことからなる．第12章では，より一般的な枠組みのフロー問題も，前の二つの章で取り上げた最大フロー問題に帰着できて，Dinicの最大フローアルゴリズムで解けることを与えている．第13章では，さらに一般的な枠組みの費用も付随するネットワークフロー問題，すなわち，最小費用フロー問題を取り上げ，最短パス問題を繰り返し解くことで，この問題が解けることを与えている．第14章では，ネットワークフロー問題が整数計画（線形計画）問題として定式化でき，本書で取り上げた多くのネットワークアルゴリズムの背後にあるアイデアが，数理計画（線形計画）の理論に基づいていることを与えている．そして最後に，演習問題の解答例と参考文献を与えている．

　前にも述べたように，本書で与えたアルゴリズムは，ほぼすべてで，アルゴリズムを実現するプログラムも与えている．プログラムは，主として配列を用いている．構造体やポインタを用いるのが自然と思われるが，それらを縦横無尽に使いこなすにはかなりの熟練度が必要と思われるので，本書では，より単純な配列を用いてすべてのプログラムを実現している．これは本書の特色と言える．さらに，本書に掲載したプログラムはいずれも対応するアルゴリズムの最悪の漸近計算量で動作するように作成しているものの，きわめて素朴に書かれているので，実際の利用においてはさらなる工夫が可能である．また，すべてのプログラムの各行で，

　　`//`

に続く部分はコメント文であり，プログラムの実行では無視されるので省略可能である．コメント文はプログラムの理解を助けるための補助的なものである．なお，本書のプログラムにおけるこの形式のコメント文は，ほとんどのCコンパイラーで問題なく処理され，実行形式のプログラムが得られることを注意しておく．実際，本書のプログラムは，Borland C++Compiler 5.5でコンパイルして実行確認済みである．一方，データを読み込む関数 scanf() は，scanf_s() としなければならないこともあることを注意しておく．

　グラフ・ネットワークアルゴリズムの講義では，各章の話題を1回90分の講義で取り上げ，演習問題とプログラムの実行は学生の自習課題とすれば，半期15回の講義で本書の内容をほぼすべて終えることができる．もちろん，グラフ・ネットワークアルゴリズムをすでに学んだ学生や実務に従事する人の復習用として本書を用いることもできる．本書が，グラフ・ネットワークアルゴリズムの理解の

手助けになることを心から願っている．

　本書は，科学研究費と中央大学特定課題研究費からの助成金による研究調査に基づいて執筆されたものである．また，近代科学社のスタッフ，とくに，小山透氏には本書の執筆に際して励ましの言葉と貴重なご助言をいただいた．高山哲司氏と安原悦子氏には校正と編集作業で的確な助言をいただいた．以上の方々に深く感謝する．最後に，日頃から支えてくれる妻（浅野眞知子）に感謝する．

2017 年 3 月
浅野孝夫

目　次

はじめに iii

第1章　グラフ表現のデータ構造

1.1　グラフの基礎概念 1
1.2　有向グラフの完備データ構造 6
1.3　有向グラフの完備データ構造構成のプログラム 10
1.4　無向グラフの標準的データ構造 14
1.5　無向グラフの標準的データ構造構成のプログラム 15
1.6　行列によるグラフ表現 18
1.7　演習問題 20

第2章　グラフ探索のアルゴリズム

2.1　グラフ探索 22
2.2　深さ優先探索と幅優先探索 23
2.3　有向グラフの深さ優先探索 25
　　2.3.1　有向グラフの深さ優先探索のプログラム 29
2.4　有向グラフの幅優先探索 31
　　2.4.1　有向グラフの幅優先探索のプログラム 34
2.5　無向グラフの深さ優先探索と幅優先探索 38
　　2.5.1　無向グラフの深さ優先探索木と幅優先探索木 41
2.6　無向グラフの深さ優先探索と幅優先探索のプログラム 42

viii　目　次

2.7　深さ優先探索と幅優先探索の応用例 45
　　2.7.1　グラフが閉路をもつかどうかの判定 46
　　2.7.2　グラフが指定された2点を結ぶパスをもつかどうかの判定 46
　　2.7.3　無向グラフの連結成分分解 46
　　2.7.4　グラフの指定された2点を結ぶ辺数最小のパス 46
　　2.7.5　無向グラフが二部グラフであるかどうかの判定 47
2.8　演習問題 49

第3章　有向グラフの強連結成分分解

3.1　強連結成分分解 50
3.2　強連結成分分解のプログラム 52
3.3　凝縮グラフ 57
3.4　演習問題 58

第4章　トポロジカルソートと最長パス

4.1　有向無閉路グラフのトポロジカルソート 59
4.2　有向無閉路ネットワークでの最長パス 60
4.3　有向無閉路ネットワークの最長パス木を求めるプログラム . . 63
4.4　演習問題 67

第5章　オイラーグラフと一筆書き

5.1　オイラーグラフ 68
5.2　一筆書きを求めるアルゴリズム 69
5.3　有向グラフに対するアルゴリズムの実行例 70
5.4　有向オイラーグラフの一筆書きを求めるプログラム 74
5.5　無向グラフに対するアルゴリズムの実行例 76
5.6　無向オイラーグラフの一筆書きを求めるプログラム 80

5.7　演習問題 82

第6章　二部グラフの最大マッチング

6.1　最大マッチング 84
6.2　二部グラフの最大マッチングを求めるアルゴリズム 85
6.3　ホップクロフト–カープの高速アルゴリズム 88
6.4　ホップクロフト–カープのアルゴリズムのプログラム 91
6.5　演習問題 97

第7章　最短パス

7.1　最短パス問題 98
7.2　最短パスを求めるダイクストラのアルゴリズム 99
7.3　ダイクストラのアルゴリズムの正当性 100
7.4　ダイクストラの最短パスアルゴリズムのプログラム 102
7.5　演習問題 106

第8章　全点間の最短パス問題

8.1　全点間の最短パスを求めるワーシャル–フロイド法 107
8.2　ワーシャル–フロイド法のプログラム 111
8.3　演習問題 114

第9章　最小全点木

9.1　最小全点木を求めるクラスカルのアルゴリズム 115
9.2　クラスカルのアルゴリズムの正当性 116
9.3　クラスカルのアルゴリズムの計算時間 120
9.4　クラスカルのアルゴリズムのプログラム 121

x　目次

9.5　演習問題 124

第10章　最大フローと最小カット

10.1　最大フローと最小カットの定義 126
10.2　最大フロー最小カット定理 128
10.3　残容量ネットワークと増加パス 129
10.4　フォード–ファルカーソンの最大フローアルゴリズム 132
10.5　二部グラフの最大マッチングと最大フローの関係 133
10.6　フォード–ファルカーソンの最大フローアルゴリズムのプログラム . 136
10.7　演習問題 142

第11章　ディニッツの最大フローアルゴリズム

11.1　レベルネットワークと極大フロー 143
11.2　ディニッツの最大フローアルゴリズム 144
　　11.2.1　ディニッツの最大フローアルゴリズムの実行例 146
　　11.2.2　ディニッツの最大フローアルゴリズムの計算時間解析 .. 146
11.3　ディニッツの最大フローアルゴリズムのプログラム 148
11.4　演習問題 152

第12章　需要付きフローと下界付きフロー

12.1　需要付きフロー 154
12.2　下界付きフロー 158
12.3　演習問題 161

第13章　最小費用フロー問題

13.1　最小費用フロー問題の定義 162

13.2 負の長さの閉路除去による最小費用フローアルゴリズム 165
13.3 最短パス計算による最小費用フローアルゴリズム 166
13.4 ダイクストラのアルゴリズムの適用 168
13.5 最小費用フローアルゴリズムのプログラム 172
13.6 演習問題 181

第14章 フロー問題の線形計画問題定式化

14.1 線形計画問題：主問題と双対問題 182
14.2 双対定理と相補性条件 185
  14.2.1 相補性条件の成立することの確認 187
14.3 最大フロー問題の線形計画問題としての定式化 188
14.4 最小費用フロー問題の線形計画問題としての定式化 193
14.5 演習問題 199

演習問題解答　　　　　　　　　　　　　　　　　　　　　　201

参考文献　　　　　　　　　　　　　　　　　　　　　　　　229

索　引　　　　　　　　　　　　　　　　　　　　　　　　　231

第1章 グラフ表現のデータ構造

グラフやネットワークを用いて表現される情報をコンピューターで効率的に処理するためには，それらの情報（データ）を処理しやすくなるようにコンピューターのメモリに構造をもたせて記憶しておくことが大切である．本章の目標は，グラフの情報をコンピューターのメモリに記憶するための効率的なデータ構造を理解することである．

1.1 グラフの基礎概念

グラフ (graph) G は，有限個の**点** (vertex) の集合 $V(G)$ と $V(G)$ の2点を結ぶ**辺** (edge) の有限集合 $E(G)$ からなる数理モデルである（辺は枝と呼ばれることも多い）．点集合を V，辺集合を E と指定して $G = (V, E)$ と表記することも多い．各辺 $e \in E$ で結ばれる2点 u, v を e の**端点** (end vertex) といい，$e = (u, v)$ と表記する．このとき，点 u と点 v は**隣接** (adjacent) し，辺 e は点 u（および点 v）に**接続** (incident) しているという．辺 e に u から v への向きがあるときは，e を**有向辺** (directed edge) といい，u を e の**始点** (tail)，v を e の**終点** (head) という．このとき，始点を先に終点を後にして $e = (u, v)$ と書き，$e = (v, u)$ とは書かない．なお，辺 e に向きのないときは**無向辺** (undirected edge) と呼び区別することもある．すべての辺が無向辺であるようなグラフを**無向グラフ** (undirected graph) という．一方，すべての辺が有向辺であるようなグラフを**有向グラフ** (directed graph) という（図 1.1）．

グラフの辺 $e = (u, v)$ は，$u = v$ のとき，**自己ループ** (self-loop) と呼ばれる．グラフの異なる2辺 e, e' は，$u \neq v$，$e = (u, v)$ かつ $e' = (u, v)$ のとき（有向グラフでは，ともに始点が等しく，ともに終点も等しいとき），**並列辺** (parallel edges)

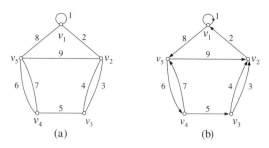

図 1.1 (a) 無向グラフ，(b) 有向グラフ

あるいは**多重辺** (multi-edges) と呼ばれる．したがって，有向グラフでは，$u \neq v$，$e = (u,v)$，$e' = (v,u)$ のとき，辺 e, e' は並列辺ではない．並列辺も自己ループももたないグラフを**単純グラフ** (simple graph) という．一方，並列辺や自己ループも許すようなグラフを**多重グラフ** (multi-graph) ということも多い．図 1.1(a) の無向グラフでは，辺 1 は自己ループで辺 3,4 は並列辺（辺 6,7 も並列辺）である．一方，図 1.1(b) の有向グラフでは，辺 1 は自己ループで辺 3,4 は並列辺であるが，辺 6,7 は並列辺ではない．

並列辺があるときには，より正確性を期して，辺 e で結ばれる端点を $\partial(e)$ と表記する．すなわち，無向グラフ $G = (V, E)$ の辺 $e = (u, v) \in E$ では $\partial(e)$ は $\{u, v\}$ であり，∂ は関数 $\partial : E \to \{X \subseteq V \mid |X| \leq 2\}$ である．このとき，この無向グラフ G を $G = (V, E, \partial)$ と表記する．一方，有向グラフ $G = (V, E)$ の辺 $e = (u, v) \in E$ では $\partial(e)$ は (u, v) であり，$\partial : E \to V \times V$ である．より詳しくは，二つの関数 $\partial^+ : E \to V$ と $\partial^- : E \to V$ を用いて，$\partial^+(e)$ を e の始点，$\partial^-(e)$ を e の終点として $\partial(e) = (\partial^+(e), \partial^-(e))$ と考えて，この有向グラフ G を $G = (V, E, \partial^+, \partial^-)$ と表記する（図 1.2）．

厳密な議論が必要なときには，$G = (V, E, \partial)$ や $G = (V, E, \partial^+, \partial^-)$ の記法を用いるが，通常は，グラフ G を $G = (V, E)$ で表しても誤解が生じないと思われるので，本書では，とくに断らない限り，$G = (V, E)$，あるいはさらに単純化して，G（このときは点集合は $V(G)$ で辺集合は $E(G)$ である）を用いる．またこのとき，$\partial(e) = (u, v)$ を単に $e = (u, v)$ と書くことにする．

二つのグラフ G_1, G_2 に対して，$V(G_1) \subseteq V(G_2)$ かつ $E(G_1) \subseteq E(G_2)$ のとき，G_1 を G_2 の**部分グラフ** (subgraph) という．さらに，$V(G_1) \subset V(G_2)$ あるいは

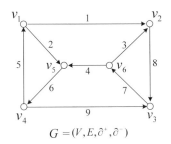

E	1	2	3	4	5	6	7	8	9
$\partial^+(e)$	v_1	v_1	v_6	v_6	v_4	v_5	v_3	v_2	v_4
$\partial^-(e)$	v_2	v_5	v_2	v_5	v_1	v_4	v_6	v_3	v_3

図 1.2 点集合 $V = \{v_1, v_2, \ldots, v_6\}$ と辺集合 $E = \{1, 2, \ldots, 9\}$ の有向グラフ $G = (V, E, \partial^+, \partial^-)$

$E(G_1) \subset E(G_2)$ のときには，G_1 を G_2 の**真部分グラフ** (proper subgraph) という．グラフ G の点列 $P = (v_1, v_2, \ldots, v_k)$ は，すべての (v_i, v_{i+1}) $(i = 1, 2, \ldots, k-1)$ が G の互いに異なる辺であるとき，G における点 v_1 から点 v_k への**パス** (path) と呼ばれる．このとき，点 v_1, v_k をパス P の端点といい，パス P に含まれる辺の本数 $k-1$ をパス P の**長さ** (length) という．パス P の端点が一致する（$v_1 = v_k$）ならばパス P は**閉じている**と呼ばれる．また，（$v_1 = v_k$ の）閉じたパス P はすべての点 $v_1, \ldots, v_{k-1}$ が異なるとき，**閉路** (circuit) と呼ばれる．さらに，すべての点 $v_1, \ldots, v_k$ が異なるとき，パス P は**単純** (simple) であると呼ばれる．有向グラフでは，とくに，**有向パス**，**有向閉路**と"有向"を付けて区別することもある．本書では，これ以降，単純なパスを簡略化してパスと呼び，単純でないことも認めるときには，強調して，**単純とは限らないパス**と呼んで用いる．無向グラフ G のどの 2 点 u, v に対しても u と v を結ぶパスがあるとき，G は**連結** (connected) であると呼ばれる．G の任意の極大な連結部分グラフ G'（したがって，G' を真部分グラフとする G の連結な部分グラフは存在しない）は，G の**連結成分** (connected component) と呼ばれる（図 1.3）．

閉路のない連結な無向グラフを**木** (tree) という．n 個の点をもつ木は $n-1$ 本の辺をもつことが言える．木の任意の 2 点 u, v に対して u から v へのパスは唯一に定まる．**根** (root) と呼ばれる 1 個の特別視された点をもつ木を**根付き木** (rooted tree) という（図 1.4）．根付き木においては，点は，通常，**ノード** (node) と呼ばれる．根から各ノード v へのパスは唯一であり，そのパスに沿って v の直前のノード w を v の**親** (parent) といい，$w = p(v)$ と表記する．v を w の**子** (child)

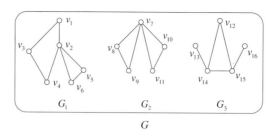

図 1.3 グラフ G は三つの連結成分 G_1, G_2, G_3 からなる

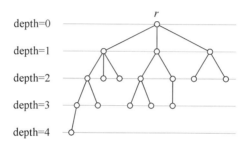

図 1.4 根付き木 T（根 r）における各ノードの depth（深さ）

ともいう（親は一意に定まるが，子は一般に複数個ある）．根 r の親はないので $p(r) = \text{NULL}$（空であることを意味する）と定める．ノード v から根へのパス上にあるノード（v 自身も含めて）を v の**祖先** (ancestor) という．同じ親をもつ子同士を**兄弟**という．ノード v から子を次々とたどって到達できるノードを（v 自身も含めて）ノード v の**子孫** (descendant) という．すなわち，ノード v を祖先とするようなノード w が v の子孫である．子をもたないノードを**葉** (leaf) あるいは**外点**という．

根付き木におけるノード v の**深さ** $\text{depth}(v)$ は，v の親 $p(v)$ を用いて，

$$\text{depth}(v) = \begin{cases} 0 & （v \text{ が根のとき}） \\ \text{depth}(p(v)) + 1 & （\text{それ以外のとき}） \end{cases}$$

として定義される．根付き木の深さはその根付き木に含まれるノードの最大の深さであると定義する（図 1.4）．

根付き木において，子に順序があるときには，その根付き木は**順序木** (ordered tree) と呼ばれ，本書では，早い子ほど左に書いて表す．順序木は単に根付き木と呼ばれることも多いので，本書でもあまり厳密には区別しないことにする．根付き木のノードの系統的なラベリングとしては，**先行順** (preorder)，**後行順** (postorder)，**幅優先順** (breadth-first order) などが有名である．

根付き木のラベリング
入力：根 r の n 個のノードからなる根付き木 T．
出力：T のすべてのノードへの 1 から n のラベルの割当て．

根付き木 T における根 r のすべての子を早い順に $v_1, v_2, \ldots, v_k$ とする．根 r の各子 v_i に対して，v_i のすべての子孫の集合は T の部分グラフであり，かつ v_i を根とする根付き木 T_i と見なせるので**部分木** (subtree) と呼べる．根付き木 T の先行順，後行順，幅優先順のラベルは以下のアルゴリズムで与えられる．

先行順
1. 根 r に 1 のラベルを付ける．
2. $i := 1$ とする．
3. (a) $i > k$ ならば終了する．
   $i \leq k$ ならば v_i を根とする T の部分木 T_i を（再帰的に）先行順にラベルを付ける．
   (b) $i := i + 1$ として (a) に戻る．

後行順
1. $i := 1$ とする．
2. (a) $i > k$ ならば 3. へ行く．
   $i \leq k$ ならば v_i を根とする T の部分木 T_i を（再帰的に）後行順にラベルを付ける．
   (b) $i := i + 1$ として (a) に戻る．
3. 根 r に n のラベルを付ける．

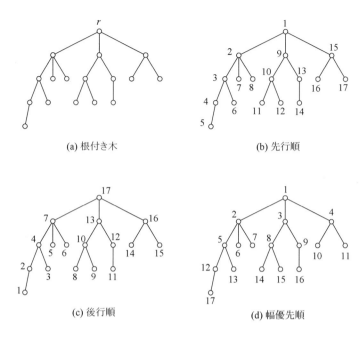

図 1.5 根付き木のラベリング

幅優先順

1. 根から出発して，深さの小さい順にノードにラベルを付ける．同じ深さのノードは，左から順にラベルを付ける．

図 1.5 は，(a) の根付き木に対する先行順，後行順，幅優先順のラベルを示している．

1.2 有向グラフの完備データ構造

前述のように，グラフ G の点集合を $V(G)$，辺集合を $E(G)$ と書き，$n = |V(G)|$，$m = |E(G)|$ とする（すなわち，n は G の点数，m は G の辺数である）．有向グラフ G の各辺 $e \in E(G)$ に対して $\partial^+(e)$ は辺 e の始点 (tail) を，$\partial^-(e)$ は辺 e の終点 (head) を表すので，$\partial^+ : E(G) \to V(G)$，$\partial^- : E(G) \to V(G)$ は辺の始点，

終点を表す関数と言える．したがって，原理的には，グラフ G は，図 1.2 で示していたように，関数 ∂^+, ∂^- を（たとえば配列を用いて）コンピューターのメモリに記憶するだけで十分である．

一方，一般に関数 ∂^+, ∂^- を単に配列で記憶するだけでなく，∂^+, ∂^- で同一の点に写像されるすべての辺をリストを用いて記憶しておくと有利なことも多い．実際，関数 ∂^+, ∂^- だけでは，グラフ上で点から辺（たとえば，与えられた点を始点とする辺など）を検索するときにひどく時間がかかってしまう．そこで本書では，グラフ G をコンピューターのメモリに記憶する際に，関数 ∂^+, ∂^- を配列で記憶するだけでなく，各点 $v \in V(G)$ に対して，v から出ていく（v を始点とする）辺の集合 $\delta^+(v) = \{e \in E(G) \mid \partial^+(e) = v\}$ および v に入ってくる（v を終点とする）辺の集合 $\delta^-(v) = \{e \in E(G) \mid \partial^-(e) = v\}$ をそれぞれリストとして記憶しておく．実際，これらはグラフ上での点から辺への探索に必要で役立つものであることが，様々なグラフアルゴリズム（ネットワークアルゴリズム）を通してわかることになる[1]．

有向グラフ G を，関数 ∂^+, ∂^- を配列で記憶するとともに，それらの逆関数とも言える δ^+, δ^- をリストとして記憶するデータ構造を，本書では，**有向グラフの完備データ構造** (complete data structure) という．なお，δ^+, δ^- を表現するリストは，**接続辺リスト** (incidence list) と呼ばれる[2]．

図 1.6(a) の有向グラフ G を用いて G を表現する完備データ構造を具体的に説明しよう．この図では，関数 ∂^+, ∂^- をそれぞれサイズ $m = |E(G)|$ の配列 tail, head で表している（図 1.6(b)）．また δ^+ と δ^- の接続辺リストは，配列による表現を用いて，それぞれ，配列 edgefirst, edgenext と配列 revedgefirst, revedgenext で表している．ここで，edgefirst, revedgefirst はサイズ $n = |V(G)|$ の配列，edgenext, revedgenext はサイズ $m = |E(G)|$ の配列である（図 1.6(c),(d)）．なお，edgefirst[i]（revedgefirst[i]）は，v_i を始点（終点）とする辺集合 $\delta^+(v_i)$（$\delta^-(v_i)$）の接続辺リストの先頭を指すポインターの役割を果たしている．0 は NULL（を指すポイ

---

[1] グラフ G の各辺 e あるいは各点 v に重み $w(e)$ あるいは $w(v)$ が付随するときには，とくに，ネットワーク (network) と呼び，$N = (G; w)$ と表記する．

[2] 単に**接続リスト**と呼ばれることも多い．またグラフが単純であるときには，各点 v を始点（終点）とする辺集合 $\delta^+(v)$（$\delta^-(v)$）のリストは，$\delta^+(v)$（$\delta^-(v)$）の辺の終点（始点）のリストに一対一対応し，同じものと見なせることから，接続辺リストは**隣接点リスト** (adjacency list) と呼ばれる（単に**隣接リスト**と呼ばれることも多い）こともあるが，本書では，多重グラフも扱える，より一般的な枠組みの，接続辺リストを用いることにする．

8　第1章　グラフ表現のデータ構造

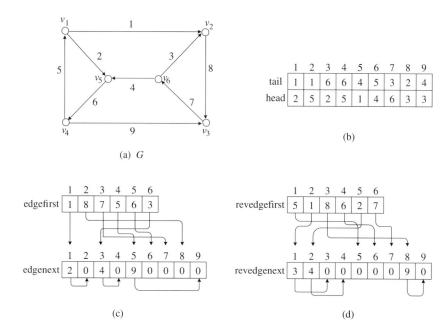

図 1.6　有向グラフ G と G を表現する完備データ構造（点 v_i を i と表示している）

ンター）に対応し，リストの最後を表している．したがって，edgefirst$[v_i] = 0$ は $\delta^+(v_i)$ の接続辺リストが空のリストであることを意味し，図1.6 の (c) と (d) は，それぞれ，図1.7 の (c) と (d) の接続辺リストを配列に埋め込んだものと考えることができる．

したがって，有向グラフ G の完備データ構造に必要な領域は $2n + 4m$ である ($n = |V(G)|, m = |E(G)|$)．さらに，このような接続辺リストは，各辺の始点と終点が入力として与えられれば，$O(n+m)$ 時間で構成できる．

実際，各点 v_i を始点とする辺集合 $\delta^+(v_i) = \{e \in E(G) \mid \partial^+(e) = v_i\}$ （終点とする辺集合 $\delta^-(v_i) = \{e \in E(G) \mid \partial^-(e) = v_i\}$）の接続辺リストは，最初にそのようなリスト edgefirst$[i]$ (revedgefirst$[i]$) を空のリスト edgefirst$[i] = 0$ (revedgefirst$[i] = 0$) に初期設定して，以下，辺 m から辺 1 へ辺を逆順にたどりながら，辺 $a = (v_{i_a}, v_{j_a})$ をたどっている時点で，点 v_{i_a} を始点とする（点 v_{j_a} を終点とする）辺のリスト edgefirst$[i_a]$ (revedgefirst$[j_a]$) の先頭に a を挿入してい

1.2 有向グラフの完備データ構造　9

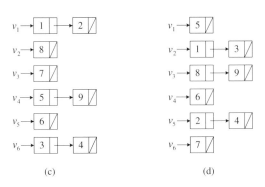

図 **1.7**　図 1.6 の (c) 各点を始点とする辺のリストと (d) 各点を終点とする辺のリスト

くことでできる（1.3 節参照）[3]．したがって，接続辺リストは $O(m+n)$ 時間で構成できる．

　一方，各点を終点とする接続辺リストを必要としないグラフ・ネットワークアルゴリズムもある．そのときには，領域節約のため各点を終点とする接続辺リスト（すなわち，配列の revedgefirst と revedgenext）を省略できる．このように，関数 ∂^+(tail)，∂^-(head) と接続辺リスト δ^+ (edgefirst, edgenext) のみを用いた表現を**有向グラフの標準的データ構造** (standard data structure) という．したがって，有向グラフ G の標準的データ構造に必要な領域は $n+3m$ である．さらに，各辺 e の始点 tail[e] は，始点に接続する辺の接続辺リストがあれば不要なこともあるので，そのときには，有向グラフ G の標準的データ構造から，さらに領域節約のため配列 tail は省略してもよい．このように，関数 ∂^-(head) と接続辺リスト δ^+ (edgefirst, edgenext) のみを用いた表現を**有向グラフの標準的データ構造（単純化版）**という．したがって，有向グラフ G の標準的データ構造（単純化版）に必要な領域は $n+2m$ である．

---

[3] このようにすると，各点を始点（終点）とする接続辺リストは，入力された辺の順番になる．もちろん，辺が入力されるごとにリストの先頭に挿入していくこともできる．そのときには，各点を始点（終点）とする接続辺リストの辺の順番は，入力された辺の順番の逆順になる．リストの末尾を指すポインターを用意して，辺が入力されるごとに対応するリストの末尾に挿入することにすれば，各点を始点（終点）とする接続辺リストは，入力された辺の順番になる．いずれにしても，漸近的な計算時間は $O(m+n)$ で変わりはない．

1.3 有向グラフの完備データ構造構成のプログラム

以下の有向グラフの完備データ構造構成のプログラムは，有向グラフ G を入力する関数と辺の始点・終点の情報から接続辺リストを構成する関数（および接続辺リストを出力する関数）からなる．本書の多くのアルゴリズムの実装プログラムでも用いられるので，それぞれ，ライブラリプログラムの DigraphInput.h と CompStructLibrary.h として登録しておく．なお，tail, head, edgefirst, revedgefirst, edgenext, revedgenext は上で述べたようなデータ構造を実現するための配列であり，m と n はグラフの辺数と点数に対応する．vmaxsize と emaxsize は扱えるグラフの最大点数と最大辺数に対応するパラメーターであり，実際のプログラムでは，ライブラリプログラムの DigraphInput.h と CompStructLibrary.h の読み込み前に定数定義部で適切な値に設定する．

以下は関数のより詳しい説明である．

1. `directed_graph_input()` 有向グラフの点数 n と辺数 m を読み込む．次に，m 本の各辺 a の始点と終点を読み込み，それぞれ tail[a] と head[a] に記憶する．なお，データ構造として用いる配列は tail と head のみであり，使用する領域は $2m$ である．

2. `dicomp_incidence_list_construct()` 完備データ構造の接続辺リスト（各点を始点とする辺のリストと各点を終点とする辺のリスト）を構成する．なお，配列の tail と head 以外に，ここでさらにデータ構造として用いる配列は edgefirst, edgenext, revedgefirst, revedgenext のみであり，使用する領域は $2n+2m$ である（配列の tail と head も含めると使用する領域は $2n+4m$ である）．

3. `dicomp_incidence_list_output()` 接続辺リスト（各点を始点とする辺のリストと各点を終点とする辺のリスト）を出力する．

```
// 有向グラフ入力のライブラリプログラム DigraphInput.h
int tail[emaxsize+1], head[emaxsize+1];
int m, n;
void directed_graph_input(void){// 有向グラフのデータを入力する関数
    int a;
    printf("入力するデータは有向グラフのデータです\n");
    printf("有向グラフの点数 n と辺数 m を入力してください\n");
    scanf("%d %d", &n, &m);
    printf("m 本の各辺の始点と終点を入力してください\n");
```

```
    for (a = 1; a <= m; a++) scanf("%d %d", &tail[a], &head[a]);
    printf("有向グラフの点数 n=%d, 辺数 m=%d \n",n,m);
}
// 完備データ構造構成のライブラリプログラム CompStructLibrary.h
int edgefirst[vmaxsize+1], revedgefirst[vmaxsize+1];
int edgenext[emaxsize+1], revedgenext[emaxsize+1];
void dicomp_incidence_list_construct(void){// 接続辺リストを構成する関数
    int a, v;
    for (v = 1; v <= n; v++) {// 空のリストに初期設定
        edgefirst[v] = 0; revedgefirst[v] = 0;
    }
    for (a = m; a >= 1; a--) {// 辺 a を逆順に見ていきながら
        v = tail[a];    // v を始点とする辺のリストの先頭に辺 a を挿入
        edgenext[a] = edgefirst[v];
        edgefirst[v] = a;
        v = head[a]; // v を終点とする辺のリストの先頭に辺 a を挿入
        revedgenext[a] = revedgefirst[v];
        revedgefirst[v] = a;
    }
}
void dicomp_incidence_list_output(void){// 接続辺リストを出力する関数
    int a, k, v;
    printf("\n 各点を始点とする辺のリスト\n");
    printf("点 v: v を始点とする辺（その終点）の並び\n");
    for (v = 1; v <= n; v++) {// 各点 v を始点とする辺のリストの出力
        printf("%3d:  ", v);
        a = edgefirst[v];
        k = 0;
        while (a != 0) {
            printf("%3d (%3d)  ", a, head[a]);
            k++; if (k % 10 == 0) printf("\n     ");
            a = edgenext[a];
        }
        printf("\n");
    }
    printf("\n 各点を終点とする辺のリスト\n");
    printf("点 v: v を終点とする辺（その始点）の並び\n");
    for (v = 1; v <= n; v++) {// 各点 v を終点とする辺のリストの出力
        printf("%3d:  ", v);
        a = revedgefirst[v];
        k = 0;
        while (a != 0) {
            printf("%3d (%3d)  ", a, tail[a]);
            k++;
            if (k % 10 == 0) printf("\n     ");
            a = revedgenext[a];
        }
        printf("\n");
```

        }
}

このライブラリプログラムを用いて，実際に有向グラフの完備データ構造が構成されることを確認するためのプログラムは以下のように書ける．使用する領域は，前述したように，$2n+4m$である．

```
// 有向グラフ入力と完備データ構造構成のプログラム compstruct.c
#include <stdio.h>
#define vmaxsize         1000
#define emaxsize         2000
#include"DigraphInput.h"
#include"CompStructLibrary.h"
int main(void) {
    directed_graph_input();      // 有向グラフの辺数 m, 点数 n, 始点, 終点が決定される
    dicomp_incidence_list_construct();   // 接続辺リストが構成される
    dicomp_incidence_list_output();      // 構成された接続辺リストが出力される
    return 0;
}
```

図1.8は，図1.6(a) の有向グラフ G に対して上記のプログラムを走らせた出力結果である．なお，出力の部分では，各点 i を始点（終点とする）とするすべての辺が i : の部分に，有向グラフ G の辺として並べられている．

有向グラフの標準的データ構造構成のプログラムは，上記の有向グラフの完備データ構造構成のプログラムの一部を省略することで得られる．正確性を期して以下にそのプログラムを載せておく．これも本書の多くのアルゴリズムの実装プログラムでも用いられるので，ライブラリプログラムの DiStandStructLibrary.h として登録しておく．以下は関数のより詳しい説明である．

1. `distand_incidence_list_construct()` 標準的データ構造の接続辺リスト（各点を始点とする辺のリスト）を構成する．なお，配列の tail と head 以外に，ここでさらにデータ構造として用いる配列は edgefirst, edgenext のみであり，使用する領域は $n+m$ である（配列の tail と head も含めると使用する領域は $n+3m$ である）．

2. `distand_incidence_list_output()` 接続辺リスト（各点を始点とする辺のリスト）を出力する．

1.3 有向グラフの完備データ構造構成のプログラム 13

```
                入力するデータは有向グラフのデータです
                有向グラフの点数 n と辺数 m を入力してください
                m 本の各辺の始点と終点を入力してください
                有向グラフの点数 n=6，辺数 m=9

                各点を始点とする辺のリスト
    6 9         点 v: v を始点とする辺（その終点）の並び
    1 2           1:    1 ( 2)    2 ( 5)
    1 5           2:    8 ( 3)
    6 2           3:    7 ( 6)
    6 5           4:    5 ( 1)    9 ( 3)
    4 1           5:    6 ( 4)
    5 4           6:    3 ( 2)    4 ( 5)
    3 6
    2 3         各点を終点とする辺のリスト
    4 3         点 v: v を終点とする辺（その始点）の並び
                  1:    5 ( 4)
                  2:    1 ( 1)    3 ( 6)
                  3:    8 ( 2)    9 ( 4)
                  4:    6 ( 5)
                  5:    2 ( 1)    4 ( 6)
                  6:    7 ( 3)
```

図 **1.8** 左の箱のデータ（図 1.6(a) の有向グラフのデータ）を入力として与えたときのプログラムの出力（右の箱）

```
// 標準的データ構造構成のライブラリプログラム DiStandStructLibrary.h
int edgefirst[vmaxsize+1];
int edgenext[emaxsize+1];
void distand_incidence_list_construct(void){// 各点を始点とする接続辺リストの構成
    int a, v;
    for (v = 1; v <= n; v++) edgefirst[v] = 0;  // 空のリストに初期設定
    for (a = m; a >= 1; a--) {// 辺 a を逆順に見ていきながら
        v = tail[a];   // v を始点とする辺のリストの先頭に辺 a を挿入
        edgenext[a] = edgefirst[v];
        edgefirst[v] = a;
    }
}
void distand_incidence_list_output(void){// 各点を始点とする接続辺リストの出力
    int a, k, v;
    printf("\n 各点を始点とする辺のリスト\n");
    printf("点 v: v を始点とする辺（その終点）の並び\n");
    for (v = 1; v <= n; v++) {// 各点 v を始点とする辺のリストの出力
        printf("%3d:   ", v);
        a = edgefirst[v];
        k = 0;
```

```
        while (a != 0) {
            printf("%3d (%3d)  ", a, head[a]);
            k++; if (k % 10 == 0) printf("\n     ");
            a = edgenext[a];
        }
        printf("\n");
    }
}
```

このライブラリプログラムを用いて，実際に有向グラフの標準的データ構造が構成されることを確認するためのプログラムは以下のように書ける．使用する領域は，前述したように，$n+3m$ である．

```
// 有向グラフ入力と標準的データ構造構成のプログラム distandstruct.c
#include <stdio.h>
#define vmaxsize        1000
#define emaxsize        2000
#include"DigraphInput.h"
#include"DiStandStructLibrary.h"
int main(void) {
    directed_graph_input();  // 有向グラフの辺数 m, 点数 n, 始点，終点が決定される
    distand_incidence_list_construct();  // 各点を始点とする接続辺リストが構成される
    distand_incidence_list_output();     // 構成された接続辺リストが出力される
    return 0;
}
```

実行例は省略するが，図 1.6(a) の有向グラフ G に対するこのプログラムの出力結果は，図 1.8 の各点を終点とする辺のリストの部分が省略されたものになる．

1.4 無向グラフの標準的データ構造

無向グラフ G に対しては，図 1.9 のように，各辺 $e=(u,v)\in E(G)$ を両方向の 2 本の辺 $e'=2e-1=(v,u)$, $e''=2e=(u,v)$ で置き換えた有向グラフ $\vec{G}$ を求める．したがって，

$$E(\vec{G}) = \bigcup_{e \in E(G)} \{e', e''\}$$

である．この有向グラフ $\vec{G}$ の標準的データ構造（単純化版）（すなわち，$\vec{G}$ の標準的データ構造から配列 tail を除去したデータ構造）を，本書では，**無向グラフ** G の**標準的データ構造** (standard data structure) という（図 1.10）．したがって，無向グラフ G の標準的データ構造に必要な領域は $n+4m$ である．

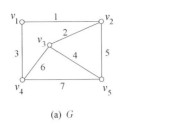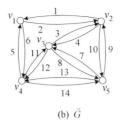

(a) G (b) $\vec{G}$

図 **1.9** (a) 無向グラフ G. (b) 各辺 $e = (v_i, v_j)$ に対して有向辺 $e' = 2e - 1 = (v_j, v_i)$, $e'' = 2e = (v_i, v_j)$ を考えて得られる有向グラフ $\vec{G}$.

```
         1  2  3  4  5  6  7  8  9  10 11 12 13 14
head    │1 │2 │2 │3 │1 │4 │3 │5 │2 │5 │3 │4 │4 │5 │

                    1  2  3  4  5
         edgefirst │2 │1 │3 │5 │7 │

           1  2  3  4  5  6  7  8  9  10 11 12 13 14
edgenext  │4 │6 │8 │10│11│0 │9 │12│13│0 │14│0 │0 │0 │
```

図 **1.10** 図 1.9 の無向グラフ G を表現する標準的データ構造

1.5 無向グラフの標準的データ構造構成のプログラム

以下のプログラムは，1.3 節で述べた有向グラフ入力と完備データ構造構成のライブラリプログラムとほぼ同じである．すなわち，無向グラフ G を入力する関数と辺の両端点の情報から接続辺リストを構成する関数（および接続辺リストを出力する関数）からなる．本書の多くのアルゴリズムの実装プログラムでも用いられるので，それぞれ，ライブラリプログラムの GraphInput.h と StandardStructLibrary.h として登録しておく．なお，head, edgenext, edgefirst は上で述べたような標準的データ構造を実現するための配列であり，m, n はグラフの辺数，点数に対応する．vmaxsize と emaxsize（e2maxsize）は扱えるグラフの最大点数と最大辺数（の 2 倍）に対応するパラメーターであり，実際のプログラムでは，ライブラリプログラムの GraphInput.h と StandardStructLibrary.h の読み込み前に定数定義部で適切な値に設定する．

以下は関数のより詳しい説明である．

1. `graph_input()` 無向グラフの点数 n と辺数 m を読み込む．次に，m 本の各辺 a の両端点を読み込み，それぞれ head$[2*a-1]$, head$[2*a]$ に記憶する．なお，データ構造として用いる配列は head のみであり，使用する領域は $2m$ である．

2. `incidence_list_construct()` head とともに標準的データ構造をなす無向グラフの接続辺リストを構成する．なお，配列 head 以外に，ここでさらにデータ構造として用いる配列は edgefirst, edgenext のみであり，使用する領域は $n+2m$ である（配列 head も含めると使用する領域は $n+4m$ である）．

3. `incidence_list_output()` 接続辺リスト（各点 v を端点とする接続辺リストの辺）を出力する．

標準的データ構造での辺 b は無向グラフ G の辺 $\lceil \frac{b}{2} \rceil$ に対応することに注意しよう（$\lceil x \rceil$ は x の切り上げを表す．たとえば，$\lceil 2.5 \rceil = 3$ である）．

```
// 無向グラフ入力のライブラリプログラム GraphInput.h
int head[e2maxsize+1];
int m, n;
void graph_input(void){// 無向グラフのデータを入力する関数
    int a, a2;
    printf("入力するデータは無向グラフのデータです\n");
    printf("無向グラフの点数 n と辺数 m を入力してください\n");
    scanf("%d %d", &n, &m);
    printf("m 本の各辺の両端点を入力してください\n");
    for (a = 1; a <= m; a++) {
        a2 = a * 2;
        scanf("%d %d", &head[a2-1], &head[a2]);
    }
    printf("無向グラフの点数 n=%d, 辺数 m=%d \n",n,m);
}

// 標準的データ構造構成のライブラリプログラム StandardStructLibrary.h
int edgefirst[vmaxsize+1];
int edgenext[e2maxsize+1];
void incidence_list_construct(void){// 接続辺リストを構成する関数
    int a, a2, v, v1, v2;
    for (v = 1; v <= n; v++) edgefirst[v] = 0;  // 空のリストに初期設定
    for (a = m; a >= 1; a--) {// 辺 a を逆順に見ていきながら
        a2 = a * 2;  // 辺 a を両方向の辺 a2 と a2-1 として a の両端点のリストに挿入
        v1 = head[a2-1];  // 点 v1 に接続する辺のリストの先頭に a2 を挿入
        edgenext[a2] = edgefirst[v1];
        edgefirst[v1] = a2;
```

```
            v2 = head[a2];     // 点 v2 に接続する辺のリストの先頭に a2-1 を挿入
            edgenext[a2-1] = edgefirst[v2];
            edgefirst[v2] = a2-1;
        }
}
void incidence_list_output(void){// 接続辺リストを出力する関数
    int a, k, v;
    printf("\n 各点に接続する辺のリスト\n");
    printf("点 v: v に接続する無向グラフの辺（v を始点とする有向グラフの辺）の並び\n");
    for (v = 1; v <= n; v++) {// 各点に接続する辺のリストの出力
        printf("%3d:  ", v);
        a = edgefirst[v];
        k = 0;
        while (a != 0) {
            printf("%3d (%3d)  ", (a+1)/2, a);
            k++; if (k % 10 == 0) printf("\n      ");
            a = edgenext[a];
        }
        printf("\n");
    }
}
```

このライブラリプログラムを用いて，実際に無向グラフの標準的データ構造が構成されることを確認するためのプログラムは以下のように書ける．使用する領域は，前述したように，$n+4m$ である．

```
// 無向グラフ入力と標準的データ構造構成のプログラム standstruct.c
#include <stdio.h>
#define vmaxsize        1000
#define emaxsize        2000
#define e2maxsize       4000
#include"GraphInput.h"
#include"StandardStructLibrary.h"
int main(void) {
    graph_input(); // 無向グラフの辺数 m，点数 n，始点，終点が決定される
    incidence_list_construct();  // 接続辺リストが構成される
    incidence_list_output();     // 構成された接続辺リストが出力される
    return 0;
}
```

図 1.12 は，図 1.11 の無向グラフ G に対して上記のプログラムを走らせた出力結果である．なお，出力の部分では，各点 i に接続するすべての辺が $i:$ の部分に，無向グラフ G の辺（有向グラフ $\vec{G}$ の辺）として並べられている．

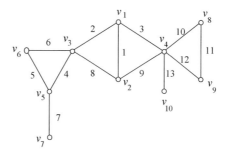

図 **1.11** 無向グラフ $G = (V, E)$

```
10 13           入力するデータは無向グラフのデータです
1 2             無向グラフの点数 n と辺数 m を入力してください
1 3             m 本の各辺の両端点を入力してください
1 4             無向グラフの点数 n=10，辺数 m=13
3 5
5 6             各点に接続する辺のリスト
3 6             点 v: v に接続する無向グラフの辺（v を始点とする有向グラフの辺）の並び
5 7              1:    1 (  2)    2 (  4)    3 (  6)
2 3              2:    1 (  1)    8 ( 16)    9 ( 18)
2 4              3:    2 (  3)    4 (  8)    6 ( 12)    8 ( 15)
4 8              4:    3 (  5)    9 ( 17)   10 ( 20)   12 ( 24)   13 ( 26)
8 9              5:    4 (  7)    5 ( 10)    7 ( 14)
4 9              6:    5 (  9)    6 ( 11)
4 10             7:    7 ( 13)
                 8:   10 ( 19)   11 ( 22)
                 9:   11 ( 21)   12 ( 23)
                10:   13 ( 25)
```

図 **1.12** 左の箱のデータを入力として与えたときのプログラムの出力（右の箱）

1.6 行列によるグラフ表現

有向グラフ G の点と辺に番号が付けられていて，

$$V(G) = \{1, 2, \ldots, n\}, \qquad E(G) = \{1, 2, \ldots, m\}$$

であるとする．すると，**隣接行列** (adjacency matrix) $A = (a_{ij})$ は，

$$a_{ij} = \begin{cases} 1 & (\text{点 } i \text{ から点 } j \text{ への辺があるとき}) \\ 0 & (\text{点 } i \text{ から点 } j \text{ への辺がないとき}) \end{cases}$$

として定義される $n \times n$ 行列である[4]．一方，（自己ループのない有向グラフの）**接続行列** (incidence matrix) $B = (b_{ik})$ は，

$$b_{ik} = \begin{cases} 1 & (\text{点 } i \text{ が辺 } k \text{ の始点であるとき}) \\ -1 & (\text{点 } i \text{ が辺 } k \text{ の終点であるとき}) \\ 0 & (\text{点 } i \text{ が辺 } k \text{ の始点でも終点でもないとき}) \end{cases}$$

として定義される $n \times m$ 行列である．

図 1.6(a) の有向グラフ G の隣接行列 $A = (a_{ij})$ と接続行列 $B = (b_{ik})$ は，

$$A = \begin{array}{c} \\ 1 \\ 2 \\ 3 \\ 4 \\ 5 \\ 6 \end{array} \begin{pmatrix} 1 & 2 & 3 & 4 & 5 & 6 \\ 0 & 1 & 0 & 0 & 1 & 0 \\ 0 & 0 & 1 & 0 & 0 & 0 \\ 0 & 0 & 0 & 0 & 0 & 1 \\ 1 & 0 & 1 & 0 & 0 & 0 \\ 0 & 0 & 0 & 1 & 0 & 0 \\ 0 & 1 & 0 & 0 & 1 & 0 \end{pmatrix}, \quad B = \begin{array}{c} \\ 1 \\ 2 \\ 3 \\ 4 \\ 5 \\ 6 \end{array} \begin{pmatrix} 1 & 2 & 3 & 4 & 5 & 6 & 7 & 8 & 9 \\ 1 & 1 & 0 & 0 & -1 & 0 & 0 & 0 & 0 \\ -1 & 0 & -1 & 0 & 0 & 0 & 0 & 1 & 0 \\ 0 & 0 & 0 & 0 & 0 & 0 & 1 & -1 & -1 \\ 0 & 0 & 0 & 0 & 1 & -1 & 0 & 0 & 1 \\ 0 & -1 & 0 & -1 & 0 & 1 & 0 & 0 & 0 \\ 0 & 0 & 1 & 1 & 0 & 0 & -1 & 0 & 0 \end{pmatrix}$$

である．

無向グラフ G の隣接行列 $A = (a_{ij})$ と接続行列 $B = (b_{ik})$ も同様である．

$$a_{ij} = \begin{cases} 1 & (\text{点 } i \text{ と点 } j \text{ を結ぶ辺があるとき}) \\ 0 & (\text{点 } i \text{ と点 } j \text{ を結ぶ辺がないとき}) \end{cases}$$

として定義される $n \times n$ 行列 $A = (a_{ij})$ が隣接行列であり[5]，

$$b_{ik} = \begin{cases} 1 & (\text{点 } i \text{ が辺 } k \text{ の端点であるとき}) \\ 0 & (\text{点 } i \text{ が辺 } k \text{ の端点でないとき}) \end{cases}$$

として定義される $n \times m$ 行列 $B = (b_{ik})$ が（自己ループのない無向グラフの）接続行列である．

図 1.9 の無向グラフ G の隣接行列 $A = (a_{ij})$ と接続行列 $B = (b_{ik})$ は，

$$A = \begin{array}{c} \\ 1 \\ 2 \\ 3 \\ 4 \\ 5 \end{array} \begin{pmatrix} 1 & 2 & 3 & 4 & 5 \\ 0 & 1 & 0 & 1 & 0 \\ 1 & 0 & 1 & 0 & 1 \\ 0 & 1 & 0 & 1 & 1 \\ 1 & 0 & 1 & 0 & 1 \\ 0 & 1 & 1 & 1 & 0 \end{pmatrix}, \quad B = \begin{array}{c} \\ 1 \\ 2 \\ 3 \\ 4 \\ 5 \end{array} \begin{pmatrix} 1 & 2 & 3 & 4 & 5 & 6 & 7 \\ 1 & 0 & 1 & 0 & 0 & 0 & 0 \\ 1 & 1 & 0 & 0 & 1 & 0 & 0 \\ 0 & 1 & 0 & 1 & 0 & 1 & 0 \\ 0 & 0 & 1 & 0 & 0 & 1 & 1 \\ 0 & 0 & 0 & 1 & 1 & 0 & 1 \end{pmatrix}$$

---
[4] G が多重グラフのとき，点 i から点 j への辺が h 本ならば $a_{ij} = h$ と定義される．
[5] G が多重グラフのとき，点 i と点 j を結ぶ辺が h 本ならば $a_{ij} = h$ と定義される．

である.

このような行列によるグラフ表現では，必要とする領域とそれを構成する計算時間が行列のサイズに比例する．したがって，隣接行列では $O(n^2)$，接続行列では $O(mn)$ の領域と計算時間が必要となり，グラフの点数 n や辺数 m が大きくなると，完備データ構造や標準的データ構造と比べて，極めて効率が悪くなる．したがって，点数 n や辺数 m の大きいグラフやネットワークを扱うアルゴリズムでは，グラフを隣接行列や接続行列で表現してコンピューターのメモリに記憶することは，極めてまれである．とくに，辺数が点数の 2 乗より十分小さいとき，すなわち $m = o(n^2)$ のときは，完備データ構造や標準的データ構造を使用することが多い．

1.7 演習問題

1.1 無向グラフ $G = (V, E)$ の標準的データ構造から配列 head の情報を除いた以下のデータ構造が与えられている．

	1	2	3	4	5	6	7
edgefirst	13	2	7	6	10	14	16

edgenext

1	2	3	4	5	6	7	8	9	10	11	12	13	14	15	16	17	18
0	0	1	9	3	8	4	11	0	12	0	0	15	17	5	18	0	0

以下の (a), (b), (c) に答えよ．

(a) 無向グラフ $G = (V, E)$ の上記のデータ構造は各辺 $e = (u, v)$ を互いに逆向きの 2 本の辺 $2e - 1 = (u, v)$，$2e = (v, u)$ で置き換えて得られる有向グラフ $\vec{G}$ の標準的データ構造（単純化版）になっている．各点 i を始点とする辺の接続辺リストを通常のリストの記法を用いて図示せよ．

(b) これから $\vec{G}$ を復元して図示せよ．

(c) これから G を復元して図示せよ．

1.2 図 1.13 の有向グラフ G の完備データ構造（すなわち，配列 tail, head, edgefirst, edgenext, revedgefirst, revedgenext の内容）を求めよ．さらに，1.3 節のラ

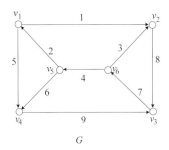

図 1.13 有向グラフ $G = (V, E)$（点 i を v_i と表示している）

イブラリプログラム CompStructLibrary.h に有向グラフ G の完備データ構造（すなわち，配列 tail, head, edgefirst, edgenext, revedgefirst, revedgenext の内容）を出力する関数も追加したライブラリプログラム CompStructEx.h を作成し，それを走らせて得られた出力と上の解答とを比較せよ．

1.3 図 1.11 の無向グラフ G の標準的データ構造（すなわち，配列 head, edgefirst, edgenext の内容）を求めよ．さらに，1.5 節のライブラリプログラム StandardStructLibrary.h に無向グラフ G の標準的データ構造（すなわち，配列 head, edgefirst, edgenext の内容）を出力する関数も追加したライブラリプログラム StandardStructEx.h を作成し，それを走らせて得られた出力と上の解答とを比較せよ．

第2章　グラフ探索のアルゴリズム

> 本章の目標は，効率的グラフアルゴリズムに必要不可欠なグラフ探索の深さ優先探索と幅優先探索について理解することである．

2.1　グラフ探索

　グラフのすべての点にラベルを付け，すべての辺を探索（走査）することを，**グラフ探索** (graph search) という．効率的グラフ（ネットワーク）アルゴリズムは，すべてグラフ探索を前処理として用いると言っても過言ではない．そのような意味でグラフ探索はきわめて重要である．グラフ探索の一般的な枠組みは以下のように書ける．

グラフ探索
1. どの点もラベルが付いていないとする．またどの辺も未探索とする．
2. ラベルの付いていない点が存在する限り以下の (a), (b) を繰り返す．
   (a) ラベルの付いていない点を1点選びその点にラベルを付ける．
   (b) ラベルの付いた点を始点（無向グラフのときは端点）とする未探索の辺が存在する限り以下の (i) を繰り返す（存在しなくなったときは 2. へ戻る）．
      (i) ラベルの付いた点を始点（無向グラフのときは端点）とする未探索の辺を1本選んでその辺を探索済みとし，その辺の終点（無向グラフのときはもう一方の端点）にまだラベルが付いていないときにはその点にラベルを付ける．

2.(b) の (i) の場合，未探索の辺の選び方の自由度解消の手段として，通常以下の (1) あるいは (2) の方法がとられる．

---
(1) 未探索の辺のうちで最も新しくラベルの付けられた点を始点（無向グラフのときは端点）とする未探索の辺を選ぶ．
(2) 未探索の辺のうちで最も早くラベルの付けられた点を始点（無向グラフのときは端点）とする未探索の辺を選ぶ．

---

(1) に基づく方法を**深さ優先探索** (depth-first search) といい，(2) に基づく方法を**幅優先探索** (breadth-first search) という．効率的グラフ（ネットワーク）アルゴリズムへの深さ優先探索と幅優先探索の利用の詳細については次章以降で述べる．

2.2 深さ優先探索と幅優先探索

グラフの点は，(1) の深さ優先探索では LIFO (Last-In First-Out) リストと呼ばれるデータ構造の**スタック** (stack) で管理され，(2) の幅優先探索では FIFO (First-In First-Out) リストと呼ばれるデータ構造の**キュー** (queue) で管理される．深さ優先探索は再帰的に記述できるが，幅優先探索はキューを用いるので再帰的記述はできない．より詳しくは以下のように書ける．

深さ優先探索（再帰版）
1. どの点もラベルが付いていないとする．またどの辺も未探索とする．
2. ラベルが付いていない点が存在する限り以下の (a), (b) を繰り返す．
   (a) ラベルの付いていない点を 1 点選びその点 v にラベルを付ける．
   (b) v からの深さ優先探索を実行する．すなわち，v を始点（無向グラフのときは端点）とする接続辺リストの未探索の各辺 (v, w) に対して，以下の (i), (ii) を行う．
      (i) (v, w) を探索済みとする．
      (ii) w にまだラベルが付いていないときには w にラベルを付け，w からの深さ優先探索を再帰的に行う．

2.(b) の (ii) での点 w からの深さ優先探索が行われるときは，それがすべて終わってから，したがって，w を始点（無向グラフのときは端点）とする接続辺リストの未探索の辺が全部探索済みになってから，v を始点（無向グラフのときは端点）とする接続辺リストの辺 (v,w) の次の未探索の辺 (v,w') に対して (i), (ii) が行われることに注意しよう．したがって，深さ優先探索はスタックを明示的に用いると以下のように書ける．

スタックを明示的に用いた深さ優先探索

1. どの点もラベルが付いていないとする．またどの辺も未探索とする．
2. ラベルが付いていない点が存在する限りスタック S を $S := \emptyset$ とおいて以下の (a), (b) を繰り返す．
    (a) ラベルの付いていない点を 1 点選びその点 v にラベルを付け，スタック S に v を挿入する（$S = \{v\}$ となる）．
    (b) スタック S が空でない限り以下の (i), (ii) を繰り返す．
        (i) スタック S の先頭の点を v とする．
        (ii) v を始点（無向グラフのときは端点）とする接続辺リストに未探索の辺が存在しないならば v をスタック S から削除する．
        一方，存在するならば，未探索の辺を 1 本選んでその辺 (v,w) を探索済みとすると同時に，w にまだラベルが付いていないときには w にラベルを付け w をスタック S の先頭に挿入する．

上記の二つの深さ優先探索の記述において，2.(b) は全体として厳密に一対一対応するが，その内部の (i), (ii) は，一対一には対応していないことに注意しよう．幅優先探索ではキューを用いて以下のように書ける．

幅優先探索

1. どの点もラベルが付いていないとする．またどの辺も未探索とする．
2. ラベルが付いていない点が存在する限りキュー Q を $Q := \emptyset$ とおいて以下の (a), (b) を繰り返す．
    (a) ラベルの付いていない点を 1 点選びその点 v にラベルを付け，キュー

Q に v を挿入する ($Q = \{v\}$ となる).

(b) キュー Q が空でない限り,キュー Q の先頭から v を削除し,v からの幅優先探索をすること,すなわち,v を始点(無向グラフのときは端点)とする接続辺リストの未探索の各辺 (v,w) に対して以下の (i), (ii) を行うこと,を繰り返す.

 (i) (v,w) を探索済みとする.

 (ii) w にまだラベルが付いていないときには w にラベルを付け w をキュー Q の末尾に挿入する.

上記の深さ優先探索と幅優先探索では,各点を始点とする(無向グラフのときは端点とする)未探索の辺が複数あるときにはどの未探索の辺を選ぶのかについては言及しなかった.したがって,未探索の辺の選び方には自由度がある.

本書では,これ以降,この自由度を解消する手段として,与えられた入力データとそれから構成された完備データ構造(標準的データ構造)に基づいて,各点を始点とする(無向グラフのときは端点とする)接続辺リストの辺の順番で辺をたどることにする.すなわち,接続辺リストの先頭の辺が最初にたどられ,リストの次の辺が次にたどられ,以下同様にたどられるとする.

また,完備データ構造や標準的データ構造が明示的に与えられていないときには,適切なデータ構造が与えられているものとして議論を展開する.

2.3　有向グラフの深さ優先探索

最初に,具体的なイメージが湧くように,図 2.1(a) の有向グラフ G に対する深さ優先探索の実行例を挙げる(図 2.1(b)).

最初に 2.(a) で v_1 を選んで 1 のラベルを付け,スタック S の先頭に挿入するとする(スタック S は $S = (v_1)$).すると,2.(b) の v_1 からの深さ優先探索で,有向グラフ G における未探索の辺 $1 = (v_1, v_2)$ が最初にたどられ,G の辺 1 は探索済みとなり,v_2 にラベル 2 が付けられスタック S の先頭に v_2 が挿入される(スタック S は $S = (v_2, v_1)$ で v_2 が S の先頭).

すると v_2 からの深さ優先探索が始まり,G の未探索の辺 $3 = (v_2, v_6)$ がたどられ探索済みとなり v_6 にラベル 3 が付けられスタック S の先頭に v_6 が挿入される

26　第2章　グラフ探索のアルゴリズム

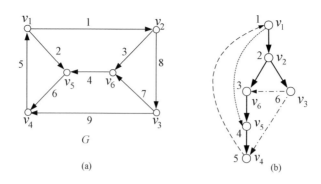

図 **2.1** (a) 有向グラフ G, (b) G の深さ優先探索木 T （木辺（実線）と補木辺（前進辺（点線），後退辺（破線），横断辺（一点鎖線）））と先行順ラベル

（スタック S は $S = (v_6, v_2, v_1)$ で v_6 が S の先頭）．

そして v_6 からの深さ優先探索が始まり，未探索の辺 $4 = (v_6, v_5)$ がたどられ探索済みとなり v_5 にラベル 4 が付けられスタック S の先頭に v_5 が挿入される（スタック S は $S = (v_5, v_6, v_2, v_1)$ で v_5 が S の先頭）．

そして v_5 からの深さ優先探索が始まり，未探索の辺 $6 = (v_5, v_4)$ がたどられ探索済みとなり v_4 にラベル 5 が付けられスタック S の先頭に v_4 が挿入される（スタック S は $S = (v_4, v_5, v_6, v_2, v_1)$ で v_4 が S の先頭）．

そして v_4 からの深さ優先探索が始まり，未探索の辺 $5 = (v_4, v_1)$ がたどられ探索済みとなるが，v_1 にはラベルがすでに付いていてスタック S に入れられているので，再度スタック S に挿入するということはしない．そして v_4 を始点とする辺はすべて探索済みになる．したがって，v_4 からの深さ優先探索は終了し，スタック S の先頭から v_4 が削除される（スタック S は $S = (v_5, v_6, v_2, v_1)$ で v_5 が S の先頭）．

そして v_5 からの深さ優先探索が再び開始され，次の未探索の辺に移ろうとするが未探索の辺がないので v_5 を始点とする辺はすべて探索済みになっていることがわかり，v_5 からの深さ優先探索も終了し，スタック S の先頭から v_5 が削除される（スタック S は $S = (v_6, v_2, v_1)$ で v_6 が S の先頭）．

そして v_6 からの深さ優先探索が再び開始されるが，v_6 を始点とする辺はすべて探索済みになっていることがわかり，v_6 からの深さ優先探索は終了し，スタッ

クSの先頭からv_6が削除される（スタックSは$S = (v_2, v_1)$でv_2がSの先頭）．

そしてv_2からの深さ優先探索が再び開始され，次の未探索の辺$8 = (v_2, v_3)$がたどられ探索済みとなりv_3にラベル6が付けられスタックSの先頭にv_3が挿入される（スタックSは$S = (v_3, v_2, v_1)$でv_3がSの先頭）．

そしてv_3からの深さ優先探索が始まり，未探索の辺$7 = (v_3, v_6)$がたどられ探索済みとなるが，v_6にはラベルがすでに付いていてスタックSに一度入れられて削除されているので，再度スタックSに挿入するということはしない．そして次の未探索の辺$9 = (v_3, v_4)$がたどられ探索済みとなるが，v_4にはラベルがすでに付いていてスタックSに一度入れられて削除されているので，再度スタックSに挿入するということはしない．そしてv_3を始点とする辺はすべて探索済みになる．したがって，v_3からの深さ優先探索は終了し，スタックSの先頭からv_3が削除される（スタックSは$S = (v_2, v_1)$でv_2がSの先頭）．

そしてv_2からの深さ優先探索が再び開始され，v_2を始点とする辺はすべて探索済みになっていることがわかり，v_2からの深さ優先探索は終了し，スタックSの先頭からv_2が削除される（スタックSは$S = (v_1)$でv_1がSの先頭）．

最後にv_1からの深さ優先探索が再び開始され，次の未探索の辺$2 = (v_1, v_5)$がたどられ探索済みとなるが，v_5にはラベルがすでに付いていてスタックSに一度入れられて削除されているので，再度スタックSに挿入するということはしない．そしてv_1を始点とする辺はすべて探索済みになっていることがわかり，v_1からの深さ優先探索は終了し，スタックSの先頭からv_1が削除される．こうしてスタックSは空になり，すべての点にラベルが付けられすべての辺が探索済みとなり，全体の深さ優先探索が終了する．

この様子を図2.1(b)に示している（各点を始点とする接続辺リストはこの実行例に適合するものが与えられていたとする）．

有向グラフGの深さ優先探索では，各点がスタックに一度挿入されて削除され，各辺$e = (u, v)$はそれを始点とする辺のリストで一度だけたどられて探索済みとされるので，以下の定理が成立する．

定理 2.1 有向グラフ$G = (V, E)$に対して，$n = |V|$を点数，$m = |E|$を辺数とすると，深さ優先探索は$O(m + n)$時間で実行できる．

有向グラフGの深さ優先探索では，未探索の辺を探索して終点にラベルを付け

た辺を集めると根付き木（森）が得られる．そこで，深さ優先探索して得られる根付き木（森）を**深さ優先探索木（森）**(depth-first search tree (forest)) という．G の辺集合は，根付き木（森）に含まれる辺の**木辺** (tree edge) とそれ以外の**補木辺** (cotree edge) に分割される．補木辺はさらに3通り：子孫から祖先に向かう辺の**後退辺** (backward edge)，祖先から子孫に向かう辺の**前進辺** (forward edge) およびそれ以外の辺の**横断辺** (cross edge) に分割される（図 2.1）．

有向グラフ G の深さ優先探索において，各点 v に対して，v からの深さ優先探索が呼び出されたとき（すなわち，スタックに挿入されたとき）に prelabel$[v]$ のラベルを付けるラベリングと v からの深さ優先探索が終了したとき（すなわち，スタックから削除されたとき）に postlabel$[v]$ のラベルを付けるラベリングは，それぞれ，1.1節で定義を与えた深さ優先探索木（森）の**先行順** (preorder) と呼ばれるラベリングと**後行順** (postorder) と呼ばれるラベリングになる．さらに，prelabel と postlabel は以下の性質を満たす．

定理 2.2 有向グラフ G の深さ優先探索で得られる深さ優先探索木（森）において，prelabel と postlabel はそれぞれ，先行順と後行順のラベリングになる．さらに，G の各辺 $a = (u,v) \in E(G)$ に対して，以下の (a)〜(c) が成立する．

(a) 木辺または前進辺ならば，

$$\text{prelabel}[u] < \text{prelabel}[v] \quad (\text{postlabel}[u] > \text{postlabel}[v])$$

である．

(b) 後退辺ならば，

$$\text{prelabel}[u] > \text{prelabel}[v] \quad (\text{postlabel}[u] < \text{postlabel}[v])$$

である．

(c) 横断辺ならば，

$$\text{prelabel}[u] > \text{prelabel}[v] \quad (\text{postlabel}[u] > \text{postlabel}[v])$$

である．

図 2.2 は，より複雑な有向グラフ G に対する深さ優先探索の実行例である（各点を始点とする接続辺リストはこの実行例に適合するものが与えられていたとする）．

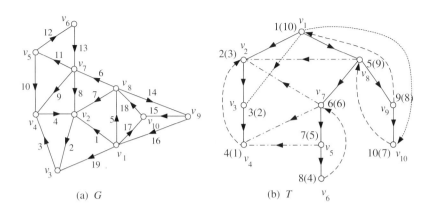

図 2.2 (a) 有向グラフ G, (b) G の深さ優先探索木 T (木辺（実線）と補木辺（前進辺（点線），後退辺（破線），横断辺（一点鎖線）））と先行順（後行順）ラベル

2.3.1 有向グラフの深さ優先探索のプログラム

以下の有向グラフの深さ優先探索のプログラムは，v からの深さ優先探索を行う再帰的な関数 dfs(v)，深さ優先探索を行う関数 depth_first()，深さ優先探索の結果を出力する関数 depth_first_output() からなる．なお，データ構造としては，配列の parent, prelabel, postlabel を用いている．それらは，それぞれ，深さ優先探索木（森）における各点 v の親 $p(v)$，先行順のラベル，後行順のラベルを記憶するためのものである．使用する領域は $3n$ である．unvisited ($= -1$) は点にラベルが付けられていない状態を表す．

本書の多くのアルゴリズムの実装プログラムとしても用いられるので，ライブラリプログラムの DepthLibrary.h として登録しておく．

```
// 深さ優先探索ライブラリプログラム DepthLibrary.h
#define unvisited       -1
int parent[vmaxsize+1], prelabel[vmaxsize+1], postlabel[vmaxsize+1];
int k, j;   // k は先行順のラベル，j は後行順のラベル
void dfs(int v){// v からの深さ優先探索を行う再帰的な関数
    int a, w;
    k++;
    prelabel[v] = k; // v に先行順のラベル k を付ける
    a = edgefirst[v]; // a は v を始点とする辺のリストの先頭の辺
    while (a != 0) {// a が v を始点とする辺のリストの最後になるまで
```

```
            w = head[a];  // a の終点を w とする
            if (prelabel[w] == unvisited) {// w にラベルがまだ付けられていないとき
                dfs(w);    // w からの深さ優先探索の再帰呼び出し
                parent[w] = v; // w の親を v とする
            }
            a = edgenext[a];  // v を始点とする辺のリストで a の次の辺を a をする
    } // v からの深さ優先探索の終了
    j++;
    postlabel[v] = j;  // v に後行順のラベル j を付ける
}
void depth_first(void){// 深さ優先探索を行う関数
    int v;
    k = 0;  // 先行順ラベル用
    j = 0;  // 後行順ラベル用
    for (v = 1; v <= n; v++) prelabel[v] = unvisited;
        // どの点もラベルが付けられていない
    for (v = 1; v <= n; v++)
        if (prelabel[v] == unvisited){
            // 点 v にラベルが付けられていないときは v からの深さ優先探索を開始する
            parent[v]=0;  // 新しい深さ優先探索木の根を v とする
            dfs(v);   // v からの深さ優先探索の開始
        }
}
void depth_first_output(void){// 深さ優先探索の結果を出力する関数
    int v;
    printf("\n");
    printf("    点:      先行順      親         後行順\n");
    for (v = 1; v <= n; v++) {
        printf("%6d: %9d %9d %13d\n", v, prelabel[v], parent[v], postlabel[v]);
    }
}
```

このライブラリプログラムを用いて，実際に有向グラフの深さ優先探索が実行されることを確認するためには，有向グラフの標準的データ構造（すなわち，配列 tail, head による各辺の始点，終点を表す関数 ∂^+, ∂^- および配列 edgefirst, edgenext による各点を始点とする接続辺リスト δ^+）を前もって与えておくことが必要である．すなわち，有向グラフの深さ優先探索が実行されることを確認するための以下のプログラムでは，有向グラフ入力の関数 directed_graph_input() と有向グラフの標準的データ構造構成の関数 distand_incidence_list_construct() を用いているので，これらを含む 1.3 節のライブラリプログラムの DigraphInput.h と DiStandStructLibrary.h とともに，深さ優先探索ライブラリプログラム DepthLibrary.h を読み込んでおくことが必要である．

有向グラフ G の標準的データ構造に必要な領域は $n+3m$ であるので，（再帰呼び出しで必要とする領域を無視すると）以下の有向グラフの深さ優先探索が実行されることを確認するためのプログラムで使用する領域は，深さ優先探索ライブラリプログラム DepthLibrary.h で使用される領域の $3n$ とあわせて，$4n+3m$ となる．なお，このプログラムでは，有向グラフの標準的データ構造が構成されてしまえば，それ以降配列 tail は用いていないので省略することもできる．一方，スタックを明示的に用いて再帰呼び出しを展開した形式のプログラムにすると，さらに最大で $2n$ の領域を（明示的に）必要とする（演習問題 2.3）．先行順のラベルと後行順のラベルのみが必要なときには，配列 parent も省略できる．

```c
// 有向グラフの深さ優先探索 digraphdfs.c
#include <stdio.h>
#define vmaxsize    1000
#define emaxsize    2000
#include"DigraphInput.h"
#include"DiStandStructLibrary.h"
#include"DepthLibrary.h"
int main(void){
    directed_graph_input();  // 有向グラフの辺数 m，点数 n，始点，終点が決定される
    distand_incidence_list_construct();  // 各点を始点とする接続辺リストが構成される
//  distand_incidence_list_output();     // 構成された接続辺リストが出力される
    depth_first();  // 深さ優先探索の開始
    depth_first_output();  // 深さ優先探索の結果が出力される
    return 0;
}
```

図 2.3 は，図 2.2(a) のグラフ G に対してこの深さ優先探索のプログラムを実行して得られた結果である．図 2.2(b) の深さ優先探索木と先行順（後行順）ラベルが実際に得られていることを確認しよう．

2.4 有向グラフの幅優先探索

有向グラフの幅優先探索に対しても，最初に，具体的なイメージが湧くように，図 2.4(a) の有向グラフ G に対する幅優先探索の実行例を挙げる（図 2.4(b)）．

最初に 2.(a) で v_1 を選んで 1 のラベルを付け，空のキュー Q の末尾に挿入するとする．すると，2.(b) でキュー Q の先頭から v_1 が削除され，v_1 からの幅優先探索が開始される．まず最初に，未探索の辺 $1=(v_1,v_2)$ がたどられ探索済みとなり v_2 にラベル 2 が付けられ，v_2 がキュー Q の末尾に挿入される．次に，未探

32 第2章 グラフ探索のアルゴリズム

```
10 19
1 2
2 3      入力するデータは有向グラフのデータです
3 4      有向グラフの点数 n と辺数 m を入力してください
4 2      m 本の各辺の始点と終点を入力してください
1 8      有向グラフの点数 n=10，辺数 m=19
8 7
8 2          点：      先行順      親       後行順
7 2           1:         1         0        10
7 4           2:         2         1         3
5 4           3:         3         2         2
7 5           4:         4         3         1
5 6           5:         7         7         5
6 7           6:         8         5         4
8 9           7:         6         8         6
9 10          8:         5         1         9
9 1           9:         9         8         8
1 10         10:        10         9         7
10 8
1 3
```

図 **2.3** 左の箱のデータの入力に対する深さ優先探索のプログラムの出力（右の箱）

索の辺 $2 = (v_1, v_5)$ がたどられ探索済みとなり v_5 にラベル 3 が付けられ，v_5 がキュー Q の末尾に挿入される．そして v_1 からの幅優先探索が終了する（この時点でキュー Q は $Q = (v_2, v_5)$ で v_2 が Q の先頭）．

するとキュー Q の先頭から v_2 が削除され，v_2 からの幅優先探索が始まり，未探索の辺 $3 = (v_2, v_6)$ がたどられ探索済みとなり v_6 にラベル 4 が付けられ，v_6 がキュー Q の末尾に挿入される．次に，未探索の辺 $8 = (v_2, v_3)$ がたどられ探索済みとなり v_3 にラベル 5 が付けられ，v_3 がキュー Q の末尾に挿入される．そして v_2 からの幅優先探索が終了する（キュー Q は $Q = (v_5, v_6, v_3)$ で v_5 が Q の先頭）．

するとキュー Q の先頭から v_5 が削除され，v_5 からの幅優先探索が始まり，未探索の辺 $6 = (v_5, v_4)$ がたどられ探索済みとなり v_4 にラベル 6 が付けられ，v_4 がキュー Q の末尾に挿入される．そして v_5 からの幅優先探索が終了する（キュー Q は $Q = (v_6, v_3, v_4)$ で v_6 が Q の先頭）．

するとキュー Q の先頭から v_6 が削除され，v_6 からの幅優先探索が始まり，未探索の辺 $4 = (v_6, v_5)$ がたどられ探索済みとなるが，v_5 にはラベルがすでに付いているので，再度キュー Q に挿入するということはしない．そして v_6 からの幅

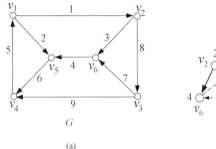
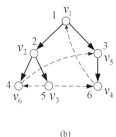

図 **2.4** (a) 有向グラフ G, (b) G を幅優先探索して得られる幅優先探索木

優先探索が終了する(キュー Q は $Q = (v_3, v_4)$ で v_3 が Q の先頭).

するとキュー Q の先頭から v_3 が削除され,v_3 からの幅優先探索が始まり,未探索の辺 $7 = (v_3, v_6)$ がたどられ探索済みとなるが,v_6 にはラベルがすでに付いているので,再度キュー Q に挿入するということはしない.次に未探索の辺 $9 = (v_3, v_4)$ がたどられ探索済みとなるが,v_4 にはラベルがすでに付いているので,再度キュー Q に挿入するということはしない.そして v_3 からの幅優先探索が終了する(キュー Q は $Q = (v_4)$ で v_4 が Q の先頭).

最後に,キュー Q の先頭から v_4 が削除され,v_4 からの幅優先探索が始まり,未探索の辺 $5 = (v_4, v_1)$ がたどられ探索済みとなるが,v_1 にはラベルがすでに付いているので,再度キュー Q に挿入するということはしない.そして v_4 からの幅優先探索が終了する.こうしてキュー Q は空になり,すべての点にラベルが付けられすべての辺が探索済みとなり,幅優先探索が終了する.

この様子を図 2.4(b) に示している.

有向グラフ G の幅優先探索でも深さ優先探索と同様に,未探索の辺を探索して終点にラベルを付けた辺を集めると根付き木(森)が得られる.そこで,幅優先探索して得られる根付き木(森)を**幅優先探索木(森)**(breadth-first search tree (forest))という.G の辺集合 $E(G)$ は根付き木に含まれる辺(木辺)とそれ以外の補木辺に分割される.補木辺はさらに 2 通り:子孫から祖先に向かう後退辺と(祖先・子孫関係のない 2 点間を結ぶ)横断辺に分割される.(繰り返しになるが)図 2.4(a) の有向グラフ G に対して幅優先探索を実行した例を図 2.4(b) に示して

いる．

有向グラフ G の幅優先探索において，各点 v に対して，v からの幅優先探索が呼び出されたときに blabel[v] のラベルを付けるラベリング blabel は，1.1 節で定義を与えた，得られる幅優先探索木（森）の幅優先順のラベリングになる．もちろん，辺 $a = (u, v) \in E(G)$ は，木辺ならば blabel[u] < blabel[v] であり，後退辺ならば blabel[u] > blabel[v] である．辺 $a = (u, v) \in E(G)$ が横断辺のときは blabel[u] < blabel[v]，blabel[u] > blabel[v] のいずれもありうる．

定理 2.3 有向グラフ $G = (V, E)$ に対して，$n = |V|$ を点数，$m = |E|$ を辺数とすると，幅優先探索は，$O(m + n)$ 時間で実行できる．有向グラフ G の幅優先探索で得られる幅優先探索木（森）において，blabel は幅優先順のラベリングになる．さらに，G の各辺 $a = (u, v) \in E(G)$ に対して，以下の (a)～(c) が成立する．

(a) 木辺ならば，blabel[u] < blabel[v] である．

(b) 後退辺ならば，blabel[u] > blabel[v] である．

(c) 横断辺ならば，blabel[u] > blabel[v] のときも blabel[u] < blabel[v] のときもある．

図 2.5 は，より複雑な有向グラフ G （図 2.2(a) の有向グラフ G と同じ）に対する幅優先探索の実行例である．

2.4.1 有向グラフの幅優先探索のプログラム

以下の有向グラフの幅優先探索のプログラムは，v からの幅優先探索を行う関数 `bfs(v)`，幅優先探索を行う関数 `breadth_first()`，幅優先探索の結果を出力する関数 `breadth_first_output()` からなる．なお，データ構造としては，配列の parent, blabel を用いている．それらは，それぞれ，幅優先探索木（森）における各点 v の親 $p(v)$，幅優先順のラベルを記憶するためのものである．また queue はキューを実現するための配列である．したがって，使用する領域は $3n$ である．unvisited ($= -1$) は点にラベルが付けられていない状態を表す．

本書の多くのアルゴリズムの実装プログラムとしても用いられるので，ライブラリプログラム BreadthLibrary.h として登録しておく．

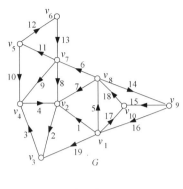
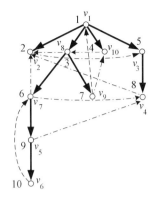

(a) 有向グラフ (b) 幅優先探索木 T（太線部）

図 2.5 (a) 有向グラフ G, (b) 幅優先探索木 T（木辺（実線）と補木辺（後退辺（破線），横断辺（一点鎖線）））と幅優先順ラベル

```
// 幅優先探索ライブラリプログラム BreadthLibrary.h
#define unvisited        -1
int parent[vmaxsize+1], blabel[vmaxsize+1], queue[vmaxsize+1];
int k;    // k は幅優先順のラベル
int front, rear;  // front と rear はそれぞれキューの先頭と末尾を指す
void bfs(int v){// v からの幅優先探索を行う関数
    int a, w;
    a = edgefirst[v];
    while (a != 0) {
        w = head[a];
        if (blabel[w] == unvisited) {// w にラベルがまだ付けられていないとき
            k++;
            blabel[w] = k;  // w に幅優先順のラベル k を付ける
            parent[w] = v;
            rear++;
            queue[rear] = w;
        }
        a = edgenext[a];
    }
}
void breadth_first(void){
    int v, v1;
    k = 0;
    for (v = 1; v <= n; v++) blabel[v] = unvisited;
        // どの点もラベルが付けられていない
    for (v = 1; v <= n; v++) {
        if (blabel[v] == unvisited) {
            // 点 v にラベルが付けられていないときは v からの幅優先探索を開始する
```

```
            parent[v]=0;
            k++;
            blabel[v] = k; // v に幅優先順のラベル k を付ける
            rear = 1;
            front = 0;
            queue[rear] = v;
            while (front < rear) {// キューが空でない限り
                front++;
                v1 = queue[front]; // キューの先頭から v1 を削除
                bfs(v1); // v1 からの幅優先探索の呼び出し
            }
        }
    }
}
void breadth_first_output(void){// 幅優先探索の結果を出力する関数
    int v;
    printf("\n");
    printf("    点:     幅優先順       親\n");
    for (v = 1; v <= n; v++) {
        printf("%6d: %9d %9d\n", v, blabel[v], parent[v]);
    }
}
```

　このライブラリプログラムを用いて，実際に有向グラフの幅優先探索が実行されることを確認するためには，深さ優先探索のプログラムのときと同様に，有向グラフの標準的データ構造（すなわち，配列 tail, head による各辺の始点，終点を表す関数 ∂^+, ∂^- および配列 edgefirst, edgenext による各点を始点とする接続辺リスト δ^+）を前もって与えておくことが必要である．すなわち，有向グラフの幅優先探索が実行されることを確認するための以下のプログラムでは，有向グラフ入力の関数 directed_graph_input() と有向グラフの標準的データ構造構成の関数 distand_incidence_list_construct() を用いているので，これらを含む 1.3 節のライブラリプログラムの DigraphInput.h と DiStandStructLibrary.h とともに，幅優先探索ライブラリプログラム BreadthLibrary.h を読み込んでおくことが必要である．有向グラフ G の標準的データ構造に必要な領域は $n+3m$ であるので，以下の有向グラフの幅優先探索が実行されることを確認するためのプログラムで使用する領域は，幅優先探索ライブラリプログラム BreadthLibrary.h で使用される領域の $3n$ とあわせて，$4n+3m$ となる．また，このプログラムでも，有向グラフの標準的データ構造が構成されてしまえば，それ以降配列 tail は用いていないので省略することもできる．

2.4 有向グラフの幅優先探索

```
10 19
1 2      入力するデータは有向グラフのデータです
2 3      有向グラフの点数 n と辺数 m を入力してください
3 4      m 本の各辺の始点と終点を入力してください
4 2      有向グラフの点数 n=10, 辺数 m=19
1 8
8 7          点:      幅優先順        親
8 2           1:         1           0
7 2           2:         2           1
7 4           3:         5           1
5 4           4:         8           3
7 5           5:         9           7
5 6           6:        10           5
6 7           7:         6           8
8 9           8:         3           1
9 10          9:         7           8
9 1          10:         4           1
1 10
10 8
1 3
```

図 **2.6** 左の箱のデータの入力に対する幅優先探索のプログラムの出力（右の箱）

```c
// 有向グラフの幅優先探索 digraphbfs.c
#include <stdio.h>
#define vmaxsize      1000
#define emaxsize      2000
#include"DigraphInput.h"
#include"DiStandStructLibrary.h"
#include"BreadthLibrary.h"
int main(void){
    directed_graph_input(); // 有向グラフの辺数 m, 点数 n, 始点, 終点が決定される
    distand_incidence_list_construct();  // 接続辺リストが構成される
//  distand_incidence_list_output();     // 構成された接続辺リストが出力される
    breadth_first();  // 幅優先探索の開始
    breadth_first_output(); // 幅優先探索の結果が出力される
    return 0;
}
```

図 2.6 は，図 2.5(a) の有向グラフ G に対して幅優先探索のプログラムを実行して得られた結果である．図 2.5(b) の優先探索木と幅優先順ラベルが実際に得られていることを確認しよう．

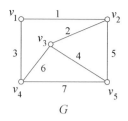

図 2.7　無向グラフ G

2.5　無向グラフの深さ優先探索と幅優先探索

無向グラフの深さ優先探索と幅優先探索も有向グラフの深さ優先探索と幅優先探索とほぼ同一である．異なる点は，有向グラフでは各辺のたどられる向き（始点と終点）が定まっているのに対して，無向グラフ G では辺のたどられる向きが定まっていないことである．したがって，G の各辺を両方向の辺で置き換えて得られる有向グラフ $\vec{G}$ で，一方の辺がたどられたら他方の辺もたどられたと見なし，無向グラフ G の対応する辺がたどられたと考える．

図 2.8 は，図 2.7 の無向グラフ G（図 1.9(a) のグラフ G）に対して深さ優先探索と幅優先探索を実行したときの例である．

深さ優先探索をまず説明する．最初に 2.(a) で v_1 を選んでラベル 1 を付け，スタック S の先頭に挿入するとする（スタック S は $S = (v_1)$ で v_1 が S の先頭）．v_1 からの深さ優先探索で無向グラフ G における未探索の辺 $1 = (v_1, v_2)$（図 2.8(a) の有向グラフ $\vec{G}$ における有向辺 2）が最初にたどられ，G の辺 1 は（$\vec{G}$ の辺 2 のみならず辺 1 も）探索済みとなり，v_2 にラベル 2 が付けられスタック S の先頭に挿入される[1]（スタック S は $S = (v_2, v_1)$ で v_2 が S の先頭）．

すると v_2 からの深さ優先探索が始まり，G の未探索の辺 $2 = (v_2, v_3)$（$\vec{G}$ における有向辺 4）がたどられ探索済みとなり v_3 にラベル 3 が付けられスタック S の先頭に挿入される（スタック S は $S = (v_3, v_2, v_1)$ で v_3 が S の先頭）．

そして v_3 からの深さ優先探索が始まり，未探索の辺 $4 = (v_3, v_5)$（$\vec{G}$ における

---

[1] 繰り返しになるが，このように，無向グラフでの探索（深さ優先探索と幅優先探索）では，無向グラフ G の辺 e がたどられて探索済みとなると，有向グラフ $\vec{G}$ における有向辺 $2e-1, 2e$ も探索済みになると見なす．すなわち，有向グラフ $\vec{G}$ における有向辺 $2e-1$ と $2e$ の一方が探索済みとなると，他方も探索済み（したがって無向グラフの辺 e も探索済み）となる．

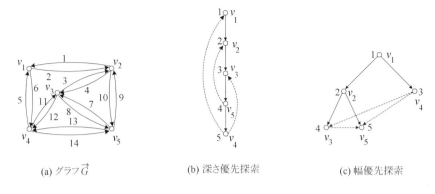

(a) グラフ $\vec{G}$　　(b) 深さ優先探索　　(c) 幅優先探索

図 **2.8** 無向グラフ G の深さ優先探索と幅優先探索

有向辺 8) がたどられ探索済みとなり v_5 にラベル 4 が付けられスタック S の先頭に挿入される（スタック S は $S = (v_5, v_3, v_2, v_1)$ で v_5 が S の先頭）．

そして v_5 からの深さ優先探索が始まり，未探索の辺 $5 = (v_5, v_2)$ （$\vec{G}$ における有向辺 9) がたどられ探索済みとなるが，v_2 にはラベルがすでに付いていてスタック S に一度入れられているので，再度スタック S に挿入するということはしない．そして次の未探索の辺 $7 = (v_5, v_4)$（$\vec{G}$ における有向辺 13) がたどられ探索済みとなり v_4 にラベル 5 が付けられスタック S の先頭に挿入される（スタック S は $S = (v_4, v_5, v_3, v_2, v_1)$ で v_4 が S の先頭）．

そして v_4 からの深さ優先探索が始まり，未探索の辺 $3 = (v_4, v_1)$（$\vec{G}$ における有向辺 5) がたどられ探索済みとなるが，v_1 にはラベルがすでに付いていてスタック S に一度入れられているので，再度スタック S に挿入するということはしない．そして次の未探索の辺 $6 = (v_4, v_3)$（$\vec{G}$ における有向辺 11) がたどられ探索済みとなり v_4 を端点とする辺はすべて探索済みになる．したがって，v_4 からの深さ優先探索は終了し，スタック S の先頭から v_4 が削除される（スタック S は $S = (v_5, v_3, v_2, v_1)$ で v_5 が S の先頭）．

そして v_5 からの深さ優先探索が再び開始され，次の未探索の辺に移ろうとするが未探索の辺がないので v_5 を端点とする辺はすべて探索済みになっていることがわかり，v_5 からの深さ優先探索も終了し，スタック S の先頭から v_5 が削除される（スタック S は $S = (v_3, v_2, v_1)$ で v_3 が S の先頭）．

そして v_3 からの深さ優先探索が再び開始されるが，v_3 を端点とする辺はすべて探索済みになっていることがわかり，v_3 からの深さ優先探索は終了し，スタック S の先頭から v_3 が削除される（$S = (v_2, v_1)$ で v_2 が S の先頭）．

そして v_2 からの深さ優先探索が再び開始されるが，v_2 を端点とする辺はすべて探索済みになっていることがわかり，v_2 からの深さ優先探索は終了し，スタック S の先頭から v_2 が削除される（$S = (v_1)$ で v_1 が S の先頭）．

最後に v_1 からの深さ優先探索が再び開始されるが，v_1 を端点とする辺はすべて探索済みになっていることがわかり，v_1 からの深さ優先探索は終了し，スタック S の先頭から v_1 が削除される．こうしてスタック S は空になり，すべての点にラベルが付けられすべての辺が探索済みとなり，全体の深さ優先探索が終了する．

この様子を図 2.8(b) に示している（G の標準的データ構造は図 2.8(a) の有向グラフ $\vec{G}$ の標準的データ構造（単純化版）を用いて表現され，上記の深さ優先探索は，より正確にはこのデータ構造を用いて動作する）．

次に，幅優先探索を説明する．最初に 2.(a) で v_1 を選んでラベル 1 を付けてキュー Q に挿入するとする．キュー Q の先頭から v_1 が削除され v_1 からの幅優先探索が開始される．まず最初に，未探索の辺 $1 = (v_1, v_2)$（$\vec{G}$ における有向辺 2）がたどられ探索済みとなり v_2 にラベル 2 が付けられ，v_2 がキュー Q の末尾に挿入される．次に，未探索の辺 $3 = (v_1, v_4)$（$\vec{G}$ における有向辺 6）がたどられ探索済みとなり v_4 にラベル 3 が付けられ，v_4 がキュー Q の末尾に挿入される．そして v_1 からの幅優先探索が終了する（この時点で $Q = (v_2, v_4)$ で v_2 が Q の先頭）．

するとキュー Q の先頭から v_2 が削除され，v_2 からの幅優先探索が始まり，未探索の辺 $2 = (v_2, v_3)$（$\vec{G}$ における有向辺 4）がたどられ探索済みとなり v_3 にラベル 4 が付けられ，v_3 がキュー Q の末尾に挿入される．次に，未探索の辺 $5 = (v_2, v_5)$（$\vec{G}$ における有向辺 10）がたどられ探索済みとなり v_5 にラベル 5 が付けられ，v_5 がキュー Q の末尾に挿入される．そして v_2 からの幅優先探索が終了する（この時点で $Q = (v_4, v_3, v_5)$ で v_4 が Q の先頭）．

するとキュー Q の先頭から v_4 が削除され，v_4 からの幅優先探索が始まり，未探索の辺 $6 = (v_4, v_3)$（$\vec{G}$ における有向辺 11）がたどられ探索済みとなる（v_3 はすでにラベルが付いていてキュー Q に入れられているので，再度キュー Q に挿入するということはしない）．次に，未探索の辺 $7 = (v_4, v_5)$（$\vec{G}$ における有向辺 14）がたどられ探索済みとなる（v_5 もすでにラベルが付いていてキュー Q に

入れられているので,再度キュー Q に挿入するということはしない).そして v_4 からの幅優先探索が終了する(この時点で $Q = (v_3, v_5)$ で v_3 が Q の先頭).

するとキュー Q の先頭から v_3 が削除され,v_3 からの幅優先探索が始まり,未探索の辺 $4 = (v_3, v_5)$ ($\vec{G}$ における有向辺 8)がたどられ探索済みとなる.そして v_3 からの幅優先探索が終了する(この時点で $Q = (v_5)$).

最後に,キュー Q の先頭から v_5 が削除されるが,v_5 を端点とする辺はすべて探索済みであるので,v_5 からの幅優先探索が終了する.こうしてキュー Q は空になり,すべての点にラベルが付けられすべての辺が探索済みとなり,幅優先探索が終了する.

この様子を図 2.8(c) に示している.

2.5.1 無向グラフの深さ優先探索木と幅優先探索木

無向グラフ $G = (V, E)$ の深さ優先探索と幅優先探索では,各辺 $e = (u, v)$ がその両端点の接続辺リストの一方で $2e - 1$ として現れ,他方で $2e$ として現れて,一方のリストでたどられて探索済みとされると他方のリストでも探索済みと見なされるので,いずれにせよ,無向グラフ G の各辺 $e \in E$ は両端点で一度ずつたどられるだけである.したがって,以下の定理が成立する.

定理 2.4 無向グラフ $G = (V, E)$ に対して,$n = |V|$ を点数,$m = |E|$ を辺数とすると,深さ優先探索と幅優先探索は,いずれも $O(m + n)$ 時間で実行できる.

有向グラフの深さ優先探索と幅優先探索で言えたことが,無向グラフの深さ優先探索と幅優先探索でも言える.すなわち,無向グラフの深さ優先探索あるいは幅優先探索でも,未探索の辺を探索して終点にラベルを付けた辺($\vec{G}$ における有向辺)を集めると根付き木(森)が得られる.そこで,深さ優先探索して得られる根付き木(森)を**深さ優先探索木(森)**(depth-first search tree (forest))という.各点 v に対して,v からの深さ優先探索が呼び出されたときに prelabel[v] のラベルを付けるラベリングと v からの深さ優先探索が終了したときに postlabel[v] のラベルを付けるラベリングは,それぞれ,1.1 節で定義を与えた深さ優先探索木(森)の**先行順**(preorder)のラベリングと**後行順**(postorder)のラベリングになる.同様に,幅優先探索して得られる根付き木(森)を**幅優先探索木(森)**(breadth-first search tree (forest))という.得られるラベルは**幅優先順**(breadth-first order)の

ラベリングになっている．G の辺集合は，根付き木（森）に含まれる辺（向きを無視した無向辺）の**木辺** (tree edge) とそれ以外の**補木辺** (cotree edge) に分割される．補木辺は，有向グラフのときとは異なり，深さ優先探索では深さ優先探索木の子孫から祖先に向かう辺の**後退辺** (backward edge) のみとなり（図 2.8(b)），幅優先探索では幅優先探索木の**横断辺** (cross edge) のみとなる（図 2.8(c)）．図 2.8 の (b), (c) では，木辺を実線で，補木辺を破線で示している．さらに，G の各無向辺を，（$\vec{G}$ における対応する有向辺で最初に）たどられた向きに向き付けして有向辺として示している．

有向グラフのときと同様に，以下の定理が成立する．

定理 2.5 無向グラフ G の深さ優先探索で得られる深さ優先探索木（森）において，prelabel と postlabel はそれぞれ，先行順と後行順のラベリングになる．また，無向グラフ G の幅優先探索で得られる幅優先探索木（森）において，blabel は幅優先順のラベリングになる．さらに，G の各無向辺 $e = (u, v)$ に対して，各探索で最初にたどられた有向グラフ $\vec{G}$ における対応する有向辺を $a = (u, v) \in E(G)$ とすると，以下の (a) と (b) が成立する．

(a) 深さ優先探索木では，木辺ならば，

$$\mathrm{prelabel}[u] < \mathrm{prelabel}[v] \quad (\mathrm{postlabel}[u] > \mathrm{postlabel}[v])$$

であり，後退辺ならば，

$$\mathrm{prelabel}[u] > \mathrm{prelabel}[v] \quad (\mathrm{postlabel}[u] < \mathrm{postlabel}[v])$$

である．

(b) 幅優先探索木では，木辺でも横断辺でも $\mathrm{blabel}[u] < \mathrm{blabel}[v]$ である．

図 2.9 は，より複雑な無向グラフ G に対する深さ優先探索木と先行順（後行順）ラベルおよび幅優先探索木と幅優先順ラベルの例である．

2.6 無向グラフの深さ優先探索と幅優先探索のプログラム

以下に載せている無向グラフの深さ優先探索と幅優先探索のプログラムは，それぞれ，有向グラフの深さ優先探索と幅優先探索のプログラムとほぼ同一である．異なる点は，有向グラフのときには，有向グラフの標準的データ構造を構成する

2.6 無向グラフの深さ優先探索と幅優先探索のプログラム

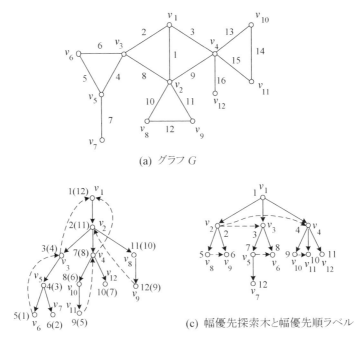

(a) グラフ G

(b) 深さ優先探索木と先行順（後行順）ラベル

(c) 幅優先探索木と幅優先順ラベル

図 **2.9** 無向グラフ G の深さ優先探索と幅優先探索

ライブラリプログラムの DigraphInput.h と DiStandStructLibrary.h を読み込んでおいたが，無向グラフのときには，無向グラフの標準的データ構造を構成するライブラリプログラムの GraphInput.h と StandardStructLibrary.h を読み込んでおくことが必要であることである．

繰り返しになるが，深さ優先探索のプログラムで用いている配列の parent, prelabel, postlabel は，それぞれ，深さ優先探索木（森）における各点 v の親 $p(v)$，先行順のラベル，後行順のラベルを記憶するためのものである．unvisited $(=-1)$ は点にラベルが付けられていない状態を表す．同様に，幅優先探索のプログラムで用いている配列の parent, blabel は，それぞれ，幅優先探索木（森）における各点 v の親 $p(v)$，幅優先順のラベルを記憶するためのものである．また，配列の

queue はキュー Q を実現するためものである．unvisited $(=-1)$ は点にラベルが付けられていない状態を表すことも同じである．

無向グラフ G の標準的データ構造に必要な領域は $n+4m$ であるので，以下の無向グラフの深さ優先探索と幅優先探索が実行されることを確認するためのプログラムで使用する領域はともに $4n+4m$ である．なお，深さ優先探索では再帰呼び出しに必要な領域（最大で $2n$）は含めていない．

```c
// 無向グラフの深さ優先探索 undirecteddfs.c
#include <stdio.h>
#define vmaxsize      1000
#define emaxsize      2000
#define e2maxsize     4000
#include"GraphInput.h"
#include"StandardStructLibrary.h"
#include"DepthLibrary.h"
int main(void){
    graph_input();  // 無向グラフの辺数 m，点数 n，始点，終点が決定される
    incidence_list_construct();  // 接続辺リストが構成される
//  incidence_list_output();     // 構成された接続辺リストが出力される
    depth_first();  // 深さ優先探索の開始
    depth_first_output();  // 深さ優先探索の結果が出力される
    return 0;
}
```

```c
// 無向グラフの幅優先探索 undirectedbfs.c
#include <stdio.h>
#define vmaxsize      1000
#define emaxsize      2000
#define e2maxsize     4000
#include"GraphInput.h"
#include"StandardStructLibrary.h"
#include"BreadthLibrary.h"
int main(void){
    graph_input();  // 無向グラフの辺数 m，点数 n，始点，終点が決定される
    incidence_list_construct();  // 接続辺リストが構成される
//  incidence_list_output();     // 構成された接続辺リストが出力される
    breadth_first();  // 幅優先探索の開始
    breadth_first_output();  // 幅優先探索の結果が出力される
    return 0;
}
```

図 2.10 と図 2.11 は，それぞれ，図 2.9 のグラフに対して上記の深さ優先探索のプログラムと幅優先探索のプログラムを実行して得られた結果である．これらの実行結果がそれぞれ図 2.9 の (b), (c) に対応することを確認しよう．

12 16	入力するデータは無向グラフのデータです

無向グラフの点数 n と辺数 m を入力してください
m 本の各辺の両端点を入力してください
無向グラフの点数 n=12, 辺数 m=16

```
12 16
 1  2
 1  3
 1  4
 3  5
 5  6
 3  6
 5  7
 2  3
 2  4
 2  8
 2  9
 8  9
 4 10
10 11
 4 11
 4 12
```

点：	先行順	親	後行順
1:	1	0	12
2:	2	1	11
3:	3	2	4
4:	7	2	8
5:	4	3	3
6:	5	5	1
7:	6	5	2
8:	11	2	10
9:	12	8	9
10:	8	4	6
11:	9	10	5
12:	10	4	7

図 2.10　左の箱のデータの入力に対する深さ優先探索のプログラムの出力（右の箱）

```
12 16
 1  2
 1  3
 1  4
 3  5
 5  6
 3  6
 5  7
 2  3
 2  4
 2  8
 2  9
 8  9
 4 10
10 11
 4 11
 4 12
```

入力するデータは無向グラフのデータです
無向グラフの点数 n と辺数 m を入力してください
m 本の各辺の両端点を入力してください
無向グラフの点数 n=12, 辺数 m=16

点：	幅優先順	親
1:	1	0
2:	2	1
3:	3	1
4:	4	1
5:	7	3
6:	8	3
7:	12	5
8:	5	2
9:	6	2
10:	9	4
11:	10	4
12:	11	4

図 2.11　左の箱のデータの入力に対する幅優先探索のプログラムの出力（右の箱）

2.7　深さ優先探索と幅優先探索の応用例

深さ優先探索あるいは幅優先探索をすることで，グラフの様々な性質を調べ

ることができる．グラフ $G = (V, E)$ に対するいくつかの例を以下に挙げておく（$n = |V|$, $m = |E|$）．

2.7.1 グラフが閉路をもつかどうかの判定

与えられたグラフ $G = (V, E)$ が閉路をもつかどうかは深さ優先探索で簡単に判定できる．実際，後退辺がないことと G が閉路をもたないこととは等価である．したがって，G が閉路をもつかどうかは $O(m + n)$ 時間で判定できる．

2.7.2 グラフが指定された 2 点を結ぶパスをもつかどうかの判定

与えられたグラフ $G = (V, E)$ の点 s から点 t へのパスがあるかどうかも，深さ優先探索で判定できる．実際，点 s から深さ優先探索をして得られる最初の深さ優先探索木に点 t が含まれるとき，点 s から点 t へのパスがあることになる．そうでないときは，点 s から点 t へのパスがないことになる．したがって，G において点 s から点 t へのパスがあるかどうかは $O(m + n)$ 時間で判定できる．

深さ優先探索を用いれば，迷路問題（すなわち迷路の入口から出口へのパス）なども高速に解ける．

2.7.3 無向グラフの連結成分分解

与えられた無向グラフ $G = (V, E)$ の 2 点間のパスのみでなく，G が連結であるかどうかも深さ優先探索で $O(m + n)$ 時間で判定できる．さらに，より一般化された連結成分分解も $O(m + n)$ 時間で解ける（連結成分が 1 個であることが連結であることに注意しよう）．実際，得られた各深さ優先探索木に含まれる点集合 U および U の 2 点を結ぶ G のすべての辺からなる部分グラフ（点部分集合 U で誘導される G の**誘導部分グラフ** (induced subgraph) と呼ばれ，$G[U]$ と表記される）が G の連結成分である．図 2.12(a) のグラフ G の例では，三つの連結成分に分解される．

幅優先探索をしても，まったく同様のことが言える．得られた各幅優先探索木に含まれる点集合で誘導される誘導部分グラフが G の連結成分である（図 2.13）．

2.7.4 グラフの指定された 2 点を結ぶ辺数最小のパス

幅優先探索を行えば点 s から点 t へのパスがあるかどうかを判定できるだけで

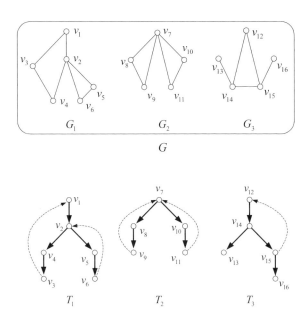

図 2.12 無向グラフ G に深さ優先探索をして得られる深さ優先探索木の集合 $\{T_1, T_2, T_3\}$（各 T_i の点集合に対応する G の誘導部分グラフ G_i が連結成分になる）

なく，さらに，そのようなパスが存在するときには，点 s から点 t へのパスのうちで辺数最小のものを $O(m+n)$ 時間で求めることができる．実際，与えられたグラフ G に対して幅優先探索をすると，各幅優先探索木において根 r から各点 v へのパスが，r から v への G の辺数最小のパスになることが言えるので，s からの幅優先探索をすればよい（図 2.13）．

2.7.5 無向グラフが二部グラフであるかどうかの判定

与えられた無向グラフ G が**二部グラフ** (bipartite graph)（すなわち，どの辺の両端点も異なる色になるようにグラフのすべての点を 2 色のうちのいずれかで彩色できるグラフで **2 彩色可能グラフ** (2-colorable graph) とも呼ばれる）かどうかも $O(m+n)$ 時間で判定できる．各幅優先探索木で，根からの距離（根からのパスに含まれる辺の本数，すなわち，深さ）が偶数の点には色 0 を割り当て，根からの距離（深さ）が奇数の点には色 1 を割り当てる．幅優先探索で得られる補木

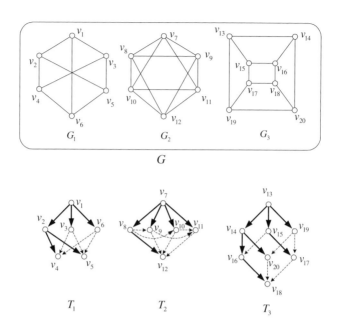

図 2.13 無向グラフ G に幅優先探索をして得られる幅優先探索木の集合 $\{T_1, T_2, T_3\}$.
（各 T_i の点集合に対応する G の誘導部分グラフ G_i が連結成分であり，T_i の根 r_i から各点 v へのパスは G の点 r_i から v への辺数最小のパスになる）

辺は，同じ深さの点を結んでいるか，あるいは深さが 1 異なる点を結んでいることに注意しよう．もちろん，木辺は深さが 1 異なる点を結んでいる．したがって，同じ深さの点を結ぶ補木辺がないときは，この色の割当てが実際に 2 彩色になっている．すなわち，隣接する 2 点（辺で結ばれる 2 点）は異なる色が割り当てられていて，G は二部グラフである．

逆に，同じ深さの点を結ぶ補木辺があるときは G が二部グラフでないことも言える．実際，同じ深さの点を結ぶ補木辺があったとしよう．そのような補木辺を任意に選び (u, v) とする．もちろん，2 点 u, v は同一の幅優先探索木に含まれる点となる．2 点 u, v を含む幅優先探索木を T とし，T の根を r とする．r から u へのパスと r から v へのパスが最初に分岐する点を c とする．すると，c から u へのパスに沿って c から u に行き，次に辺 (u, v) を通って v に行き，最後に，c から v へのパスを逆にたどって v から c に行く．こうして閉路 C が得られる．この

閉路 C は長さ（C に含まれる辺の本数）が奇数である．したがって，C に含まれる点の個数も奇数である．長さ奇数の閉路は 2 色で彩色することは不可能であるので，G は二部グラフでないことが得られる．

2.8 演習問題

2.1 演習問題 1.1 の無向グラフ $G = (V, E)$ の標準的データ構造から配列 head の情報を除いた以下のデータ構造，

	1	2	3	4	5	6	7
edgefirst	13	2	7	6	10	14	16

edgenext

1	2	3	4	5	6	7	8	9	10	11	12	13	14	15	16	17	18
0	0	1	9	3	8	4	11	0	12	0	0	15	17	5	18	0	0

のもとで，次の (a),(b) に答えよ．なお，これから復元される $\vec{G}$ と G については演習問題 1.1 の解答（201 ページ）を参照してもよい．

(a) 点 1 からの深さ優先探索を実行して得られる深さ優先探索木を，その木の先行順のラベルと後行順のラベルとともに図示せよ．なお，G を，深さ優先探索木に含まれる辺を実線で，それ以外の補木辺を破線で表示すること．

(b) 点 1 からの幅優先探索を実行して得られる，点のラベルを幅優先探索木とともに図示せよ．なお，G を幅優先探索木に含まれる辺は実線で，それ以外の補木辺は破線で表示すること．

2.2 2.3.1 項と 2.6 節の深さ優先探索と 2.4.1 項と 2.6 節の幅優先探索のプログラムを，本章で扱ったグラフも含めて様々なグラフを入力として与えて，得られた結果の正しいことを確かめよ．

2.3 （再帰呼び出しを用いないで）スタックを明示的に用いた深さ優先探索のプログラムを作成し，様々なグラフを入力として与えて，得られた結果の正しいことを確かめよ．

第3章 有向グラフの強連結成分分解

本書ではこれ以降，深さ優先探索と幅優先探索を用いたグラフ・ネットワークアルゴリズムを展開する．本章では，最初のグラフ・ネットワークアルゴリズムとして，有向グラフの強連結成分分解アルゴリズムを取り上げる．本章の目標は，有向グラフの強連結成分分解を求める効率的なアルゴリズムを理解することである．

3.1 強連結成分分解

　有向グラフ G は，どの2点 u, v 間にも両方向の有向パス (すなわち，u から v への有向パスと v から u への有向パス) が存在するとき，**強連結** (strongly connected) であると呼ばれる．2.7.3 項で述べたように，グラフ G の点部分集合 $U \subseteq V(G)$ に対して，U を点集合とし，U の点どうしを結ぶ G のすべての辺を辺集合とする G の部分グラフを，U で誘導される G の**誘導部分グラフ** (induced subgraph) という．さらに，1.1 節では，無向グラフ G の極大な連結部分グラフ G' を G の**連結成分** (connected component) と言った．G が有向グラフのときも同様である．有向グラフ G の極大な強連結部分グラフを**強連結成分** (strongly connected component) という．すなわち，有向グラフ G の点部分集合 $U \subseteq V(G)$ に対して，U で誘導される G の誘導部分グラフが強連結であり，かつ $U \subset U' \subseteq V(G)$ を満たすどの点部分集合 U' でも U' で誘導される G の誘導部分グラフが強連結とならないとき，U で誘導される G の誘導部分グラフを強連結成分という．したがって，強連結成分分解は点集合の直和分解となる (演習問題)．しかし，どの強連結成分にも属さないような辺が存在することもあるので，一般には，辺集合の分割にはならない (図 3.1)．また，G の強連結成分が1個のみであるとき G は強連結

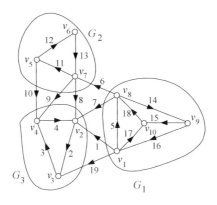

図 3.1 有向グラフ G の強連結成分 G_1, G_2, G_3

であり，G の強連結成分が 2 個以上あるときには G は強連結ではない．

強連結成分分解は以下の深さ優先探索に基づくアルゴリズムで得られる．

強連結成分分解アルゴリズム

1. 有向グラフ G を深さ優先探索して後行順に点にラベルを付ける．
2. G のすべての辺の向きを逆にして得られるグラフ $R(G)$ を求める．
3. $R(G)$ に対して深さ優先探索をする．ただし，未探索の辺の始点でラベルの付いたものが存在しないときには，1.で付けたラベルの大きいものを優先的に選んでラベルを付ける．
4. 3.で得られた各根付き木に対応する G の点集合で誘導される誘導部分グラフを G の強連結成分として出力する．

図 3.2 は図 3.1 (図 2.2(a)) の有向グラフ G に対するアルゴリズムの実行例である．なお，2.で図 2.2(b) の後行順ラベル（図 3.2 の括弧内の数）が得られたとしている．アルゴリズムの正当性については演習問題とする．有向グラフ $G = (V, E)$ に対して深さ優先探索を二度行うだけであるので，定理 2.1 より以下が得られる．

定理 3.1 有向グラフ $G = (V, E)$ の強連結成分分解は上記のアルゴリズムで $O(m + n)$ 時間で得られる（$n = |V|$ は点数，$m = |E|$ は辺数）．

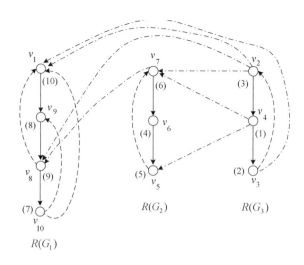

図 3.2　$R(G)$ の深さ優先探索で得られる強連結成分 G_1, G_2, G_3 の点集合

3.2　強連結成分分解のプログラム

有向グラフの強連結成分分解のプログラムは，後述するライブラリプログラムを用いると，以下のように書ける．

```
// 強連結成分分解プログラム strongcomp.c
#include <stdio.h>
#define vmaxsize       1000
#define emaxsize       2000
#include"DigraphInput.h"
#include"CompStructLibrary.h"
#include"PostLibrary.h"
#include"StrongCompLibrary.h"
int main(void){
    directed_graph_input();  // 有向グラフの辺数 m，点数 n，始点，終点が決定される
    dicomp_incidence_list_construct();  // 接続辺リストが構成される
    postsort();  // 点が後行順にソートされる
    stcomp_construct();  // 各点が属する強連結成分が決定され
        // さらに各強連結成分に含まれる点と辺のリストが構成される
    stcomponent_output();  // 強連結成分が出力される
    return 0;
}
```

より詳しく説明する．このプログラムは，1.3 節のライブラリプログラ

3.2 強連結成分分解のプログラム

ムの DigraphInput.h と CompStructLibrary.h に含まれている有向グラフを入力する関数 directed_graph_input() と完備データ構造を構成する関数 dicomp_incidence_list_construct()（およびその結果を出力する関数 dicomp_incidence_list_output()）を用いているので，ライブラリプログラムの DigraphInput.h と CompStructLibrary.h を読み込んでおくことが必要である（これらの部分で $2n + 4m$ の領域を使用する）．

さらに，有向グラフの点を後行順にソートする関数 postsort() とそれに基づいて強連結成分分解を行いその結果を出力する関数の stcomp_construct(), stcomponent_output() を用いている．したがって，それらを含むライブラリプログラムの PostLibrary.h と StrongCompLibrary.h も読み込んでおくことが必要である．これらについては以下のとおりである．

```
// 有向グラフの後行順ソートライブラリプログラム PostLibrary.h
#define unvisited          -1
#define visited             1
int order[vmaxsize+1], prelabel[vmaxsize+1];
    // order[j] = v のようにして後行順で j 番目の点が v であることを表すための配列
int j;   // j は後行順のラベル
void post(int v){// v からの深さ優先探索で後行順ソートを行う再帰的な関数
    int a, w;
    prelabel[v] = visited;  // v に訪問済みのラベルを付ける
    a = edgefirst[v]; // a は v を始点とする辺のリストの先頭の辺
    while (a != 0) {// a が v を始点とする辺のリストの最後になるまで
        w = head[a];   // a の終点を w とする
        if (prelabel[w] == unvisited) {// w が訪問済みでないとき
            post(w);   // w からの深さ優先探索の再帰呼び出し
        }
        a = edgenext[a]; // v を始点とする辺のリストで a の次の辺を a をする
    } // v からの深さ優先探索の終了
    j++;
    order[j] = v;  // 後行順で j 番目の点が v である
}
void postsort(void){// 後行順にソートする関数
    int v;
    for (v = 1; v <= n; v++) prelabel[v] = unvisited;
    j = 0;
    for (v = 1; v <= n; v++)
        if (prelabel[v] == unvisited) post(v);
            // 点 v にラベルが付けられていないときは v からの深さ優先探索を開始する
}
```

このライブラリプログラム PostLibrary.h の後行順にソートする関数 postsort()

は 2.3.1 項の深さ優先探索のライブラリプログラム DepthLibrary.h の深さ優先探索を行う関数 depth_first() とほぼ同じである．また，post(v) は v からの深さ優先探索を行う再帰的な関数 dfs(v) とほぼ同じである．なお，後行順ソートに限定しているので，より単純化されていることに注意しよう．すなわち，各点 v に 1 から n の先行順のラベル prelabel[v] を付ける代わりに，単に点 v が訪問済みかそうでないかを記憶しておくだけで十分であるので，prelabel[v] は unvisited ($= -1$) か visited ($= 1$) の値のみをとることにしている．さらに，配列 postlabel の代わりに，ここでは配列 order を用いて order[j] $= v$ は postlabel[v] $= j$ に対応し，後行順で j 番目の点が v であることを表している．したがって，ライブラリプログラム PostLibrary.h のプログラムでは，再帰呼び出しで必要とする領域を除いて $2n$ の領域を使用する．なお，2.3.1 項の深さ優先探索のプログラム（および演習問題 2.3）でも取り上げたように，ここでもスタックを明示的に用いて再帰呼び出しを展開した形式のプログラムにすると，さらに最大で $2n$ の領域を（明示的に）必要とする．

```
// 強連結成分分解ライブラリプログラム StrongCompLibrary.h
// #define unvisited           -1
int vcomp[vmaxsize+1];
int vcompfirst[vmaxsize+1], vcompnext[vmaxsize+1];
     // 同一の強連結成分内の点のリスト表現のための配列
int ecomp[emaxsize+1];
int ecompfirst[vmaxsize+1], ecompnext[emaxsize+1];
     // 同一の強連結成分内の辺のリスト表現のための配列
int compmax; // compmax は強連結成分の個数
void dfs_stcomp(int v, int k){
     // v からの深さ優先探索で対象の強連結成分に含まれる点を決定する再帰的な関数
     int w, a;
     vcomp[v]=k;        // v は k 番目の強連結成分の点
     a=revedgefirst[v]; // v を終点とする辺のリストの先頭の辺が a である
     while (a != 0) {// v を終点とする辺のリストの末尾の辺になるまで繰り返す
         w=tail[a];  // w は a の始点
         if (vcomp[w]==unvisited) // w が訪問済みでないときは w を k 番目の強連結成分に
             dfs_stcomp(w,k); // w からの深さ優先探索の再帰呼び出し
             // w が訪問済みのときには w はすでに得られたいずれかの強連結成分の点
         a=revedgenext[a];  // a の次の辺を a とする
     }
}
int depth_first_stcomp(void){
     // 各点 v に対して v が k 番目の強連結成分に属するとき vcomp[v]=k とする
     int j, k, v;
     k=0;
```

3.2 強連結成分分解のプログラム 55

```
        for (v = 1; v <= n; v++) vcomp[v] = unvisited;  // vが属する強連結成分は未定
        for (j = n; j >= 1; j--) {// 後行順の逆順に強連結成分を求める
            v= order[j];
            if (vcomp[v]==unvisited){// 新しい強連結成分の最初の点がvである
                k++;                     // 新しい強連結成分はk番目の強連結成分
                dfs_stcomp(v,k);       // k番目の強連結成分に含まれる点をすべて求める
            }
        }
        return k;  // このkは強連結成分の個数compmaxになる
}
void stcomp_construct(void){// 各強連結成分に含まれる点と辺のリストを構成する関数
    int a,h,k,v;
    compmax=depth_first_stcomp();    // 強連結成分の個数
    for (k = 1; k <= compmax; k++) {// k番目の強連結成分に含まれる点と辺のリスト
        vcompfirst[k]=0;  // k番目の強連結成分に含まれる点のリストの初期化
        ecompfirst[k]=0;  // k番目の強連結成分に含まれる辺のリストの初期化
    }
    for (v = n; v >= 1; v--) {
        k=vcomp[v];        // k番目の強連結成分に含まれる点のリストの先頭にvを挿入
        vcompnext[v]=vcompfirst[k];
        vcompfirst[k]=v;
    }
    for (a = m; a >= 1; a--) {
        k=vcomp[tail[a]];   // aの始点はk番目の強連結成分の点
        h=vcomp[head[a]];   // aの終点はh番目の強連結成分の点
        if (k==h) {// aの始点と終点は同一の強連結成分に含まれる
            ecomp[a]=k;  // aはk番目の強連結成分の辺
            // k番目の強連結成分に含まれる辺のリストの先頭にaを挿入
            ecompnext[a]=ecompfirst[k];
            ecompfirst[k]=a;
        }
        else ecomp[a]=0;    // aは強連結成分に含まれない辺
    }
}
void stcomponent_output(void){
    int a,v,k,kk;
    for (k = 1; k <= compmax; k++) {
        kk=0;
        printf("\n");
        printf("強連結成分 [%d]： 点部分集合 = {",k);
        v=vcompfirst[k];
        while (v != 0) {
            printf("%3d", v);
            kk++;
            if (kk % 10 == 0) printf("\n               ");
            v=vcompnext[v];
        }
        printf(" }\n");
        a= ecompfirst[k];
```

```
            while (a != 0) {
                printf("辺%3d:    始点%3d    終点%3d\n", a, tail[a],head[a]);
                a=ecompnext[a];
            }
        }
    }
}
```

　このライブラリプログラム StrongCompLibrary.h の depth_first_stcomp() は，各点 v に対して v が k 番目の強連結成分に属するとき vcomp$[v] = k$ として計算し，得られた強連結成分の個数 compmax を返す関数で，2.3.1 項の深さ優先探索のライブラリプログラム DepthLibrary.h の深さ優先探索を行う関数 depth_first() とほぼ同じである．また，dfs_stcomp(v,k) は，v が k 番目の強連結成分の点であることを（配列 vcomp を用いて）vcomp$[v] = k$ として計算する関数で，v からの深さ優先探索を行う再帰的な関数 dfs(v) とほぼ同じである．

　stcomp_construct() は，vcomp の値に基づいて，各強連結成分に含まれる点のリストを（配列 vcompfirst と vcompnext を用いて）構成するとともに，各辺 a が k 番目の強連結成分の辺であることを（配列 ecomp を用いて）ecomp$[a] = k$（どの強連結成分にも属さないときには ecomp$[a] = 0$）として計算し，各強連結成分に属する辺のリストを（配列 ecompfirst と ecompnext を用いて）構成する関数であり，stcomponent_output() はその結果を出力する関数である．したがって，ライブラリプログラム StrongCompLibrary.h のプログラムでは，得られる強連結成分の個数を $c =$compmax とすると，再帰呼び出しで必要とする領域を除いて，$2c + 2n + 2m$ の領域を使用する．強連結成分分解プログラム strongcomp.c 全体では，$2c + 6n + 6m$ の領域を使用する．

　なお，stcomp_construct() の強連結成分の点のリストと辺のリストの構成に関わる部分（配列の vcompfirst，vcompnext，ecompfirst，ecompnext）は，必要に応じて省略することも可能で，そうしたときには強連結成分分解プログラム strongcomp.c 全体では，$5n + 5m$ の領域を使用する．ここでも，スタックを明示的に用いて再帰呼び出しを展開した形式のプログラムにすると，さらに最大で $2n$ の領域を（明示的に）必要とする．配列の prelabel と vcomp は共有できるので，そうすることにより領域を n だけ節約できる．

　図 3.3 は図 3.2 のグラフに対する上記のプログラムの実行結果である．図 3.2 の強連結成分 G_1, G_2, G_3 が正しく得られていることを確認しよう．

```
10 19         入力するデータは有向グラフのデータです
1  2          有向グラフの点数 n と辺数 m を入力してください
2  3          m 本の各辺の始点と終点を入力してください
3  4          有向グラフの点数 n=10, 辺数 m=19
4  2
1  8          強連結成分 [1]:   点部分集合 = {  1  8  9 10 }
8  7          辺  5:  始点   1     終点   8
8  2          辺 14:  始点   8     終点   9
7  2          辺 15:  始点   9     終点  10
7  4          辺 16:  始点   9     終点   1
5  4          辺 17:  始点   1     終点  10
7  5          辺 18:  始点  10     終点   8
5  6          強連結成分 [2]:   点部分集合 = {  5  6  7 }
6  7          辺 11:  始点   7     終点   5
8  9          辺 12:  始点   5     終点   6
9 10          辺 13:  始点   6     終点   7
9  1
1 10          強連結成分 [3]:   点部分集合 = {  2  3  4 }
10 8          辺  2:  始点   2     終点   3
1  3          辺  3:  始点   3     終点   4
              辺  4:  始点   4     終点   2
```

図 3.3 左の箱のデータの入力に対する強連結成分分解のプログラムの出力(右の箱)

3.3 凝縮グラフ

有向グラフ $G = (V, E)$ の強連結成分分解で得られた強連結成分の集合を $\{G_1, G_2, \ldots, G_c\}$ とする.このとき,各強連結成分 $G_i = (V_i, E_i)$ $(i = 1, 2, \ldots, c)$ を新しく点 u_i と見なして,

$$U = \{u_i \mid i = 1, 2, \ldots, c\},$$
$$F = \{(u_i, u_j) \mid i \neq j,\ v_i \in V_i,\ v_j \in V_j\ となる\ (v_i, v_j) \in E\ が存在する\ \}$$

で定義されるグラフ $H = (U, F)$ を,G の**凝縮グラフ** (condensed graph) と呼ぶ (図 3.4).凝縮グラフは有向無閉路グラフ(有向閉路のないグラフ)になる.

複雑な機能からなるシステムは,それぞれの機能の依存関係により,有向グラフで表現できることが多い.そして,システムの異常が検出された際に,その異常の発生源を検出する効率的なアルゴリズムなどにこの凝縮グラフが有効に活用されている.有向グラフの凝縮グラフを求めるアルゴリズムも強連結成分分解ア

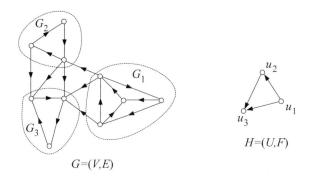

図 **3.4** 有向グラフ $G = (V, E)$ の強連結成分 G_1, G_2, G_3 と凝縮グラフ $H = (U, F)$

ルゴリズムをわずかに修正するだけで得られる．

3.4 演習問題

3.1 有向グラフ $G = (V, E)$ の強連結成分分解は点集合 V の分割であることを示せ．

3.2 定理 3.1 を証明せよ．すなわち，有向グラフ $G = (V, E)$ の強連結成分分解が 3.1 節の強連結成分分解アルゴリズムで，$O(m + n)$ 時間で正しく得られることを証明せよ．

3.3 3.2 節の強連結成分分解のプログラムを，本章で扱ったグラフも含めて様々な有向グラフを入力として与えて，得られる結果の正しいことを確かめよ．

3.4 有向グラフの凝縮グラフを求めるアルゴリズムのプログラムを作成し，様々な有向グラフを入力として与えて，得られる結果の正しいことを確かめよ．

第4章 トポロジカルソートと最長パス

本章の目標は，有向無閉路グラフ（有向閉路が存在しないグラフ）のトポロジカルソートと，辺に長さの付随する有向無閉路ネットワークの最長パスと最短パスを求める効率的なアルゴリズムについて理解することである.

4.1 有向無閉路グラフのトポロジカルソート

有向閉路がないグラフ G を深さ優先探索をしてすべての点に後行順のラベルを付けると，(G に後退辺がないので) 定理 2.2 により，すべての辺 $a = (u, v) \in E(G)$ で postlabel$[u]$ > postlabel$[v]$ が成立する. そこで $n = |V(G)|$ を用いて，

$$\mathrm{tprank}[v] := n - \mathrm{postlabel}[v] + 1 \tag{4.1}$$

とおけば，すべての辺 $a = (u, v) \in E(G)$ で tprank$[u]$ < tprank$[v]$ が成立する. すなわち，始点 u のランク (ラベル tprank$[u]$) のほうが終点 v のランク (ラベル tprank$[v]$) よりも常に上位に（値が小さく）なる. このように，有向無閉路グラフ G のすべての辺 $a = (u, v) \in E(G)$ で，

$$\mathrm{tprank}[u] < \mathrm{tprank}[v]$$

が成立するように G の点に 1 から $n = |V(G)|$ のラベルを付けることを，G の**トポロジカルラベリング** (topological labeling) という. トポロジカルラベルの小さい順に G の点を並べることを G の**トポロジカルソート** (topological sort) という.

定理 2.2 により，有向グラフ G の後行順のラベルは，$n = |V(G)|$, $m = |E(G)|$ とすると，深さ優先探索で $O(m + n)$ 時間で求めることができるので以下の定理が言える.

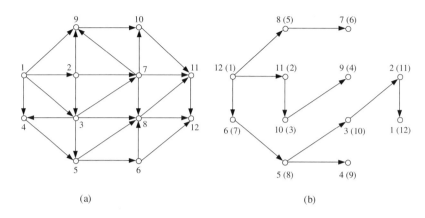

図 4.1 (a) 有向無閉路グラフ G，(b) G の深さ優先探索木と後行順ラベル（トポロジカルラベル）

定理 4.1 有向無閉路グラフ G のトポロジカルソートは，深さ優先探索により，$O(m+n)$ 時間で求めることができる $(n=|V(G)|, m=|E(G)|)$．

図 4.1 において，(a) の図の有向無閉路グラフ G の点に対するラベルは，トポロジカルラベリングになっていることが容易に確認できる（すべての辺で始点のラベルが終点のラベルよりも小さいことを確かめればよい）．一方，(b) の図は，この G に対して点 1 から深さ優先探索を行って得られる深さ優先探索木と後行順のラベル（式 (4.1) によるトポロジカルラベル）の例である．この例からもわかるように，一般に，トポロジカルラベリングは複数通り存在する．

4.2 有向無閉路ネットワークでの最長パス

グラフ G の各辺 $e \in E(G)$ に長さ $\text{length}(e)$ が付随するとき，ネットワーク (network) といい，$N = (G; \text{length})$ と表すことにする．一般のネットワークでの最長パスを求める問題に対しては効率的なアルゴリズムが知られていないが，有向閉路を含まないネットワーク $N = (G; \text{length})$ においては，出発点 s から他のすべての点への最長パスは，s からすべての点へのパスが存在するときには，以下のようにして，$O(m+n)$ 時間で求めることができる．

出発点 s から v までの最長パスの長さを $d_{\max}(v)$ とおけば，$d_{\max}(s) = 0$ であ

り，かつ任意の $v \in V(G) - \{s\}$ に対して，

$$d_{\max}(v) = \max\{d_{\max}(u) + \text{length}(u,v) \mid (u,v) \in \delta^-(v)\} \quad (4.2)$$

が成立するということがキーポイントである．なお，$\delta^-(v)$ は 1.2 節で述べたように v を終点とするすべての辺の集合である．そこで，グラフ G（ネットワーク N）をトポロジカルラベリングし，どの辺 $e=(u,v)$ においても $\text{tprank}(u) < \text{tprank}(v)$ となるようにまず点にラベル tprank を付ける（定理 4.1 より $O(m+n)$ 時間でできる）．そしてそのラベルの小さい順に $d_{\max}(v)$ を計算して表に記憶していく．すると，式 (4.2) に基づく $d_{\max}(v)$ の計算時には v を終点とするすべての辺の各始点 u に関して $d_{\max}(u)$ は既に計算されて表に記憶されているので，$d_{\max}(v)$ は単に表を引きながら最大値を求めるだけで得られる．この計算時間は v に入ってくる辺の本数 $|\delta^-(v)|$ に比例する．したがって，$\sum_{v \in V(G)} |\delta^-(v)| = |E(G)| = m$ から，全体でも $O(m+n)$ の（辺の総数と点の総数の和に比例する）時間で最長パスの長さを計算できる．このような手法は，アルゴリズムデザインの代表的手法の一つであり，**動的計画法** (dynamic programming) と呼ばれている．

さらに，各点 v への最長パスにおいて v の一つ前の点から v への辺を $\text{path}(v)$ として記憶しておけば，実際の最長パスも復元できる．

以上をまとめると以下のように書ける．

有向無閉路ネットワークの最長パスを求めるアルゴリズム

1. 出発点 s からすべての点へのパスが存在する n 点の有向無閉路ネットワーク $N=(G; \text{length})$ のグラフ G に対して，s から G を深さ優先探索をして G のトポロジカルラベリング tprank を求める．

2. $\text{dmax}[s] := 0$, $\text{path}[s] := 0$ とする．（$\text{tprank}[s] = 1$ に注意しよう．）

3. $j := 2$ から 1 ずつ増やしていきながら n まで以下の (a) を繰り返す．

    (a) $\text{tprank}[v] = j$ となる点 v に対して，v を終点とする辺の集合 $\delta^-(v)$ に含まれる各辺 $e = (u,v) \in E(G)$ に対して $\text{dmax}[u] + \text{length}(e)$ を計算し，その中で最大となるような辺 $e_v = (u_v, v)$ を求める．そして，
    $$\text{dmax}[v] := \text{dmax}[u_v] + \text{length}(e_v), \quad \text{path}[v] := e_v$$
    とする．

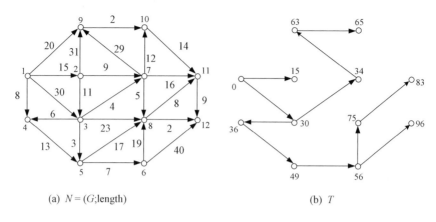

(a) $N = (G; \text{length})$　　　　(b) T

図 4.2 有向無閉路ネットワーク $N = (G; \text{length})$ の最長パス木 T

上記の議論から以下の定理が成立する.

定理 4.2 出発点 s からすべての点へのパスが存在する有向無閉路ネットワーク $N = (G; \text{length})$ において, s から他のすべての点への最長パスは, $O(m+n)$ 時間で求めることができる $(n = |V(G)|, m = |E(G)|)$.

図 4.2 は, (a) のネットワーク N において, 出発点 1 からすべての点 v への最長パス (の長さ $d_{\max}(v)$) と, 各点 v への最長パスにおいて v の一つ前の点から v に入る辺 e_v を親 $\text{path}(v)$ として記憶して得られる根付き木 (**最長パス木** (longest path tree) と呼ばれる) の例である.

有向無閉路ネットワーク $N = (G; \text{length})$ の最短パスも同様に求めることができる. 注意すべき点は, s から v までの最短パスの長さを $d_{\min}(v)$ とおけば, $d_{\min}(s) = 0$ であり, かつ任意の $v \in V(G) - \{s\}$ に対して,

$$d_{\min}(v) = \min\{d_{\min}(u) + \text{length}(u,v) \mid (u,v) \in \delta^-(v)\} \tag{4.3}$$

を満たすことである. これから max を min とするだけで, 以下の定理が得られる.

定理 4.3 出発点 s からすべての点へのパスが存在する有向無閉路ネットワーク $N = (G; \text{length})$ において, s から他のすべての点への最短パスは, $O(m+n)$ 時間で求めることができる $(n = |V(G)|, m = |E(G)|)$.

なお，出発点 s から到達可能なすべての点への最短パスは，最長パス問題とは異なり，有向閉路が存在する一般のネットワークにおいても，負の長さの有向閉路が存在しなければ，効率的に求めることができることを注意しておく．詳細は第 7 章と第 8 章で取り上げる．

4.3 有向無閉路ネットワークの最長パス木を求めるプログラム

有向無閉路ネットワークのトポロジカルソートと最長パス木を求めるプログラムを以下に載せておく．なお，プログラムで用いている関数の説明は以下のとおりである．

関数 directed_network_input() は，各辺 $a \in E(G)$ の長さ length(a) を読み込んで，用意しているサイズ m の配列 length に length[a] として記憶する部分が付け加えられている点を除いて，1.3 節の directed_graph_input() と同一であるので，ライブラリプログラム DiNetworkInput.h として登録しておく（使用する領域は配列の tail, head, length で $3m$）．また，有向グラフの完備データ構造を構成する関数 dicomp_incidence_list_construct()（および dicomp_incidence_list_output()）は 1.3 節のライブラリプログラム CompStructLibrary.h（使用する領域は配列の edgefirst, edgenext, revedgefirst, revedgenext で $2n+2m$）にあり，深さ優先探索を行う関数 depth_first() は 2.3.1 項のライブラリプログラム DepthLibrary.h（使用する領域は配列の parent, prelabel, postlabel で $3n$）にある．

tsort() はトポロジカルソートとその結果を出力する関数である（使用する領域は配列の tprank と tporder で $2n$）．longestpath_from(s) は，出発点 s からすべての点が到達できるという仮定のもとで，トポロジカルソートのラベリングに基づいて s からすべての点への最長パスを求めるアルゴリズムを実現するための関数であり，longestpath_output() は，その結果を表示する関数である（使用する領域は配列の dmax と path で $2n$）．配列の tprank と tporder はトポロジカルソートでの順番を記憶するためのもので，各点 v のトポロジカルソートでの順番が j 番目ならば tprank[v] $= j$，tporder[j] $= v$ となる．配列の dmax と path は出発点 s からの各点 v までの最長パスの距離とそのパス上で v の直前の点から v への辺を記憶するためのものである．

したがって，最長パス木を求めるプログラム longestpath.c で使用される領域は $9n+5m$ である．なお，parent と tprank は実際には不要で省略でき，そうしたときには $7n+5m$ となる．またここでも，スタックを明示的に用いて再帰呼び出しを展開した形式のプログラムにすると，さらに最大で $2n$ の領域を（明示的に）必要とする．

```
// 有向グラフ入力のライブラリプログラム DiNetworkInput.h
int tail[emaxsize+1], head[emaxsize+1], length[emaxsize+1];
int m, n;
void directed_network_input(void){// 有向ネットワークのデータを入力する関数
    int a;
    printf("入力するデータは有向グラフのデータです\n");
    printf("有向グラフの点数 n と辺数 m を入力してください\n");
    scanf("%d %d", &n, &m);
    printf("m 本の各辺の始点と終点および重みを入力してください\n");
    for (a = 1; a <= m; a++) scanf("%d %d %d", &tail[a], &head[a], &length[a]);
    printf("有向グラフの点数 n=%d, 辺数 m=%d \n",n,m);
}
// 最長パス木を求めるプログラム longestpath.c
#include <stdio.h>
#define vmaxsize      1000
#define emaxsize      2000
#define unvisited       -1
#include"DiNetworkInput.h"
#include"CompStructLibrary.h"
#include"DepthLibrary.h"
int tprank[vmaxsize+1], tporder[vmaxsize+1];
int dmax[vmaxsize+1], path[vmaxsize+1];
int s;
void tpsort(void){// トポロジカルソートをする関数
    // 出発点 s からすべての点が到達可能であることを仮定している
    int a, j, k, v;
    for (v = 1; v <= n; v++)  {// 式 (4.1) に基づいて v の tprank を決定
        j=n+1-postlabel[v];
        tprank[v]=j;
        tporder[j]=v;   // トポロジカルソートで j 番目の点は v と記憶する
    }
    printf("\n 点 v (tprank[v]): v を始点とする辺の終点 w(tprank[w]) のリスト\n");
    for (v = 1; v <= n; v++) {
        printf("%3d (%3d):  ", v, tprank[v]);
        a = edgefirst[v];
        k = 0;
        while (a != 0) {
            printf("%3d (%3d) ", head[a],tprank[head[a]]);
            k++;
            if (k % 10 == 0) printf("\n       ");
```

4.3 有向無閉路ネットワークの最長パス木を求めるプログラム 65

```
            a = edgenext[a];
        }
        printf("\n");
    }
}
void longestpath_from(int s){// s からの到達可能な点への最長パスを計算する関数
    int a, j, v, w;
    dmax[s]=0;    // s から s への最長パスの長さは 0 である
    path[s]=0;    // s からの到達可能な点への最長パス木の根が s である
    for (j = 1; j <= n; j++) {// トポロジカルソートに基づいて
        v= tporder[j];
        // s から v までの最長パスの長さ dmax[v] とパス上で v の直前の点 path[v] の計算
        a=revedgefirst[v]; // v を終点とする辺のリストの先頭の辺が a である
        w=tail[a];         // w は a の始点
        dmax[v]=dmax[w]+length[a]; // 式 (4.2) に基づく dmax[v] の初期設定
        path[v]=w;                 // 式 (4.2) に基づく path[v] の初期設定
        a=revedgenext[a];  // a の次の辺を a とする
        while (a != 0) {// v を終点とする辺のリストの末尾の辺になるまで繰り返す
            w=tail[a];  // w は a の始点
            if (dmax[v] < dmax[w]+length[a]){// w を経由したほうがより長いとき
                dmax[v] = dmax[w]+length[a]; // w を経由するほうに更新する
                path[v]=a;                   // a に更新する
            }
            a=revedgenext[a]; // a の次の辺を a とする
        }
    }
}
void longestpath_output(void){// s からすべての点への最長パスを出力する関数
    int v, j;
    printf("\n 出発点%2d からのすべての点への最長パス\n",s);
    for (j = 1; j <= n; j++) {// トポロジカルソートに基づいて
        v=tporder[j];
        printf("%3d から%3d までの距離は%4d であり%3d の直前の点は%3d です\n",
               s,v,dmax[v],v,tail[path[v]]);
    }
}
int main(void){
    directed_network_input();
    // 有向ネットワークの辺数 m,点数 n,各辺の始点,終点,長さが決定される
    dicomp_incidence_list_construct(); // 接続辺リストが構成される
    printf("出発点を入力してください\n");
    scanf("%d", &s);
    printf("出発点 = %d \n", s); // s からすべての点が到達可能であることを仮定
    depth_first(); // 深さ優先探索をして後行順ラベルを求める
    tpsort(); // トポロジカルソートを行う (tporder[1]==s となることを仮定)
    longestpath_from(s);// s からの到達可能な点への最長パスが計算される
    longestpath_output();// s からの到達可能な点への最長パスが出力される
    return 0;
}
```

```
12 25
1 4 8
1 9 20
1 2 15
1 3 30
3 4 6
4 5 13
2 9 31
2 3 11
3 5 3
9 10 2
7 9 29
2 7 9
3 7 4
3 8 23
5 8 17
5 6 7
7 10 12
7 8 5
6 8 19
10 11 14
7 11 16
8 11 8
8 12 2
6 12 40
11 12 9
1
```

```
入力するデータは有向グラフのデータです
有向グラフの点数 n と辺数 m を入力してください
m 本の各辺の始点と終点および重みを入力してください
有向グラフの点数 n=12，辺数 m=25
出発点を入力してください
出発点 = 1

点 v (tprank[v])： v を始点とする辺の終点 w(tprank[w]) のリスト
 1 (  1):     4 (  7)     9 (  5)     2 (  2)     3 (  3)
 2 (  2):     9 (  5)     3 (  3)     7 (  4)
 3 (  3):     4 (  7)     5 (  8)     7 (  4)     8 ( 10)
 4 (  7):     5 (  8)
 5 (  8):     8 ( 10)     6 (  9)
 6 (  9):     8 ( 10)    12 ( 12)
 7 (  4):     9 (  5)    10 (  6)     8 ( 10)    11 ( 11)
 8 ( 10):    11 ( 11)    12 ( 12)
 9 (  5):    10 (  6)
10 (  6):    11 ( 11)
11 ( 11):    12 ( 12)
12 ( 12):

出発点 1 からのすべての点への最長パス
 1 から  1 までの距離は   0 であり  1 の直前の点は  0 です
 1 から  2 までの距離は  15 であり  2 の直前の点は  1 です
 1 から  3 までの距離は  30 であり  3 の直前の点は  1 です
 1 から  7 までの距離は  34 であり  7 の直前の点は  3 です
 1 から  9 までの距離は  63 であり  9 の直前の点は  7 です
 1 から 10 までの距離は  65 であり 10 の直前の点は  9 です
 1 から  4 までの距離は  36 であり  4 の直前の点は  3 です
 1 から  5 までの距離は  49 であり  5 の直前の点は  4 です
 1 から  6 までの距離は  56 であり  6 の直前の点は  5 です
 1 から  8 までの距離は  75 であり  8 の直前の点は  6 です
 1 から 11 までの距離は  83 であり 11 の直前の点は  8 です
 1 から 12 までの距離は  96 であり 12 の直前の点は  6 です
```

図 4.3 左の箱のデータの入力に対する最長パス木のプログラムの出力（右の箱）

図 4.3 は，図 4.2(a) の有向無閉路ネットワーク $N = (G; \text{length})$（G は図 4.1(a) のグラフと同じ）に対して上記のプログラムを走らせた実行結果である．結果のトポロジカルソート（トポロジカルラベル）が図 4.1(b) に一致すること，および最長パス木が図 4.2(b) の T に一致することがわかるであろう．

4.4 演習問題

4.1 以下のネットワークで，始点 s からすべての点への最長パス木と始点 s からすべての点への最短パスを表現する根付き木を求めよ．

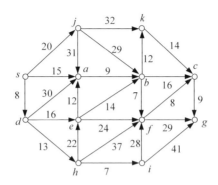

4.2 式 (4.2) が成立することを説明せよ．

4.3 有向無閉路グラフ G には入次数 0 の点 v が存在する（v を終点とする辺が存在しない）ことを説明せよ．これに基づいて，以下の各点 v へのランク $\mathrm{rank}(v)$ のラベル付けは，G のトポロジカルラベリングになることを説明せよ．

> G の入次数 0 の点を 1 点選んでその点 v をランク $\mathrm{rank}(v) = 1$ とする．次に，G から v を除去して得られるグラフ $G' = G - \{v\}$ が 1 点以上もつときには，G' は有向無閉路グラフであるので，G' で再帰的に残りのすべての点 $w \in V(G')$ のランク $\mathrm{rank}'(w)$ を求める．そして，$\mathrm{rank}(w) = \mathrm{rank}'(w) + 1$ とする．

4.4 出発点 s からすべての点へのパスが存在する有向無閉路ネットワーク $N = (G; \mathrm{length})$ において，出発点 s から v までの最短パスの長さを $d_{\min}(v)$ とおけば，$d_{\min}(s) = 0$ であり，かつ任意の $v \in V(G) - \{s\}$ に対して式 (4.3) が成立することを説明せよ．さらに，これに基づいて，s からのすべての点への最短パスを求めるプログラムを実装し，様々な有向無閉路ネットワークを入力として与えて，得られた結果の正しいことを確かめよ．

第5章 オイラーグラフと一筆書き

本章の目標は，一筆書きできるグラフの特徴付けと一筆書きアルゴリズムを理解することである．

5.1 オイラーグラフ

ケーニヒスベルク (Königsberg) の七つの橋をちょうど 1 回通って出発点に戻ってくる問題に対する L. Euler の成果がグラフ理論の研究の始まりと言われている．Euler は，この問題に対応するグラフ（図 5.1）を定義して，すべての辺を含む閉じたパス（単純とは限らないので，このパスは同じ点を複数回通ることもある）が存在するかどうかを考え，次数[1] が奇数の点が 3 点以上存在することに着目して，解が存在しないことを示した．

定義 5.1 グラフ G のすべての辺を含む単純とは限らない閉じたパスを**オイラーツアー** (Eulerian tour) あるいは**一筆書き**という[2]．無向グラフ G はすべての点の次数が偶数であるとき，**オイラー** (Eulerian) であると呼ばれる．一方，有向グラフ G は，すべての点 $v \in V(G)$ で $|\delta^-(v)| = |\delta^+(v)|$ である（点 v を終点とする辺の本数と v を始点とする辺の本数が等しい）とき**オイラー**であると呼ばれる．

以下の一筆書きできるグラフの特徴付けは Euler の業績と考えられている．なお，有向グラフは，各辺の向きを無視して得られる無向グラフが連結であるとき，**連結** (connected) であると呼ばれる．

---
[1] 点 v に接続する辺の本数を v の**次数** (degree) という．ただし，v を端点とする自己ループは 1 本でも v に接続する辺としては 2 本と数える．
[2] パスは同じ辺を 2 度以上通らないので，一筆書き（オイラーツアー）はすべての辺をちょうど 1 回通る．

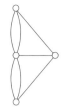

図 5.1 ケーニヒスベルクの七つの橋のグラフ

定理 5.2 連結グラフ G が一筆書きできるための必要十分条件は，G がオイラーであることである．

証明 必要性は明らかである．実際，連結なグラフ G が一筆書きできるとする．すると，G の一筆書きのパスでどの点も一度通過するごとに偶数本の辺（有向グラフのときにはその点を終点とする辺と始点とする辺）が使用される．すなわち，各点に接続する辺の本数は偶数である（有向グラフのときには各点を終点とする辺の本数と始点とする辺の本数が等しい）．なお，出発点では，最初の辺と最後の辺を対にして考えればよい．

十分性は以下のアルゴリズムを用いて証明できる（定理 5.3 と定理 5.4）． □

5.2 一筆書きを求めるアルゴリズム

アルゴリズムの入力は連結なオイラーグラフであると仮定できる．与えられたグラフ $G = (V, E)$ ($n = |V|$, $m = |E|$) が連結かどうかは，2.7.3項で述べたように，$O(m+n)$ 時間で判定できるし，オイラーかどうかも $O(m+n)$ 時間で判定できる（自明である）からである．アルゴリズムは，最初出発点を任意に 1 点選び，その点からある種の深さ優先をすることに基づいている．したがって，再帰版のアルゴリズムと解釈することができるが，以下では，再帰を展開してスタックを明示的に用いるアルゴリズムを与える．なお，以下のアルゴリズムでのリスト L は，得られる一筆書きの辺をその順番で記憶して出力するためのものである．

まず有向グラフに関して説明する．

連結な有向オイラーグラフ G の一筆書きを求めるアルゴリズム（展開版）

1. 出発点を任意に選んで v_0 とする．スタック S を $S := \emptyset$ とする．リスト L を $L := \emptyset$ とする．$x := v_0$ とする．
2. x を始点とする未探索の辺が存在する限り以下の (a), (b) を繰り返す．

(a) x を始点とする未探索の辺を (x,y) とし，辺 (x,y) を $(x$ から y にたどったとして）探索済みとしてスタック S の先頭に挿入する．

(b) $x := y$ とする．

3. (このとき x を始点とする未探索の辺が存在しないので $x = v_0$ となる）スタック S が空でない限り以下の (a), (b) を繰り返す．

(a) S の先頭の辺を (x,y) とする．(x,y) を S から削除し，リスト L の先頭に挿入する．

(b) x を始点とする未探索の辺が存在する限り以下の (i), (ii) を繰り返す．

(i) x を始点とする未探索の辺を (x,y) とし，辺 (x,y) を $(x$ から y にたどったとして）探索済みとしてスタック S の先頭に挿入する．

(ii) $x := y$ とする．

4. リスト L の辺を先頭から最後まで順に出力する．

"x を始点とする未探索の辺" をすべて "x に接続する未探索の辺" と置き換えることで，連結な無向オイラーグラフ G の一筆書きを求めるアルゴリズムも得られることを注意しておく．

5.3 有向グラフに対するアルゴリズムの実行例

図 5.2 の連結な有向オイラーグラフ G を例にとり，一筆書きを求めるアルゴリズムの動作例を説明する．

最初，1. で出発点を 1 として選んだとする．そして 2. で，

$$1, (1,4), 4, (4,5), 5, (5,3), 3, (3,1), 1, (1,9), 9, (9,2), 2, (2,1), 1$$

の順にたどり（図 5.3(a) の W_1），スタック S の先頭に辺が，

$$(1,4), (4,5), (5,3), (3,1), (1,9), (9,2), (2,1)$$

の順に挿入されたとする．したがって，この時点でのスタック S は，

$$S: \quad (2,1), (9,2), (1,9), (3,1), (5,3), (4,5), (1,4)$$

となっている（最初の辺 $(2,1)$ がスタック S の先頭の辺である）．すると，1 を始点とする未探索の辺はなくなり，3. に行き，S から辺 $(2,1)$ がリスト L に移され

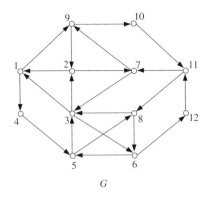

図 5.2 有向オイラーグラフの一筆書きを求める

る．この時点でのスタック S とリスト L は，

$$S: \ (9,2),(1,9),(3,1),(5,3),(4,5),(1,4)$$
$$L: \ (2,1)$$

となっている（スタック S では最初の辺 $(9,2)$ が先頭の辺である）．

すると，2 を始点とする未探索の辺 $(2,7)$ があるので，3.(b) で辺，

$$(2,7),(7,9),(9,10),(10,11),(11,7),(7,3),(3,2)$$

がこの順にたどられた（図 5.3(a) の W_2）とする．すると，2 を始点とする未探索の辺がなくなる．スタック S の先頭にはこの順に辺，

$$(2,7),(7,9),(9,10),(10,11),(11,7),(7,3),(3,2)$$

が挿入される．したがってこの時点でのスタック S は，

$$S: \ (3,2),(7,3),(11,7),(10,11),(9,10),(7,9),(2,7),(9,2),(1,9),(3,1),$$
$$(5,3),(4,5),(1,4)$$

となっている（最初の辺 $(3,2)$ がスタック S の先頭の辺である）．2 を始点とする未探索の辺がないので，3.(a) で S から辺 $(3,2)$ がリスト L の先頭に移される．この時点でのスタック S とリスト L は，

$$S: \ (7,3),(11,7),(10,11),(9,10),(7,9),(2,7),(9,2),(1,9),(3,1),$$
$$(5,3),(4,5),(1,4)$$

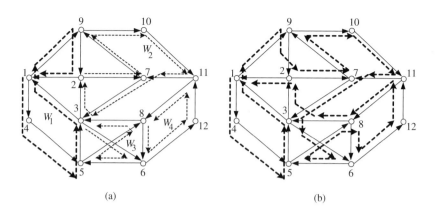

図 **5.3** 有向オイラーグラフの一筆書きを求める

$L: (3,2),(2,1)$

となっている（スタック S では最初の辺 $(7,3)$ が先頭の辺であり，リスト L では最初の辺 $(3,2)$ が先頭の辺である）．

すると，3 を始点とする未探索の辺 $(3,6)$ があるので，3.(b) で辺，

$$(3,6),(6,5),(5,8),(8,3)$$

がこの順にたどられたとする（図 5.3(a) の W_3）．すると，3 を始点とする未探索の辺がなくなり，この時点でのスタック S は，

$S: (8,3),(5,8),(6,5),(3,6),(7,3),(11,7),(10,11),(9,10),(7,9),(2,7),$
　　$(9,2),(1,9),(3,1),(5,3),(4,5),(1,4)$

となっている（最初の辺 $(8,3)$ がスタック S の先頭の辺である）．3 を始点とする未探索の辺がないので，3.(a) で S から辺 $(8,3)$ がリスト L の先頭に移される．この時点でのスタック S とリスト L は，

$S: (5,8),(6,5),(3,6),(7,3),(11,7),(10,11),(9,10),(7,9),(2,7),$
　　$(9,2),(1,9),(3,1),(5,3),(4,5),(1,4)$

$L: (8,3),(3,2),(2,1)$

となっている（スタック S では最初の辺 $(5,8)$ が先頭の辺であり，リスト L では最初の辺 $(8,3)$ が先頭の辺である）．

すると，8 を始点とする未探索の辺 (8,6) があるので，3.(b) で辺，

$$(8,6),(6,12),(12,11),(11,8)$$

がこの順にたどられたとする（図 5.3(a) の W_4）．すると，8 を始点とする未探索の辺がなくなり，この時点でのスタック S は，

$S:\ (11,8),(12,11),(6,12),(8,6),(5,8),(6,5),(3,6),(7,3),(11,7),(10,11),$
$\qquad (9,10),(7,9),(2,7),(9,2),(1,9),(3,1),(5,3),(4,5),(1,4)$

となっている（最初の辺 (11,8) がスタック S の先頭の辺である）．

さらに 8 を始点とする未探索の辺がないので，3.(a) で S から辺 (11,8) がリスト L の先頭に移される．以下同様にして，3.(a) でスタック S の辺，

$S:\ (12,11),(6,12),(8,6),(5,8),(6,5),(3,6),(7,3),(11,7),(10,11),$
$\qquad (9,10),(7,9),(2,7),(9,2),(1,9),(3,1),(5,3),(4,5),(1,4)$

を先頭から順に（最初の辺 (12,11) がスタック S の先頭の辺である）リスト L の先頭に移していく．したがって，S は空になり，L は，

$L:\ (1,4),(4,5),(5,3),(3,1),(1,9),(9,2),(2,7),(7,9),(9,10),(10,11),$
$\qquad (11,7),(7,3),(3,6),(6,5),(5,8),(8,6),(6,12),(12,11),(11,8),$
$\qquad (8,3),(3,2),(2,1)$

となる（最初の辺 (1,4) がリスト L の先頭の辺である）．4. でこれが一筆書きとして出力される（図 5.3(b)）．

このアルゴリズムは，有向グラフ G の各辺 $e \in E(G)$ を一度探索してスタック S の先頭に挿入すること，およびスタックからリスト L に一度移すことを行うだけであるので，以下の定理が言える．

定理 5.3 連結な有向オイラーグラフ G ($n = |V(G)|$, $m = |E(G)|$) に対する上記の一筆書きを求めるアルゴリズムは正しく動作し，計算時間は $O(m+n)$ である．

証明 G は連結で有向オイラーグラフであるとする．すなわち，すべての点で出ていく辺の本数（出次数）と入ってくる辺の本数（入次数）が等しいとする．任意に 1 点 v_0 を選び，$u := v_0$ とおいて u から出発して未探索の辺をたどりながら（スタック S の先頭に挿入し

て) パス P を延伸していく．ある点 x にパス P が到着すると，$x = u$ でない限り，x の入次数と出次数が等しいので，まだたどっていない x を始点とする未探索の辺が存在することになる．したがって $x = u$ でない限り，パス P を確実に延伸できる．$x = u$ でもまだたどっていない未探索の辺が $x = u$ を始点としているときはパス P を確実に延伸できる．そこで，$x = u$ に到達して，$x = u$ を始点とする辺はすべてたどってしまっている（$x = u$ を始点とする未探索の辺はない）とする．このときはこのパス P は u から出発して u で終了しているので閉じている．アルゴリズムの2.までがここまでに対応する．G のすべての辺をたどってしまっているときには，このパス P が一筆書きになるので終了できる．

そこで，P は G のすべての辺をまだたどりきれていない（未探索の辺が存在する）とする．そして P の出発点を u 以外の点に変更できないかと考える．そこでこれまでたどったパスを u から戻りながら，まだたどっていない未探索の辺が出ている最初の点 x まで戻る（このとき戻った辺がその順番で S の先頭から削除されて L の先頭に挿入されている）．そして，（いま戻った）パス P の x から u の部分を P_2，最初の u から x までの P の部分を P_1 とすると，$P = P_1 P_2$ であるが，それを $P = P_2 P_1$ とつなぎかえる（アルゴリズムではこの部分に対応することは省略しているが，仮想的には，S の末尾に u から x に戻った辺をその順番で挿入していると見なせる）．すなわち，$u := x$ とおいて，パス P は $u = x$ から出発していると考える．こうして点 x からまたパス P を延伸していく．これを繰り返して，G のすべての辺をパス P がたどるようにできる．したがって，最終的に P は一筆書きとなる（この P では，一般には出発点は v_0 でないが，一筆書きはどの点を出発点としてもかまわないので，これで問題ないことに注意しよう）． □

5.4 有向オイラーグラフの一筆書きを求めるプログラム

連結な有向オイラーグラフの一筆書きを求めるプログラムを以下に与える．

なお，プログラムは，有向グラフ入力の関数 `directed_graph_input()` と有向グラフの標準的データ構造構成の `distand_incidence_list_construct()` を用いているので，これらを含む1.3節のライブラリプログラムの DigraphInput.h（使用する領域は配列の tail, head で $2m$）と DiStandStructLibrary.h（使用する領域は配列の edgefirst, edgenext で $n + m$）を読み込んでおくことが必要である．

`directeuler()` は，本文のスタック S の働きをする配列 stack とリスト L の働きをする配列 path および点 v を始点とする辺のリストで未探索の最初の辺を示す current[v] のための配列 current を用いて，入力の連結な有向オイラーグラフの一筆書きを求める関数である（使用する領域は配列の stack, path, current で $n + 2m$）．`directeuler_output()` は，得られた一筆書きを出力する関数である．

したがって，以下の連結な有向オイラーグラフの一筆書きを求めるプログラム directedeuler.c で使用する領域は $2n + 5m$ である．

5.4 有向オイラーグラフの一筆書きを求めるプログラム   75

```c
// 連結な有向オイラーグラフの一筆書きを求めるプログラム directedeuler.c
#include <stdio.h>
#define vmaxsize       1000
#define emaxsize       2000
#define true           1
#define false          0
#include"DigraphInput.h"
#include"DiStandStructLibrary.h"
int start;
int path[emaxsize+1];
void directeuler(void){
    int current[vmaxsize+1];
        // current[v] は v を始点とする辺リストで未探索の最初の辺
    int stack[emaxsize+1];
    int v,a,top,last;
    for (v = 1; v <= n; v++) current[v] = edgefirst[v];
    printf("出発点 start を入力してください\n");
    scanf("%d", &start);
    printf("出発点 start は%d です\n",start);
    v=start;
    last=m+1;
    top=0;
    a=current[v];   // 最初にたどる辺は a
    current[v]=edgenext[a];
    //current[v] は v を始点とする辺のリストで次にたどる辺
    top=top+1;
    stack[top]=a;
    //辺 a を最初にたどりスタック stack に a を挿入（スタックの最初の辺）
    v=head[a]; //a の終点 v へ進む
    while (top!=0){// スタック stack が空でない限り以下を繰り返す
        if (current[v] != 0) {// v を始点とする未探索の辺が存在する
            a=current[v]; //その辺を a とする
            current[v]=edgenext[a];
            top=top+1;
            stack[top]=a; //辺 a を次にたどりスタック stack に a を挿入
            v=head[a]; //a の終点 v へ進む
        }
        else {// v を始点とする未探索の辺が存在しなくなった
            a=stack[top]; //スタックの先頭から辺 a を取り出す
            top=top-1;
            last=last-1;
            path[last]=a;
            //解のオイラーツアーでたどることが未確定の辺で最後にたどる辺は a
            v=tail[a]; // v はスタックの先頭から取り出した辺 a の始点
        }
    }
}
void directedeuler_output(void){// 一筆書きの結果の配列を出力
    int a,e;
```

76　第5章　オイラーグラフと一筆書き

```
        printf("\n 一筆書き：    辺      始点     終点\n");
        for (e = 1; e <= m; e++) {
            a=path[e];
            printf("%6d: %6d %6d %6d\n", e, a, tail[a], head[a]);
        }
    }
    int main(void){
        directed_graph_input();   // 有向グラフの辺数 m, 点数 n, 始点, 終点が決定される
            // 入力のグラフは連結な有向オイラーグラフであることが必要である
        distand_incidence_list_construct();   // 各点を始点とする接続辺リストが構成される
    //  distand_incidence_list_output();      // 構成された接続辺リストが出力される
        directeuler();
        directedeuler_output();
        return 0;
    }
```

　図 5.4 は，図 5.2 の連結な有向オイラーグラフ G を入力として与えたときの上記のプログラムの実行結果である．図 5.3(b) で与えた一筆書きが得られていることを確認してほしい．なお，二つの配列の stack と path は同一化できることにも注意しよう．すなわち，

　　　`int stack[emaxsize+1], path[emaxsize+1];`

を,

　　　`int path[emaxsize+1];`

とし，プログラム中の stack の部分をすべて path に置き換えても，プログラムは正しく動作する．これにより，使用する領域を m だけ減らすことができる．また，現在のプログラムでは stack の top が 0 となって while 文が終了するが，これも top と last–1 が等しくなったら終了すると修正できる．すなわち，

　　　`while (top!=0){`

を,

　　　`while (top!=last-1){`

とすることもできる．これで終了を早くできる．

5.5　無向グラフに対するアルゴリズムの実行例

　図 5.5 の連結なオイラーグラフを例にとり，一筆書きを求めるアルゴリズムの動作を説明する．最初，1. で出発点を a として選んだとする．次に，2. で，

5.5 無向グラフに対するアルゴリズムの実行例

```
12 22
1 4
1 9
2 1
3 1
4 5
9 2
3 2
5 3
9 10
7 9
2 7
7 3
8 3
3 6
5 8
6 5
10 11
11 7
11 8
8 6
6 12
12 11
1
```

```
入力するデータは有向グラフのデータです
有向グラフの点数 n と辺数 m を入力してください
m 本の各辺の始点と終点を入力してください
有向グラフの点数 n=12, 辺数 m=22
出発点 start を入力してください
出発点 start は 1 です

一筆書き :    辺    始点    終点
    1:      1      1      4
    2:      5      4      5
    3:      8      5      3
    4:      4      3      1
    5:      2      1      9
    6:      6      9      2
    7:     11      2      7
    8:     10      7      9
    9:      9      9     10
   10:     17     10     11
   11:     18     11      7
   12:     12      7      3
   13:     14      3      6
   14:     16      6      5
   15:     15      5      8
   16:     20      8      6
   17:     21      6     12
   18:     22     12     11
   19:     19     11      8
   20:     13      8      3
   21:      7      3      2
   22:      3      2      1
```

図 **5.4** 左の箱のデータを入力として与えたときのプログラムの出力（右の箱）

$$a, (a,b), b, (b,c), c, (c,d), d, (d,a), a$$

の順にたどり（図 5.6(a) の W_1），スタック S の先頭に辺が，

$$(a,b), (b,c), (c,d), (d,a)$$

の順に挿入されたとする．したがって，この時点でのスタック S は，

$$S: \quad (d,a), (c,d), (b,c), (a,b)$$

となっている（最初の辺 (d,a) がスタック S の先頭の辺である）．すると，a に接続する未探索の辺はなくなり，3. に行き，3.(a) で S から辺，(d,a) がリスト L に

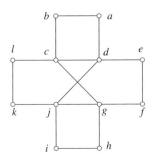

図 5.5　一筆書きを求める

移される．この時点でのスタック S とリスト L は，

$$S:\ (c,d),(b,c),(a,b)$$
$$L:\ (d,a)$$

となっている（スタック S では最初の辺 (c,d) が先頭の辺である）．

すると，d に接続する未探索の辺 (d,e) があるので，3.(b) で辺，

$$(d,e),(e,f),(f,g),(g,c),(c,l),(l,k),(k,j),(j,d)$$

がこの順にたどられたとする（図 5.6(a) の W_2）．すると，d に接続する未探索の辺がなくなる．スタック S の先頭にはこの順に辺，

$$(d,e),(e,f),(f,g),(g,c),(c,l),(l,k),(k,j),(j,d)$$

が挿入される．したがってこの時点でのスタック S は，

$$S:\ (j,d),(k,j),(l,k),(c,l),(g,c),(f,g),(e,f),(d,e),(c,d),(b,c),(a,b)$$

となっている（最初の辺 (j,d) がスタック S の先頭の辺である）．d に接続する未探索の辺がないので，3.(a) に行き，3.(a) で S から辺 (j,d) がリスト L の先頭に移される．この時点でのスタック S とリスト L は，

$$S:\ (k,j),(l,k),(c,l),(g,c),(f,g),(e,f),(d,e),(c,d),(b,c),(a,b)$$
$$L:\ (j,d),(d,a)$$

となっている（スタック S では最初の辺 (k,j) が先頭の辺であり，リスト L では最初の辺 (j,d) が先頭の辺である）．

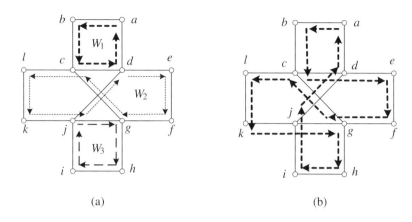

図 5.6　(a) 途中得られる部分ツアー W_1, W_2, W_3. (b) 一筆書き

すると，j に接続する未探索の辺 (j,g) があるので，3.(b) で辺，

$$(j,g), (g,h), (h,i), (i,j)$$

がこの順にたどられたとする（図 5.6(a) の W_3）．すると，j に接続する未探索の辺がなくなり，この時点でのスタック S は，

$$S: \ (i,j), (h,i), (g,h), (j,g), (k,j), (l,k), (c,l), (g,c),$$
$$(f,g), (e,f), (d,e), (c,d), (b,c), (a,b)$$

となっている（最初の辺 (i,j) がスタック S の先頭の辺である）．j に接続する未探索の辺がないので，3.(a) に行き，3.(a) で S から辺 (i,j) がリスト L の先頭に移される．この時点でのスタック S とリスト L は，

$$S: \ (h,i), (g,h), (j,g), (k,j), (l,k), (c,l), (g,c),$$
$$(f,g), (e,f), (d,e), (c,d), (b,c), (a,b)$$
$$L: \ (i,j), (j,d), (d,a)$$

となっている（スタック S では最初の辺 (h,i) が先頭の辺であり，リスト L では最初の辺 (i,j) が先頭の辺である）．

さらに i に接続する未探索の辺がないので，3.(a) に行き，3.(a) で S から辺 (h,i) がリスト L の先頭に移される．以下同様にして，スタック S の辺，

$(g,h),(j,g),(k,j),(l,k),(c,l),(g,c),(f,g),(e,f),(d,e),(c,d),(b,c),(a,b)$
を先頭から順に（最初の辺 (g,h) がスタック S の先頭の辺である）リスト L の先頭に移していく．したがって，S は空になり，L は，

L： $(a,b),(b,c),(c,d),(d,e),(e,f),(f,g),(g,c),(c,l),(l,k),(k,j),(j,g)$,
$(g,h),(h,i),(i,j),(j,d),(d,a)$

となる（最初の辺 (a,b) がリスト L の先頭の辺である）．4. でこれが一筆書きとして出力される（図 5.6(b)）．

有向グラフのときと同様に，このアルゴリズムは，グラフ G の各辺 $e \in E(G)$ を一度探索してスタック S の先頭に挿入すること，およびスタックからリスト L に一度移すことを行うだけであるので，以下の定理が言える．証明は，有向グラフのおける定理 5.3 の証明と同様であるので演習問題とする．

定理 5.4 連結な無向オイラーグラフ G （$n = |V(G)|$, $m = |E(G)|$）に対する上記の一筆書きを求めるアルゴリズムは正しく動作し，計算時間は $O(m+n)$ である．

5.6 無向オイラーグラフの一筆書きを求めるプログラム

連結な無向オイラーグラフの一筆書きを求めるプログラムを以下に与える．

なお，プログラムは，無向グラフ入力の関数 `graph_input()` と無向グラフの標準的データ構造構成の `StandardStructLibrary.h` を用いているので，これらを含む 1.5 節のライブラリプログラムの GraphInput.h （使用する領域は配列 head で $2m$）と StandardStructLibrary.h （使用する領域は配列の edgefirst, edgenext で $n+2m$）を読み込んでおくことが必要である．

`euler()` は，有向グラフのときの `directeuler()` のときと同じ働きをする関数で，本文のスタック S の働きをする配列 stack とリスト L の働きをする配列 path を同一化して配列 path で管理し，点 v を始点とする辺のリストで未探索の最初の辺を示す current[v] のための配列 current および各無向辺 e が探索済み （searched[e]==1）か未探索（searched[e]==0）かを示す配列 searched を用いて，入力の連結な無向オイラーグラフの一筆書きを求める関数である．（使用する領域

は配列の path, current, searched で $n+2m$). array_euler_output() は，得られた一筆書きを辺に向きを与えて配列形式で出力する関数である．

したがって，以下の連結な無向オイラーグラフの一筆書きを求めるプログラム undirectedeuler.c で使用する領域は $2n+6m$ である．

```
// 連結な無向オイラーグラフの一筆書きを求めるプログラム undirectedeuler.c
#include <stdio.h>
#define vmaxsize    1000
#define emaxsize    2000
#define e2maxsize   4000
#include"GraphInput.h"
#include"StandardStructLibrary.h"
int start;
int path[emaxsize+1];
void euler(void){
    int current[vmaxsize+1];
    int searched[emaxsize+1]; // searched[e]==1 は無向辺 e が探索済み
    int v, e, a,top,last;
    for (v = 1; v <= n; v++) current[v] = edgefirst[v];
    for (e = 1; e <= m; e++) searched[e] = 0;
    printf("出発点 start を入力してください\n");
    scanf("%d", &start);
    printf("出発点 start は%d です\n",start);
    v=start;
    top = 0;
    last=m+1;
    a=current[v];   // a は点 v を始点とする辺のリストの先頭の辺
    current[v]=edgenext[a]; // current[v] をリストで a の次の辺とする
    searched[(a+1)/2]=1; // a に対応する無向グラフの辺 (a+1)/2 を探索済みとする
    top=top+1;
    path[top]=a; // 一筆書きの最初の辺を a とする
    v=head[a];   // v は a の終点
    while (top != last-1){
        while (current[v] != 0 && searched[(current[v]+1)/2]!=0)
            current[v]=edgenext[current[v]]; // 探索済みの無向グラフの辺を無視
        if (current[v] != 0){// 無向グラフの辺 (current[v]+1)/2 は未探索
            a=current[v];   // 辺 a をたどる
            current[v]=edgenext[a]; // current[v] をリストで a の次の辺とする
            searched[(a+1)/2]=1; // 無向グラフの辺 (a+1)/2 は探索済みとする
            top=top+1;
            path[top]=a; // 一筆書きの次の辺を a とする
            v=head[a];   // v は a の終点
        }
        else {// current[v] == 0 v を始点とする辺のリストの最後の辺まで見終えた
            a=path[top];  // これまでたどったパスを未探索の辺をもつ点まで戻る
            top=top-1;
```

```
                last=last-1;
                path[last]=a;  // 戻りながらたどった辺を後ろから詰め込む
                if (a % 2==0) v=head[a-1];
                else v=head[a+1];  // v は戻りながらたどった辺 a の始点
         }
      }
}
void array_euler_output(void){// 一筆書きの結果の配列を出力
   int a,b,i;
   printf("\n 一筆書き");
   printf("\n i 番目");
   for (i=1; i<= m; i++) {printf("%3d",i);}
   printf("\n    辺");
   for (i=1; i<= m; i++) {
      printf("%3d",(path[i]+1)/2);
   }
   printf("\n   始点");
   for (i=1; i<= m; i++) {
      a=path[i];
      if (a % 2 == 0) b=a-1;
      else b=a+1;
      printf("%3d",head[b]);
   }
   printf("\n   終点");
   for (i=1; i<= m; i++) {printf("%3d",head[path[i]]);}
   printf("\n");
}
int main(void){
   graph_input();  // 無向グラフの辺数 m, 点数 n, 始点, 終点が決定される
   incidence_list_construct();  // 接続辺リストが構成される
//   incidence_list_output();      // 構成された接続辺リストが出力される
   euler();
   array_euler_output();  // 一筆書きの結果の配列を出力
   return 0;
}
```

図 5.7 は，図 5.5 の無向グラフ G を ($a, b, \ldots, l$ を $1, 2, \ldots, 12$ と見なして) 入力として与えたときの上記のプログラムの実行結果である．図 5.6(b) で与えた一筆書きが得られていることを確認してほしい．

5.7 演習問題

5.1 定理 5.4 の証明を与えよ．

5.2 有向オイラーグラフの一筆書きを求める 5.4 節のプログラムを，本章で扱った

```
12 16
1 2
1 4
2 3
3 4
3 7
3 12
4 5
4 10
5 6
6 7
7 8
7 10
8 9
9 10
10 11
11 12
1
```

```
入力するデータは無向グラフのデータです
無向グラフの点数 n と辺数 m を入力してください
m 本の各辺の両端点を入力してください
無向グラフの点数 n=12，辺数 m=16
出発点 start を入力してください
出発点 start は 1 です

一筆書き
i 番目  1  2  3  4  5  6  7  8  9 10 11 12 13 14 15 16
   辺   1  3  4  7  9 10  5  6 16 15 12 11 13 14  8  2
   始点  1  2  3  4  5  6  7  3 12 11 10  7  8  9 10  4
   終点  2  3  4  5  6  7  3 12 11 10  7  8  9 10  4  1
```

図 5.7　左の箱のデータを入力として与えたときのプログラムの出力（右の箱）

グラフも含めて連結な有向オイラーグラフを入力として与えて走らせて，得られた結果の正しいことを確かめよ．

5.3　無向オイラーグラフの一筆書きを求める5.6節のプログラムを，本章で扱ったグラフも含めて連結な無向オイラーグラフを入力として与えて走らせて，得られた結果の正しいことを確かめよ．

5.4　入力として与えられたグラフが一筆書きできないグラフのときには，一筆書きできないと判定し，一筆書きできるグラフのときには，実際に一筆書きを求めるプログラムを作成し，様々なグラフのもとで正しく動作することを確かめよ．

第6章　二部グラフの最大マッチング

本章の目標は，深さ優先探索と幅優先探索をともに利用して，二部グラフの最大マッチングを効率的に求めるアルゴリズムを理解することである．これは，後続のネットワークアルゴリズムにつながるものである．

6.1 最大マッチング

無向グラフ $G = (V, E)$ の辺の部分集合 $M \subseteq E$ において，M に含まれるどの 2 本の辺も端点を共有しないとき，M を G の**マッチング** (matching)（図 6.1）といい，辺数最大のマッチングを**最大マッチング** (maximum matching) という．

マッチング M の辺の端点となっている点は M で**マッチ** (matched) されているという．$G = (V, E)$ の異なる 2 点を結ぶ単純なパスで M の辺と $E - M$ の辺が交互に現れるものを M に関する**交互パス** (alternating path) という．したがって，交互パスは同じ点を 2 度以上通ることはない．交互パス P の両端点がともにマッチされていないとき，P を M に関する**増加パス** (augmenting path) という．このとき P 上のマッチングの辺とマッチングでない辺とを交換する，すなわち，

$$M' := (M - P) \cup (P - M)$$

とすると，M' も G のマッチングで M より辺数が 1 多くなる（図 6.1）．したがって，G のマッチング M が最大マッチングならば，M に関する増加パスは存在しない．逆も言えて次の補題が成立する（演習問題 6.1）．

補題 6.1 G のマッチング M に対して，M が最大マッチングであるための必要十分条件は M に関する増加パスが存在しないことである．

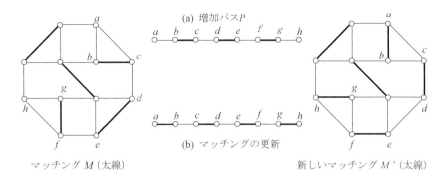

図 6.1 マッチングと増加パス（マッチングの更新）

補題 6.1 に基づけば，空集合 M から始め，以下 M に関する増加パス P を求めて $M := (M - P) \cup (P - M)$ とし，M に関する増加パスがなくなるまでこれを繰り返せば，最大マッチングを求めることができる．したがって，増加パスを求めることがキーポイントとなる．二部グラフのときには増加パスは容易に求めることができる[1]．一般のグラフのときには，増加パスを極めて複雑な方法で求めることができる．このことに基づいて，いずれの場合も $O(m\sqrt{n})$ 時間で最大マッチングを求めることができることが知られている．

以下では二部グラフの最大マッチングを求めるアルゴリズムについて述べる．

6.2 二部グラフの最大マッチングを求めるアルゴリズム

グラフ G の点集合 $V(G)$ が，二つの独立集合 V_1 と V_2 に分割できるとき，すなわち，$E \equiv E(G)$ のどの辺も V_1 の点と V_2 の点を結ぶように $V(G)$ を V_1 と V_2 に分割できるとき，G は二部グラフ (bipartite graph) である．本章では，二部グラフは独立集合を明示して $G = (V_1, V_2, E)$ と表記する（図 6.2）．

増加パスの長さは奇数であるので，二部グラフ $G = (V_1, V_2, E)$ の増加パスは V_1 の点と V_2 の点を結ぶものになることに注意しよう．以下では，便宜上，G の辺

---

[1] 2.7.5 項で述べたように，無向グラフ G は，どの辺の両端点も異なる色となるようにすべての点を 2 色 c_1, c_2 のいずれかで彩色できるとき，**2 彩色可能グラフ** (2-colorable graph) あるいは**二部グラフ** (bipartite graph) と呼ばれる．このとき，c_i (i=1,2) で彩色されたすべての点の集合を V_i とすると，V_i の点同士を結ぶ辺は存在しない．このように，点の部分集合 $U \subseteq V(G)$ のどの 2 点を結ぶ辺も存在しないとき，U を**独立集合** (independent set) という．

86　第 6 章　二部グラフの最大マッチング

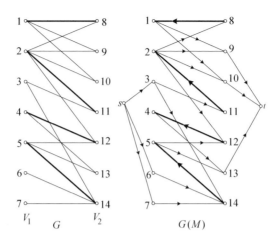

図 **6.2**　二部グラフ $G = (V_1, V_2, E)$ のマッチング M（太線）と補助グラフ $G(M)$

は V_1 の点から V_2 の点に向かうものと考え，G を有向グラフと見なす．G のマッチング M に関する増加パスを見つけるため，M に関する**補助グラフ** (auxiliary graph) $G(M)$ を，新しい 2 点 s, t を加えて，

$$V(G(M)) = V(G) \cup \{s, t\},$$
$$E(G(M)) = (E - M) \cup M_r \cup F_M$$

として定義する．ここで，M_r はマッチング M に含まれる辺をすべて逆向きにした集合であり，F_M は s から V_1 のマッチされていない点への新しい辺の集合と V_2 のマッチされていない点から t への新しい辺の集合の和集合である．すなわち，

$$M_r = \{(v, w) \mid (w, v) \in M\},$$
$$F_M = \{(s, v) \mid v \text{ は } V_1 \text{ のマッチされていない点 }\}$$
$$\cup \ \{(w, t) \mid w \text{ は } V_2 \text{ のマッチされていない点 }\}$$

である（図 6.2）．明らかに M に関する増加パスと $G(M)$ における s から t への有向パスは 1 対 1 に対応する．すなわち，M に関する増加パスを P とし，P の両端点を v, w ($v \in V_1, w \in V_2$) とすると，辺 $(s, v), (w, t)$ を付加し P のマッチン

グの辺を逆向きにしたものが，s から t への有向パスとなる．逆に，s から t への有向パスを（Q' とし Q' に含まれる辺の集合も）Q' とし，さらに $Q = Q' - F_M$（Q' から両端の 2 本の辺，すなわち，s, t に接続する 2 本の辺を除いた集合）とすると，Q に含まれる辺の向きを無視すれば M に関する増加パスが得られる．したがって，Q に含まれる辺をすべて逆向きにした集合を Q_r とすると，

$$M' = (Q - M_r) \cup (M - Q_r)$$

は G のマッチングであり，M よりも辺が 1 本多くなっている．また，M' に関する補助グラフ $G(M')$ は，$G(M)$ から辺集合 Q' を除き，代わりに Q_r を付け加えることで得られる．すなわち，

$$E(G(M')) = (E(G(M)) - Q') \cup Q_r, \quad V(G(M')) = V(G(M))$$

となる（図 6.3）．したがって，補助グラフを用いた最大マッチングアルゴリズムは以下のように書ける．

最大マッチングアルゴリズム

1. $M := \emptyset$ とする．
2. M に関する補助グラフ $G(M)$ を作る．
3. $G(M)$ において s から t への有向パスが存在すれば，そのようなパス Q' を求め，上で述べたようにして M' を求めて，$M := M'$ とおいて 2. へ戻る．s から t への有向パスが存在しなければ，M を最大マッチングとして終了する．

このアルゴリズムの正当性は補題 6.1 から明らかである．補助グラフの構成は，$O(n+m)$ の計算時間で実行できるし，s から t への有向パスも 2.7.2 項で述べたように，深さ (幅) 優先探索で $O(n+m)$ 時間で探すことができる（$n = O(|V(G)|$, $m = |E(G)|$）．また最大マッチングに含まれる辺数は最大でも $\frac{n}{2}$ であるので，2., 3. は高々 $\frac{n}{2}$ 回しか繰り返されない．したがって，上記の最大マッチングを求めるアルゴリズムの計算時間は $O(n(n+m))$ である．以上のことを定理としてまとめておく．

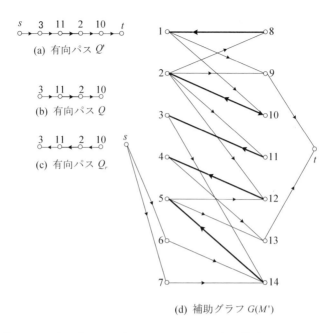

図 6.3　$M' = (M - Q_r) \cup (Q - M_r)$ に関する補助グラフ $G(M')$

定理 6.2　二部グラフ G（$n = O(|V(G)|$, $m = |E(G)|$）の最大マッチングは，$O(n(n+m))$ の計算時間，$O(n+m)$ の領域で求めることができる．

6.3　ホップクロフト – カープの高速アルゴリズム

上記のアルゴリズムでは，増加パスを 1 本ずつ求めマッチングを 1 本ずつ増やしているので，最悪の場合，2., 3. の反復回数が $\frac{n}{2}$ となる．この反復回数を減らしたのが，Hopcroft-Karp（ホップクロフト – カープ）のアルゴリズムである．アルゴリズムとして行っていることは，幅優先探索と深さ優先探索のみである．

Hopcroft-Karp はこの反復回数を $O(\sqrt{n})$ で抑えるために，s から t への有向パスで辺数最小のもの（すなわち，s から t への最短パス）だけを考えることにして，そのようなパスのうちで辺を共有しないパスの極大集合を見つけることにした．そのために，まず $G(M)$ に幅優先探索を施し，各点 v に対して s から v へ

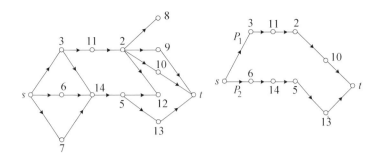

図 6.4 図 6.2 の $G(M)$ のレベルグラフ $G_L(M)$ と極大パス集合 $P = \{P_1, P_2\}$

の最短パスに含まれる辺の本数，すなわち，v の**レベル** (level) level(v) を計算し，level$(w) =$ level$(v) + 1$ となるような有向辺 (v, w) のみからなるグラフ（以下，**レベルグラフ** (level graph) といい $G_L(M)$ と表記する）を構成し，その後に $G_L(M)$ を深さ優先探索して s から t への最短パスで辺を共有しないパスの極大集合を見つけることにした（図 6.4）．したがって，Hopcroft-Karp の最大マッチングアルゴリズムは以下のように書ける．

Hopcroft-Karp の最大マッチングアルゴリズム

1. $M := \emptyset$ とする．

2. $G(M)$ を s から幅優先探索し，レベルグラフ $G_L(M)$ を作る．このとき s から t への有向パスが存在するかどうかを判定できるが，s から t への有向パスが存在しないときは，M を最大マッチングとして終了する．存在するときには，3. へ行く．

3. レベルグラフ $G_L(M)$ の s から t への最短パスで辺を共有しないパスの極大集合 $\mathcal{P} = \{P_1, P_2, \ldots, P_k\}$ を求める．さらに Q' を $\mathcal{P}$ に含まれるパスの辺を全部集めた集合とし，Q を Q' からパスの両端の辺を除いた集合とし，Q に含まれる辺をすべて逆向きにした集合を Q_r として，
$$M' = (Q - M_r) \cup (M - Q_r)$$
を求めて，$M := M'$ とおいて 2. へ戻る．

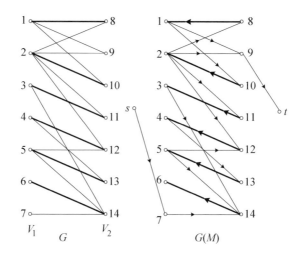

図 **6.5** Hopcroft-Karp のアルゴリズムの適用例

図 6.5 は Hopcroft-Karp のアルゴリズムの適用例（2. と 3. を 1 度だけ実行）である．正当性は補題 6.1 から得られる．計算時間の観点からは，この方法の特徴は次の 2 点である（演習問題 6.2）．

補題 6.3 二部グラフ G（$n = O(|V(G)|,\ m = |E(G)|)$）に対する Hopcroft-Karp の最大マッチングアルゴリズムでは以下の (1) と (2) が成立する．

(1) 2. と 3. の反復ごとに s から t への最短パスの長さは 1 以上増加する．

(2) 出てくる最短パスの長さは全体の 2. と 3. の反復で高々 $\sqrt{n}$ 個しかない．

したがって，各反復が幅優先探索と深さ優先探索を一度ずつ行えばできることに注意すると，以下の定理が得られる．

定理 6.4 二部グラフ G（$n = O(|V(G)|,\ m = |E(G)|)$）の最大マッチングは，Hopcroft-Karp のアルゴリズムを用いると，$O(\sqrt{n}(n+m))$ の計算時間，$O(n+m)$ の領域で求めることができる．

6.4 ホップクロフト–カープのアルゴリズムのプログラム

二部グラフ $G = (V_1, V_2, E)$ の最大マッチングを求める Hopcroft-Karp のアルゴリズムのプログラムを以下に載せておく．なお，$n_1 = |V_1|$，$n_2 = |V_2|$，$n = n_1 + n_2$，$m = |E|$ と見なしている．また，6.2 節でも述べたように，二部グラフ $G = (V_1, V_2, E)$ の辺は V_1 の点から V_2 の点に向かうものと考え，G を有向グラフと見なしている．

プログラムで用いている関数の説明は以下のとおりである．

関数 bipartite_graph_input()，bipartite_incidence_list_construct()，bipartite_incidence_list_output() は，それぞれ，1.3 節のプログラムで用いた関数 directed_graph_input()，distand_incidence_list_construct()，distand_incidence_list_output() とほぼ同様であり，二部グラフ用に少し修正を加えているだけである．配列 match は各点 v に接続するマッチングの辺を match[v] として記憶するのに用いている．matching_output() は得られたマッチングを出力する関数である．これらをライブラリプログラム BigraphInConstruct.h として登録しておく（使用する領域は配列の tail，head，edgefirst，edgenext，matched で $2n + 3m$）．

また，bipartite_bfs(v1) と bipartite_dfs(v1) は，それぞれ，2.6 節の v_1 からの幅優先探索を行う関数 bfs(v1) と深さ優先探索を行う再帰的関数 dfs(v1) とほぼ同様で少し修正を加えたものである．より正確には，左側の点 v_1 から未探索の辺 $a_2 = (v_1, v_2)$ をたどって右側の未訪問の点 v_2 に到達すると，v_2 がマッチされているときには，v_2 をマッチしている辺 $a_1 = (v_2, w_1)$ もすぐにたどって左側の点 w_1 に到達するようにしている．すなわち，左側から右側に向かう未探索の辺とその辺でたどられた右側の未訪問の点を端点とするマッチングの辺が存在する限り，それらを対にして同時にたどるように修正している．

levelgraph() は，Hopcroft-Karp のアルゴリズムの 2. に対応する操作を行う関数である．すなわち，配列 level とキュー用の配列 queue を用いて，幅優先探索 bfs(v1) に基づいて，現在得られているマッチング M に対する補助グラフ $G(M)$ の各点 v にレベル level[v] を割り当て，レベルグラフ $G_L(M)$ を非明示的に構成する関数である．なお，s, t は省略している．強いて述べると，level[s] $= -1$，level[t] $=$ maxlevel+1 と見なせる．すなわち，左側のマッチされていない点 v_1

のレベルは level[v_1] = 0 であり，右側のマッチされていない点 v_2 のレベルは level[v_2] =maxlevel である．ただし，maxlevel より大きいレベルが与えられることになる点には，実際にはレベルを与えていないことにも注意しよう．また，t_found=n+2 は，s から t へのパス（すなわち，左側のマッチされていない点から右側のマッチされていない点への増加パス）がまだ見つかっていないことを示す．`bipartite_bfs(v1)` と `levelgraph()` をライブラリプログラム LevelConstruct.h として登録しておく（使用する領域は配列の level, queue で $2n$）．

さらに，`augmentation()` は，Hopcroft-Karp のアルゴリズムの 3. に対応する操作を行う関数である．すなわち，`augmentation()` は，再帰呼び出し関数 `bipartite_dfs(v1)` を用いて，レベルグラフ $G_L(M)$ で深さ優先探索をして V_1 の左側のマッチされていない点から V_2 の右側のマッチされていない点へのパスを求め，そのパスに沿ってマッチングを更新してマッチングに含まれる辺を 1 本増やすことをそのようなパスがなくなるまで繰り返す関数である．配列 parent は，各点 v に対して深さ優先探索で得られる深さ優先探索木で v の親へ向かう辺を parent[v] で記憶するのに用いている．`bipartite_dfs(v1)` と `augmentation()` をライブラリプログラム Augmentation.h として登録しておく（使用する領域は配列の parent で n）．

したがって，以下の Hopcroft-Karp の最大マッチングを求めるプログラム hopkarp.c で使用する領域は $5n+3m$ である．ここでも，スタックを明示的に用いて再帰呼び出しを展開した形式のプログラムにすると，さらに最大で $2n$ の領域を（明示的に）必要とする．

```
// ライブラリプログラム BigraphInConstruct.h
int tail[emaxsize+1], head[emaxsize+1];
int edgefirst[vmaxsize+1], edgenext[emaxsize+1];
int match[vmaxsize+1];   // 点 v に接続するマッチングの辺 match[v]
int m, n, n1, n2;        // 左側の点数 n1, 右側の点数 n2, n=n1+n2
void bipartite_graph_input(void){
    int a;
    printf("入力するデータは二部グラフのデータです\n");
    printf("二部グラフの左側の点数 n1, 右側の点数 n2, 辺数 m を入力してください\n");
    scanf("%d %d %d", &n1, &n2, &m);
    printf("m 本の各辺の左端点と右端点を入力してください\n");
    n=n1+n2;  // n はグラフの点数
    for (a = 1; a <= m; a++) {
        scanf("%d %d", &tail[a], &head[a]);
    }
```

6.4 ホップクロフト–カープのアルゴリズムのプログラム

```
        printf("二部グラフの左側の点数 n1=%d, 右側の点数 n2=%d, 辺数 m=%d \n",n1,n2,m);
}
void bipartite_incidence_list_construct(void){
    int a, v1;
    for (v1 = 1; v1 <= n1; v1++) edgefirst[v1] = 0;
    for (a = m; a >= 1; a--) {
        v1 = tail[a];
        edgenext[a] = edgefirst[v1];
        edgefirst[v1] = a;
    }
}
void bipartite_incidence_list_output(void){
    int a, k, v1;
    printf("\n 接続辺リスト　左側の点 v1: 辺 a （a の右側の点）の並び\n");
    for (v1 = 1; v1 <= n1; v1++) {
        printf("%3d:  ", v1);
        a = edgefirst[v1];
        k = 0;
        while (a != 0) {
            printf("%3d (%2d)", a,head[a]);
            k++;
            if (k % 12 == 0) printf("\n        ");
            a = edgenext[a];
        }
        printf("\n");
    }
}
void matching_output(void){
    int a, v1, k;
    printf("\n 最大マッチング：　辺　　左端点　　右端点\n");
    k=0;
    for (v1 = 1; v1 <= n1; v1++) {
        if (match[v1] != free) {
            k++;
            a=match[v1];
            printf("             %6d %8d %8d\n", a, tail[a], head[a]);
        }
    }
    printf("最大マッチングの辺数 %d \n",k);
}


// ライブラリプログラム LevelConstruct.h
int level[vmaxsize+1];   // レベルグラフにおける点 v のレベル level[v]
int queue[vmaxsize+1];   // 幅優先探索のためのキュー
int max_level;           // マッチされていない右側の点の最小レベル
int t_found;             // マッチされていない右側の点へ到達したとき t_found=true
int front, rear;         // キューの先頭 front と末尾 rear
void bipartite_bfs(int v1){// 左側の点 v1 からの二部グラフでの幅優先探索
```

```
        int v2, w1;
        int a;
        a=edgefirst[v1]; // a は v1 に接続する辺のリストの先頭の辺
        while (a != 0) {// v1 に接続する辺のリストの最後の辺になるまで以下を繰り返す
            v2 = head[a]; // a は左側の点 v1 から右側の点 v2 に向かう有向辺と見なす
            if (level[v2] == unvisited) {// v2 は右側の点で初めて訪問
                level[v2] = level[v1]+1;
                if (t_found == n+2){// 増加パスはまだ見つかっていない
                    if (match[v2] != free) {// v2 はマッチされている
                        a=match[v2]; // マッチング辺は a
                        w1=tail[a]; // a は右端点 v2 から左端点 w1 への有向辺を見なす
                        level[w1]=level[v1]+2;
                        rear++;
                        queue[rear]=w1;
                    }
                    else {// v2 はマッチされていないので v1 から v2 へのパスは増加パス
                        t_found=rear+1; // t_found<n+2 （増加パスが存在する）
                        max_level=level[v2];
                    }
                }
            }// 右側の点 v2 が訪問済みのときには何も行わない
            a = edgenext[a]; // 次の辺へ移る
        }
    }
    void levelgraph(void){// レベルグラフの構成
        int v,v1;
        rear = 0;      // キューの初期化
        front = 1;
        t_found=n+2; // 増加パスはまだ発見されていないと初期設定
        for (v = 1; v <= n; v++) level[v] = unvisited; // どの点も未訪問と初期設定
        for (v1 = 1; v1 <= n1; v1++) {
            if (match[v1] == free) {// v1 はマッチされていない左側の点
                level[v1] = 0; // v1 からの二部グラフの幅優先探索が後で行われる
                rear++;
                queue[rear] = v1; //キュー queue の末尾に v1 を挿入
            }
        }
        while (front < t_found) {// 増加パスはまだ発見されていない
            if (front <= rear) {// キュー queue は空でない限り繰り返す
                v1 = queue[front]; // キューから先頭の点 v1 を削除
                bipartite_bfs(v1); //v1 からの二部グラフの幅優先探索開始
                front++;
            }
            else {// キュー queue は空であるので，while ループを強制終了する
                front=t_found;
            }
        }
    }
```

6.4 ホップクロフト–カープのアルゴリズムのプログラム 95

```c
// ライブラリプログラム Augmentation.h
int parent[vmaxsize+1]; // 深さ優先探索木における点 v の親 parent[v]
int pathfound, pathend; // 増加パス (存在 (pathfound=true), pathend は右側の点)
void bipartite_dfs(int v1){// 左側の点 v1 からの二部グラフでの深さ優先探索
    int v2, w1;
    int a,b;
    a=edgefirst[v1]; // a は v1 に接続する辺のリストの先頭の辺
    while (a != 0) {// v1 に接続する辺のリストの最後の辺になるまで以下を繰り返す
        v2=head[a]; // a は左側の点 v1 から右側の点 v2 に向かう有向辺と見なす
        if (parent[v2]==unvisited && level[v2]==level[v1]+1) {
            parent[v2]=a; // a を右側の点 v2 から親の左側の点 v1 を指すと見なす
            if (level[v2] != max_level) {// v2 は右側の点でマッチされている
                b=match[v2]; // マッチング辺は b
                w1=tail[b]; // b は右端点 v2 から左端点 w1 への仮想的な有向辺と見なす
                parent[w1]=b; // b は左側の点 w1 から親の v2 を指す
                bipartite_dfs(w1);
            }
            else {// level[v2] == max_level
                if (match[v2]==free){// v2 は右側の点でマッチされていない
                    pathend=v2; // 増加パスの終点は v2
                    pathfound=true; // 増加パス発見
                }
            }
        }
        if (pathfound) a=0; // 増加パス発見ならば強制終了へ
        else a=edgenext[a]; // 増加パス未発見ならば次の辺へ移る
    }
}
void augmentation(void){
    int v, v1, v2, w1;
    int a,b;
    for (v = 1; v <= n; v++) parent[v] = unvisited;
    for (v1 = 1; v1 <= n1; v1++) {
        if (match[v1] == free) {// v1 はマッチされていない左側の点
            pathfound = false; // v1 からの増加パスの探索
            parent[v1] = root;  // v1 からの深さ優先探索木の根は v1
            bipartite_dfs(v1);  // v1 からの深さ優先
            if (pathfound) { // v1 からの深さ優先で pathend への増加パス発見
                v2=pathend; // 深さ優先探索木で pathend から親を根 v1 までたどる
                a=parent[v2]; // たどりながらマッチング辺と非マッチング辺の交換
                match[v2]=a;
                w1=tail[a];
                match[w1]=a;
                while (w1 != v1) {
                    b=parent[w1];
                    v2=head[b];
                    a=parent[v2];
                    match[v2]=a;
                    w1=tail[a];
```

```
                    match[w1]=a;
                }
            }
        }
    }
}

// Hopcroft-Karp の最大マッチングを求めるプログラム hopkarp.c
#include <stdio.h>
#define vmaxsize        1000
#define emaxsize        4000
#define unvisited       -1
#define root            0
#define free            0
#define false           0
#define true            1
#include"BigraphInConstruct.h"   // ライブラリ BigraphInConstruct.h の読み込み
// int tail[emaxsize+1], head[emaxsize+1];
// int edgefirst[vmaxsize+1], edgenext[emaxsize+1];
// int match[vmaxsize+1];    // 点 v をマッチする辺 match[v]
// int m, n, n1, n2;         // 左側の点数 n1，右側の点数 n2，n=n1+n2
#include"LevelConstruct.h"       // ライブラリプログラム LevelConstruct.h の読み込み
// int level[vmaxsize+1];    // レベルグラフにおける点 v のレベル level[v]
// int queue[vmaxsize+1];    // 幅優先探索のためのキュー
// int max_level;            // マッチされていない右側の点の最小レベル
// int t_found;              // マッチされていない右側の点へ到達したとき t_found=true
// int front, rear;          // キューの先頭 front と末尾 rear
#include"Augmentation.h"         // ライブラリプログラム Augmentation.h の読み込み
// int parent[vmaxsize+1];   // 深さ優先探索木における点 v の親 parent[v]
// int pathfound, pathend;   // 増加パス（存在 (pathfound=true)，pathend は右側の点）
int main(void){
    int v;
    bipartite_graph_input();
    // 二部グラフの辺数 m，左側点数 n1，右側点数 n2，各辺の始点，終点が決定される
    bipartite_incidence_list_construct();  // 接続リストが構成される
    bipartite_incidence_list_output();     // 構成された接続辺リストが出力される
    for (v = 1; v <= n; v++) match[v] = free;  // 左側のマッチされていない端点から
    do {// マッチされていない左端点からマッチされていない右端点へのパスがある限り
        levelgraph();                      // レベルグラフの構成
        if (t_found != n+2) augmentation();  // パスがあるときにはマッチングの更新
    } while (t_found == n+2);
    matching_output();  // 得られたマッチングの出力
    return 0;
}
```

図 6.6 は，図 6.2（図 6.5）の二部グラフ G に対して上記のプログラムを走らせ

```
 7 7
17
 1 8
 1 9
 1 10
 2 8
 2 10
 2 9
 2 11
 2 12
 3 11
 3 14
 4 12
 4 13
 5 12
 5 13
 5 14
 6 14
 7 14
```

```
入力するデータは二部グラフのデータです
二部グラフの左側の点数 n1, 右側の点数 n2, 辺数 m を入力してください
m 本の各辺の左端点と右端点を入力してください
二部グラフの左側の点数 n1=7, 右側の点数 n2=7, 辺数 m=17

接続辺リスト   左側の点 v1: 辺 a （a の右側の点）の並び
  1:    1 ( 8)  2 ( 9)  3 (10)
  2:    4 ( 8)  5 (10)  6 ( 9)  7 (11)  8 (12)
  3:    9 (11) 10 (14)
  4:   11 (12) 12 (13)
  5:   13 (12) 14 (13) 15 (14)
  6:   16 (14)
  7:   17 (14)

最大マッチング：    辺    左端点    右端点
                    1      1        8
                    5      2       10
                    9      3       11
                   11      4       12
                   14      5       13
                   16      6       14
最大マッチングの辺数  6
```

図 6.6 左の箱のデータを入力として与えたときのプログラムの出力（右の箱）

た例である．図 6.5 に示している最大マッチングが得られていることに注意しよう．なお，出力の接続辺リストで，

$$v_1 : a(v_2)$$

の部分は左端点 v_1 に接続する無向辺 a （a の右端点 v_2）を表示している．

6.5 演習問題

6.1 補題 6.1 の証明を与えよ．

6.2 補題 6.3 の証明を与えよ．

6.3 6.4 節の Hopcroft-Karp の最大マッチングを求めるアルゴリズムのプログラムを様々な二部グラフのデータを入力として与えて走らせて，得られる結果の正しいことを確かめよ．

第7章 最短パス

本章からネットワークアルゴリズムを本格的に取り上げる．第4章では有向無閉路ネットワークの最短パスと最長パスを求めるアルゴリズムを与えたが，本章では有向閉路が存在することもあるネットワークでの最短パスを求めるアルゴリズムを取り上げる．本章の目標は，辺に非負の長さが付随する有向ネットワークにおいて最短パスを求めるダイクストラのアルゴリズムを理解することである．

7.1 最短パス問題

有向グラフ G の各辺 $e = (u, v) \in E(G)$ に長さ $\mathrm{length}(e)$ が付随するネットワーク $N = (G, \mathrm{length})$ の最短パス問題には以下の三つのタイプがある．

(a) **2点間の最短パス問題** 与えられた始点 s から終点 t への最短パスを求める問題．

(b) **1点から全点への最短パス問題** 与えられた始点 s からすべての点への最短パスを求める問題（全点から1点への最短パス問題も辺の向きを逆にするだけでこの問題になる），

(c) **全点から全点への最短パス問題** すべての点対 s, t に対して，s から t への最短パスを求める問題．

現在のところ，最悪のケースでは，(b) を経由せず (a) を効率的に解く方法は知られていないので，本書では (b) と (c) についてだけ述べる．本章では，(b) について述べ，(c) については次章で述べる．さらに，与えられた始点 s からすべての

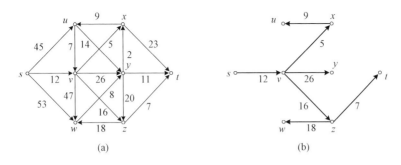

図 7.1 (a) ネットワーク $N = (G; \text{length})$ と (b) その最短パス木

点へパスが存在するものとする．また，長さが負となるような閉路は存在しないと仮定する．負の長さの閉路が存在しないので，s から各点への最短パスは同一の点を二度通ることはなく，すべての点への最短パスは s を根とする根付き木で表現できる．この木を**最短パス木** (shortest path tree) という（図 7.1）．

7.2 最短パスを求めるダイクストラのアルゴリズム

E.W. Dijkstra（ダイクストラ）により提案された以下の最短パス木を求めるアルゴリズムは，有向ネットワーク $N = (G, \text{length})$ の各辺 e の長さ $\text{length}(e)$ がすべて非負のときに，点 s から残りの点への最短パスを短い順に求めて確定しながら広げていき，最終的にすべての点への最短パスを求める方法である．なお，VP は s からの最短パスが確定した点の集合，$V(G) - VP$ は最短パスが未確定の点の集合を表す．最短パスが未確定の $V(G) - VP$ の点 v に対して，distance$[v]$ と path$[v]$ は，s から VP に属する点のみを経由して v に至るパスのうちで最短なパス $P(v)$ の長さと $P(v)$ の最後の辺（すなわち，$P(v)$ 上で v の直前の点から v への辺）である．したがって，distance$[v]$ の小さい順に最短パスを確定していく方法である．

---

s からの最短パス木を求める **Dijkstra** のアルゴリズム

1. 出発点 s を選び，$VP := \emptyset$; distance$[s] := 0$; path$[s] := 0$; とする．
   s 以外の点 v に対しては，distance$[v] := \infty$; path$[v] := -1$; とする．
2. $VP \neq V(G)$ である限り以下の (a), (b) を繰り返す．

(a) $V(G) - VP$ の点の内で distance の値の最小な点 w を求める．
(b) $VP := VP \cup \{w\}$ とする．
さらに w を始点とする各辺 $e = (w,v) \in \delta^+(w)$ に対して，
distance$[v] >$ distance$[w] +$ length(e) ならば，
distance$[v] :=$ distance$[w] +$ length(e); path$[v] := e$ とする．

Dijkstra のアルゴリズムでは，2.(a) の部分がアルゴリズムデザインの代表的手法のひとつであるグリーディ法に対応している．図 7.2 は Dijkstra のアルゴリズムの適用例を示している．

7.3 ダイクストラのアルゴリズムの正当性

前述のように，$V(G) - VP$ の点 v の distance$[v]$ と path$[v]$ は，s から VP に属する点のみを経由して v に至るパスのうちで最短なパス $P(v)$ の長さと $P(v)$ の最後の辺を管理している．また，$V(G) - VP$ の点 v の distance$[v]$ はアルゴリズムが進むにつれて単調に減少し，VP に入ると distance$[v]$ は確定してその後変化しない．さらに，$V(G) - VP$ の点 v の distance$[v]$ は辺の長さが非負であるので VP のどの点 u に対しても distance$[u]$ 以上である．

以上のことを考慮すれば，アルゴリズムでは $V(G) - VP$ の点の内で distance の値の最小な点 w を求め，$VP := VP \cup \{w\}$ として，さらに w を始点とする各辺 $e = (w,v)$ に対して，distance$[v] >$ distance$[w] +$ length(e) ならば，distance$[v] :=$ distance$[w] +$ length(e); path$[v] := e$ としているので，上記の性質が維持されることが理解できるであろう．したがって，帰納法で，Dijkstra のアルゴリズムが正しく最短パス木を求めることを証明できる．

$n = |V(G)|$, $m = |E(G)|$ とする．アルゴリズムの計算時間を支配するステップは 2. の (a) と (b) の反復である．(a) と (b) は $n - 1$ 回繰り返され，いずれも毎回 $O(n)$ 時間でできるので，全体の計算時間は $O(n^2)$ である．

さらに，distance$[v] \neq \infty$ となる $V(G) - VP$ の各点 v を値 distance$[v]$ に基づいてヒープ[1] で表現しておけば，m 回の decreasekey (2.(b) で distance$[v] \neq \infty$

---

[1] データ構造のヒープについては，データ構造のテキスト，たとえば，浅野孝夫：『アルゴリズムの基礎とデータ構造：数理と C プログラム』（近代科学社，2017）などを参照してほしい．

7.3 ダイクストラのアルゴリズムの正当性

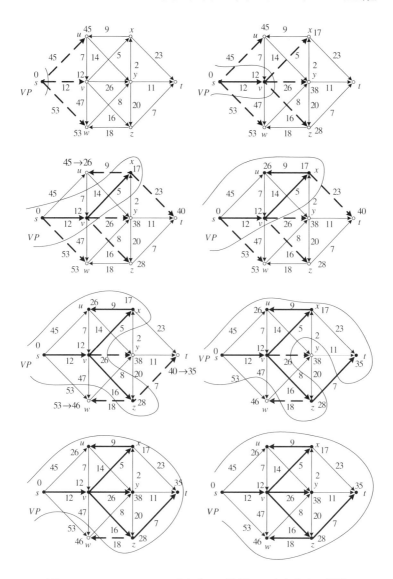

図 **7.2** Dijkstra のアルゴリズムで最短パス木を求める様子

の値が小さくなるとき decreasekey が行われる），O(n) 回の insert （2.(b) で distance[v] $= \infty$ の値が distance[v] $\neq \infty$ となるとき insert が行われる），O(n)

回の findmin と deletemin （2.(a) で distance の値の最小な点 w を求めるとき findmin が行われ，2.(b) で $VP := VP \cup \{w\}$ とするとき deletemin が行われる）を行うことで上記の Dijkstra のアルゴリズムを実行できる．ヒープでは，insert, decreasekey, deletemin の操作は1回あたり $O(\log n)$ 時間ででき，findmin の操作は1回あたり $O(1)$ 時間でできるので，上記の Dijkstra のアルゴリズムの計算時間は $O(m \log n)$ となる．使用する領域は $O(m+n)$ である．

定理 7.1 有向ネットワーク $N = (G, \text{length})$ （$n = |V(G)|$, $m = |E(G)|$）のすべての辺 e の長さ $\text{length}(e)$ が非負のときには，出発点 s からすべての点への最短パス（s を根とする最短パス木）は，Dijkstra のアルゴリズムで $O(n^2)$ 時間，$O(m+n)$ の領域で得ることができる．さらにヒープを用いれば，Dijkstra のアルゴリズムで $O(m \log n)$ 時間，$O(m+n)$ の領域で得ることができる．

7.4 ダイクストラの最短パスアルゴリズムのプログラム

辺に非負の長さが付随する有向ネットワークの最短パス木を求める Dijkstra のアルゴリズムのプログラムを以下に載せておく．なお，そこで用いている関数の説明は以下のとおりである．

`directed_network_input()` は，4.3節でも述べたように，各辺 $a \in E(G)$ の長さ $\text{length}(a)$ を読み込んで，用意しているサイズ m の配列 length に length[a] として記憶する部分が付け加えられている点を除いて，1.3節の `directed_graph_input()` と同一であり，ライブラリプログラム DiNetworkInput.h として登録されているものである（使用する領域は配列の tail, head, length で $3m$）．また，`distand_incidence_list_construct()` はライブラリプログラム DiStandStructLibrary.h にある有向グラフの標準的データ構造を構成する関数である（使用する領域は配列の edgefirst, edgenext で $n+m$）．

`shortest_path_tree_construct()` は，Dijkstra のアルゴリズムで出発点 start からの最短パス木を求める関数であり，`shortestpath_output()` はその結果を表示する関数である．使用する領域は，出発点 start から各点 v への最短パスの長さ distance[v] とそのパス上で v へ入る辺 path[v] を記憶するための配列の distance, path を用いているほかに，対象となる点 v のうちで distance[v] が最小となる点を

7.4 ダイクストラの最短パスアルゴリズムのプログラム 103

見つけるためのヒープを実現する配列 heap と `inv_heap` を用いているので，$4n$ である．またそこでは，ヒープで下移動を行う関数 `shift_down()` と上移動を行う関数 `shift_up()` を呼び出している．

したがって，Dijkstra の最短パス木を求めるプログラム dijkstra.c で使用される領域は $5n + 4m$ である．

```
// Dijkstra の最短パス木を求めるプログラム dijkstra.c
#include <stdio.h>
#define vmaxsize        1000
#define emaxsize        3000
#define unvisited       -1
#define true            1
#define false           0
#include"DiNetworkInput.h"
// int tail[emaxsize+1], head[emaxsize+1], length[emaxsize+1];
#include"DiStandStructLibrary.h"
// int edgefirst[vmaxsize+1], edgenext[emaxsize+1];
int heap[vmaxsize+1], inv_heap[vmaxsize+1];
int distance[vmaxsize+1];
int path[vmaxsize+1];
// int m, n;
int start;
void shift_down(int p, int q) {// 配列の番地 p から番地 q までの部分での下移動
    int r,v;
    while (2*p <= q) {
        // ヒープのノード p を根とする部分木が q 以下のノードを子としてもつ限り
        r=2*p; // r を p の左の子とする
        if (r+1<=q && distance[heap[r+1]] < distance[heap[r]]) r=r+1;
        // p が右の子ももつときは距離の小さいほうを r をする
        if (distance[heap[p]] > distance[heap[r]]) {
        // p よりも r のほうが小さいときには p と r に割り当てられている点を交換する
            inv_heap[heap[r]]=p;
            inv_heap[heap[p]]=r;
            v=heap[p];
            heap[p]=heap[r];
            heap[r]=v;
            p=r; // p を子のノード r として下移動する
        }
        else p=q; // 強制終了へ進む
    }
}
void shift_up(int p) {// 配列の番地 p からの上移動
    int r,v;
    while (p > 1) {// p が根でない限り
        r=p/2;    // r を p の親とする
        if (distance[heap[p]] < distance[heap[r]]) {
```

第 7 章 最短パス

```
            // r よりも p のほうが小さいときには p と r に割り当てられている点を交換する
            inv_heap[heap[r]]=p;
            inv_heap[heap[p]]=r;
            v=heap[p];
            heap[p]=heap[r];
            heap[r]=v;
            p=r;  // p を親のノード r として上移動する
        }
        else p=1;
    }
}
void shortest_path_tree_construct(void){// start を根とする最短パス木の構成
    int a,v,v1,v2;
    int i;
    for (v = 1; v <= n; v++) path[v] = unvisited;
    distance[start]=0;  // 出発点 start から start までの距離は 0 と初期設定
    path[start]=0;      // 出発点 start は最短パス木の根に初期設定
    heap[1]=start;      // ヒープに start を挿入
    inv_heap[start]=1;  // start のヒープでのノードは 1 と初期設定
    i=1;
    while (i > 0) {// ヒープが空になるまで以下を繰り返す
        v1=heap[1];  // VP に含まれない点で距離が最小の点を v1 とする
        heap[1]=heap[i];  // ヒープの最後のノードに記憶されている点を根に移す
        inv_heap[heap[1]]=1;
        // ヒープの根に記憶されている点にヒープでのノードが 1 (根) であるとする
        i=i-1;  // ヒープのサイズを 1 減らす
        if (i > 1) shift_down(1,i);  // 下移動に基づいてヒープが構成される
        a=edgefirst[v1];  // a は v1 を始点とする辺のリスト最初の辺
        while (a != 0) {// v1 を始点とする辺のリストの最後の辺になるまで
            v2=head[a];
            if (path[v2]==unvisited)  {// 辺 a の終点が VP にないとき
                distance[v2]=distance[v1]+length[a];  // v2 までの暫定的距離の設定
                path[v2]=a;  // v2 までのこれまでの最短パスの最後の辺は a
                i=i+1;    // ヒープのサイズを 1 増やしそこに v2 を挿入する
                heap[i]=v2;   // ヒープのノード i に v2 を記憶する
                inv_heap[v2]=i;
                    // v2 が記憶されているヒープのノードは i として v2 に記憶
                shift_up(i);  // i からの上移動に基づくヒープの再構成
            }
            else if (distance[v2]>distance[v1]+length[a]) {
                // より短いパスが発見された
                distance[v2]=distance[v1]+length[a];  // こちらのパスに更新する
                path[v2]=a;  // v2 までの最短パスの最後の辺を a に更新する
                shift_up(inv_heap[v2]);
                    // v2 が記憶されているヒープのノードから上移動する
            }
            a=edgenext[a];
        }
    }
}
```

7.4 ダイクストラの最短パスアルゴリズムのプログラム

```
8 17
1 2 45
1 3 12      入力するデータは有向グラフのデータです
1 4 53      有向グラフの点数 n と辺数 m を入力してください
2 3 7       m 本の各辺の始点と終点および重みを入力してください
2 6 14      有向グラフの点数 n=8，辺数 m=17
3 4 47      出発点を入力してください
3 5 5       出発点 = 1
3 6 26
3 7 16      出発点 1 からのすべての点への最短パス木
4 6 8         2 までの距離は 26 でありパスの最後の辺は長さ  9 の辺 11=(5,2)
5 2 9         3 までの距離は 12 でありパスの最後の辺は長さ 12 の辺  2=(1,3)
5 8 23        4 までの距離は 46 でありパスの最後の辺は長さ 18 の辺 16=(7,4)
6 5 2         5 までの距離は 17 でありパスの最後の辺は長さ  5 の辺  7=(3,5)
6 7 20        6 までの距離は 38 でありパスの最後の辺は長さ 26 の辺  8=(3,6)
6 8 11        7 までの距離は 28 でありパスの最後の辺は長さ 16 の辺  9=(3,7)
7 4 18        8 までの距離は 35 でありパスの最後の辺は長さ  7 の辺 17=(7,8)
7 8 7
1
```

図 7.3 左の箱のデータを入力として与えたときのプログラムの出力（右の箱）

```
}
void shortest_path_output(void){
   int a,v;
   printf("\n 出発点%2d からのすべての点への最短パス木\n",start);
   for (v = 1; v <= n; v++) {
      if (v != start) {
         a=path[v];
         printf("%2d までの距離は%2d でありパスの最後の辺は長さ%2d の辺%2d=(%d,%d)\n",
                v,distance[v],length[a],a,tail[a],v);
      }
   }
}
int main(void){
   directed_network_input();
   // 有向ネットワークの辺数 m，点数 n，各辺の始点，終点，長さが決定される
   distand_incidence_list_construct(); // 各点を始点とする接続辺リストが構成される
   printf("出発点を入力してください\n");
   scanf("%d", &start);
   printf("出発点 = %d \n", start); // start からすべての点が到達可能であると仮定
   shortest_path_tree_construct(); // start を根とする最短パス木が構成される
   shortest_path_output();
   return 0;
}
```

図7.3は，左の箱の図7.1(a)のネットワークのデータを（$s=1$，$u=2$，$v=3$，$w=4$，$x=5$，$y=6$，$z=7$，$t=8$として）上記のプログラムに入力したときの実行結果（出力）を右の箱に示したものである．図7.1(b)の正しい最短パス木が得られていることを確認してほしい．

7.5 演習問題

7.1 Dijkstra のアルゴリズムは負の長さの辺が存在するときには正しい答えを出さないことを反例を用いて示せ．

7.2 以下の図のネットワーク N で辺は両方向向きにある（長さは同じ）とする．点1からすべての点への最短パス木を求める Dijkstra のアルゴリズムの動作を図示せよ．

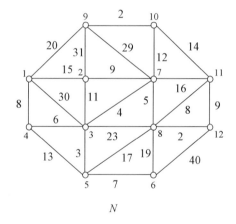

N

7.3 7.4節の最短パス木を求める Dijkstra のアルゴリズムを，本文で扱ったネットワークも含めて様々なネットワークを入力として与えて，得られた結果の正しいことを確かめよ．

第8章　全点間の最短パス問題

> 前章では，辺に非負の長さが付随する有向ネットワークにおいて最短パスを求めるダイクストラのアルゴリズムを与えたが，本章では負の長さの辺が存在しても，負の長さの閉路が存在しないような有向ネットワークにおいて，全点間の最短パスを求めるアルゴリズムを取り上げる．本章の目標は，そのようなアルゴリズムで最も単純なワーシャル–フロイド法を理解することである．

8.1　全点間の最短パスを求めるワーシャル–フロイド法

　有向グラフ G の各辺 $e = (u, v) \in E(G)$ に length(e) が付随するネットワーク $N = (G, \text{length})$ の全点間の最短パスも，負の長さの辺が存在しなければ，N のすべての点に対して，その点を出発点として Dijkstra（ダイクストラ）のアルゴリズムを適用することで得られる．一方，Warshall-Floyd（ワーシャル–フロイド）法は，Dijkstra 法と異なり，負の長さの辺があっても，負の長さの閉路が存在しなければ，問題なく $O(n^3)$ の時間で全点間の最短パスを求める（$n = |V(G)|$）．それは，最長パス木を求めるアルゴリズムでも用いたアルゴリズムデザインの代表的手法の一つである動的計画法に基づいている．本章では，与えられるネットワーク $N = (G, \text{length})$ は負の長さの閉路をもたないと仮定する．

　$V(G) = \{v_1, v_2, \ldots, v_n\}$ とする．$d^{(k)}(i, j)$ を，途中 $\{v_k, v_{k+1}, \ldots, v_n\}$ の点を経由しないで点 v_i から点 v_j へ行くようなパスのうちで最短なパスの長さとする．すると，$d^{(n+1)}(i, j)$ が点 v_i から v_j への本当の最短パスの長さとなる．もちろん，

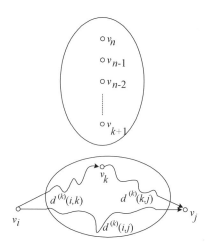

図 8.1 $d^{(k+1)}(i,j) = \min\{d^{(k)}(i,j),\ d^{(k)}(i,k) + d^{(k)}(k,j)\}$ の説明図

$$d^{(1)}(i,j) := \begin{cases} 0 & (i = j) \\ \mathrm{length}(v_i, v_j) & (i \neq j,\ (v_i, v_j) \in E(G)) \\ \infty & (i \neq j,\ (v_i, v_j) \notin E(G)) \end{cases} \quad (8.1)$$

と初期設定できる.

また，$d^{(k)}(i,j)$ の定義より，

$$d^{(k+1)}(i,j) = \min\{d^{(k)}(i,j),\ d^{(k)}(i,k) + d^{(k)}(k,j)\} \quad (8.2)$$

が $k = 1, 2, \ldots, n$ について成立する．なぜなら，図 8.1 に示しているように，途中 $\{v_{k+1}, v_{k+2}, \ldots, v_n\}$ の点を経由しないで点 v_i から点 v_j へ行くようなパスで最短なものは v_k を経由するかしないかのいずれかであり，右辺の第 1 項は，v_i から途中 $\{v_1, v_2, \ldots, v_{k-1}\}$ の点しか経由しないで v_j へ行くようなパスで最短なパスの長さであり，第 2 項は，v_i から途中 $\{v_1, v_2, \ldots, v_k\}$ の点しか経由しないが v_k は必ず経由して v_j へ行くようなパスで最短なパスの長さであるからである．実際，第 2 項が，v_i から途中 $\{v_1, v_2, \ldots, v_k\}$ の点しか経由しないが v_k は必ず経由して v_j へ行くようなパスで最短なパスの長さであることは，以下のようにして理解できる．v_i から途中 $\{v_1, v_2, \ldots, v_k\}$ の点しか経由しないが v_k は必ず経由して v_j へ

8.1 全点間の最短パスを求めるワーシャル–フロイド法

行くようなパスで最短なパスは，負の長さの閉路が存在しないので，v_i から途中 $\{v_1, v_2, \ldots, v_{k-1}\}$ の点しか経由しないで v_k へ行くようなパスの最短パスと v_k から途中 $\{v_1, v_2, \ldots, v_{k-1}\}$ の点しか経由しないで v_j へ行くようなパスの最短パスからなるからである．

この式に従えば，$d^{(k+1)}(i,j)$ を各 i,j に対して，$k = 1, 2, \ldots, n$ の順に計算していけば $O(n^3)$ の時間で求められる．なお，このままでは使用する領域も $O(n^3)$ となるが，$d^{(k+1)}(i,j)$ $(i,j = 1, 2, \ldots, n)$ の計算には $d^{(k)}(i,j)$ $(i,j = 1, 2, \ldots, n)$ のみが必要であることに注意すれば，実際に使用する領域を $O(n^2)$ にできる．

さらに少し工夫すると，最短距離だけでなく最短パスも実際に求めることができる．具体的には，別の $n \times n$ 行列 $P = (p_{ij})$ を用意し，

$$p_{ij} := \begin{cases} 0 & (i = j) \\ i & (i \neq j,\ (v_i, v_j) \in E(G)) \\ -1 & (i \neq j,\ (v_i, v_j) \notin E(G)) \end{cases}$$

と初期設定する．さらに，$d^{(k)}(i,j) > d^{(k)}(i,k) + d^{(k)}(k,j)$ のとき $p_{ij} := p_{kj}$ と更新する手続きを付け加えればよい．点 v_i から点 v_j への最短パスは，

$$p_{ij} = j_1,\ p_{ij_1} = j_2,\ \ldots,\ p_{ij_p} = i$$

ならば，$(v_i, v_{j_p}, \ldots, v_{j_2}, v_{j_1}, v_j)$ として求められる．

以上のことを定理としてまとめておく．

定理 8.1 負の長さの閉路が存在しない n 点の有向ネットワーク $N = (G, \text{length})$ の全点間の最短パスは，Warshall-Floyd 法で，$O(n^3)$ の計算時間，$O(n^2)$ の領域で求めることができる．

図 8.2 のネットワークに対する Warshall-Floyd 法の動作例を以下に示す（変更のあった部分を太字で表している）．

$$D^{(1)} = \begin{pmatrix} 0 & 4 & \infty & \infty & \infty & \infty \\ \infty & 0 & 5 & \infty & 9 & \infty \\ 6 & \infty & 0 & 1 & 10 & \infty \\ \infty & 2 & 10 & 0 & 3 & 4 \\ \infty & \infty & \infty & 2 & 0 & 3 \\ \infty & \infty & \infty & \infty & \infty & 0 \end{pmatrix}, \quad P^{(1)} = \begin{pmatrix} 0 & 1 & -1 & -1 & -1 & -1 \\ -1 & 0 & 2 & -1 & 2 & -1 \\ 3 & -1 & 0 & 3 & 3 & -1 \\ -1 & 4 & 4 & 0 & 4 & 4 \\ -1 & -1 & -1 & 5 & 0 & 5 \\ -1 & -1 & -1 & -1 & -1 & 0 \end{pmatrix}$$

第 8 章 全点間の最短パス問題

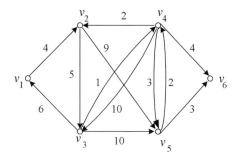

図 8.2 Warshall-Floyd 法の適用ネットワーク

$$D^{(2)} = \begin{pmatrix} 0 & 4 & \infty & \infty & \infty & \infty \\ \infty & 0 & 5 & \infty & 9 & \infty \\ 6 & \mathbf{10} & 0 & 1 & 10 & \infty \\ \infty & 2 & 10 & 0 & 3 & 4 \\ \infty & \infty & \infty & 2 & 0 & 3 \\ \infty & \infty & \infty & \infty & \infty & 0 \end{pmatrix}, \quad P^{(2)} = \begin{pmatrix} 0 & 1 & -1 & -1 & -1 & -1 \\ -1 & 0 & 2 & -1 & 2 & -1 \\ 3 & \mathbf{1} & 0 & 3 & 3 & -1 \\ -1 & 4 & 4 & 0 & 4 & 4 \\ -1 & -1 & -1 & 5 & 0 & 5 \\ -1 & -1 & -1 & -1 & -1 & 0 \end{pmatrix}$$

$$D^{(3)} = \begin{pmatrix} 0 & 4 & \mathbf{9} & \infty & \mathbf{13} & \infty \\ \infty & 0 & 5 & \infty & 9 & \infty \\ 6 & 10 & 0 & 1 & 10 & \infty \\ \infty & 2 & \mathbf{7} & 0 & 3 & 4 \\ \infty & \infty & \infty & 2 & 0 & 3 \\ \infty & \infty & \infty & \infty & \infty & 0 \end{pmatrix}, \quad P^{(3)} = \begin{pmatrix} 0 & 1 & \mathbf{2} & -1 & \mathbf{2} & -1 \\ -1 & 0 & 2 & -1 & 2 & -1 \\ 3 & 1 & 0 & 3 & 3 & -1 \\ -1 & 4 & \mathbf{2} & 0 & 4 & 4 \\ -1 & -1 & -1 & 5 & 0 & 5 \\ -1 & -1 & -1 & -1 & -1 & 0 \end{pmatrix}$$

$$D^{(4)} = \begin{pmatrix} 0 & 4 & 9 & \mathbf{10} & 13 & \infty \\ \mathbf{11} & 0 & 5 & \mathbf{6} & 9 & \infty \\ 6 & 10 & 0 & 1 & 10 & \infty \\ \mathbf{13} & 2 & 7 & 0 & 3 & 4 \\ \infty & \infty & \infty & 2 & 0 & 3 \\ \infty & \infty & \infty & \infty & \infty & 0 \end{pmatrix}, \quad P^{(4)} = \begin{pmatrix} 0 & 1 & 2 & \mathbf{3} & 2 & -1 \\ \mathbf{3} & 0 & 2 & \mathbf{3} & 2 & -1 \\ 3 & 1 & 0 & 3 & 3 & -1 \\ \mathbf{3} & 4 & 2 & 0 & 4 & 4 \\ -1 & -1 & -1 & 5 & 0 & 5 \\ -1 & -1 & -1 & -1 & -1 & 0 \end{pmatrix}$$

$$D^{(5)} = \begin{pmatrix} 0 & 4 & 9 & 10 & 13 & \mathbf{14} \\ 11 & 0 & 5 & 6 & 9 & \mathbf{10} \\ 6 & \mathbf{3} & 0 & 1 & \mathbf{4} & \mathbf{5} \\ 13 & 2 & 7 & 0 & 3 & 4 \\ \mathbf{15} & \mathbf{4} & \mathbf{9} & 2 & 0 & 3 \\ \infty & \infty & \infty & \infty & \infty & 0 \end{pmatrix}, \quad P^{(5)} = \begin{pmatrix} 0 & 1 & 2 & 3 & 2 & \mathbf{4} \\ 3 & 0 & 2 & 3 & 2 & \mathbf{4} \\ 3 & \mathbf{4} & 0 & 3 & \mathbf{4} & \mathbf{4} \\ 3 & 4 & 2 & 0 & 4 & 4 \\ \mathbf{3} & \mathbf{4} & \mathbf{2} & 5 & 0 & 5 \\ -1 & -1 & -1 & -1 & -1 & 0 \end{pmatrix}$$

$$D^{(7)} = D^{(6)} = D^{(5)}, \qquad P^{(7)} = P^{(6)} = P^{(5)}$$

8.2 ワーシャル–フロイド法のプログラム

以下の Warshall-Floyd 法のプログラムでは，サイズ $n \times n$ の三つの 2 次元配列 length，dist，path を用いているので，使用する領域は $3n^2$ である．

```c
// 全点間の最短パスを求める Warshall-Floyd 法 warshallfloyd.c
#include <stdio.h>
#define vmaxsize          100
#define maxvalue         1000
#define root                0
#define undefined          -1
int length[vmaxsize+1][vmaxsize+1]; // 式 (9.1) を表す入力の初期距離行列
int dist[vmaxsize+1][vmaxsize+1];   // 式 (9.1) を表す漸化式の距離行列 D
int path[vmaxsize+1][vmaxsize+1];   // パス行列 P
int n,m;
void network_input(void){// ネットワーク情報を読み込み行列 length と path の初期化
    int i,j;
    int a;
    int d;
    printf("入力するデータは有向ネットワークのデータです\n");
    printf("有向ネットワークの点数 n と辺数 m を入力してください\n");
    scanf("%d %d", &n, &m);
    for (i = 1; i <= n; i++) {
        for (j = 1; j <= n; j++) {
            length[i][j]=maxvalue;
            path[i][j]=undefined;
        }
        length[i][i]=0;
        path[i][i]=root;
    }
    printf("m 本の各辺の始点と終点および長さを入力してください\n");
    for (a = 1; a <= m; a++) {
        scanf("%d %d %d", &i, &j, &d);
        length[i][j]=d;
        path[i][j]=i;
    }
    printf("有向ネットワークの点数 n=%d, 辺数 m=%d \n",n,m);

}
void distance_matrix_output(int k){// k 回目の反復終了後の距離行列とパス行列の出力
    int i,j;
    printf("\n 距離行列 D[%d]\n",k+1);
    for (i = 1; i <= n; i++) {
        for (j = 1; j <= n; j++) {
            printf("%6d",dist[i][j]);
        }
        printf("\n");
    }
```

```
      printf("\n パス行列 P[%d]\n", k+1);
      for (i = 1; i <= n; i++) {
         for (j = 1; j <= n; j++) {
            printf("%4d",path[i][j]);
         }
         printf("\n");
      }
}
int main(void){
   int i,j,k;
   network_input();
   // 有向ネットワークの辺数 m,点数 n,各辺の始点,終点,長さが決定される
   for (i = 1; i <= n; i++) { // 距離行列 D とパス行列の初期化
      for (j = 1; j <= n; j++) {
         dist[i][j]=length[i][j];
      }
   }
   distance_matrix_output(0);// 初期化された距離行列 D とパス行列の出力
   for (k = 1; k <= n; k++) {// k 回目の反復
      for (i = 1; i <= n; i++) {// 点 i から
         for (j = 1; j <= n; j++) {// 点 j へのパスに対して
            if (dist[i][j] > dist[i][k]+dist[k][j]) {// より短いパスが発見された
               dist[i][j] = dist[i][k]+dist[k][j]; // 距離の更新
               path[i][j]=path[k][j]; // 最短パスの最後の辺の更新
            }
         }
      }
      distance_matrix_output(k); // k 回目の反復終了後の距離行列とパス行列の出力
   }
   return 0;
}
```

8.2 節の図 8.1 のネットワークのデータを上記のプログラムに入力として与えたとき,すなわち,入力として,

6 12
1 2 4
2 3 5
2 5 9
3 1 6
3 4 1
3 5 10
4 2 2
4 3 10
4 5 3
4 6 4
5 4 2
5 6 3

8.2 ワーシャル−フロイド法のプログラム　　113

を与えたとき，実行結果（出力）は以下のとおりである．なお，紙面の都合で距離行列 D とパス行列 P を横に並べて表示している．また，数字の 1000 は無限大を意味する．結果が 8.2 節の与えたものと同一であることを確認しよう．

```
グラフの点数 n と辺数 m を入力してください．
m 本の各辺の始点と終点および長さを入力してください．
入力データ：　点数 n=6　辺数 m=12

距離行列 D[1]                           パス行列 P[1]
    0     4  1000  1000  1000  1000        0     1    -1    -1    -1    -1
 1000     0     5  1000     9  1000       -1     0     2    -1     2    -1
    6  1000     0     1    10  1000        3    -1     0     3     3    -1
 1000     2    10     0     3     4       -1     4     4     0     4     4
 1000  1000  1000     2     0     3       -1    -1    -1     5     0     5
 1000  1000  1000  1000  1000     0       -1    -1    -1    -1    -1     0

距離行列 D[2]                           パス行列 P[2]
    0     4  1000  1000  1000  1000        0     1    -1    -1    -1    -1
 1000     0     5  1000     9  1000       -1     0     2    -1     2    -1
    6    10     0     1    10  1000        3     1     0     3     3    -1
 1000     2    10     0     3     4       -1     4     4     0     4     4
 1000  1000  1000     2     0     3       -1    -1    -1     5     0     5
 1000  1000  1000  1000  1000     0       -1    -1    -1    -1    -1     0

距離行列 D[3]                           パス行列 P[3]
    0     4     9  1000    13  1000        0     1     2    -1     2    -1
 1000     0     5  1000     9  1000       -1     0     2    -1     2    -1
    6    10     0     1    10  1000        3     1     0     3     3    -1
 1000     2     7     0     3     4       -1     4     2     0     4     4
 1000  1000  1000     2     0     3       -1    -1    -1     5     0     5
 1000  1000  1000  1000  1000     0       -1    -1    -1    -1    -1     0

距離行列 D[4]                           パス行列 P[4]
    0     4     9    10    13  1000        0     1     2     3     2    -1
   11     0     5     6     9  1000        3     0     2     3     2    -1
    6    10     0     1    10  1000        3     1     0     3     3    -1
   13     2     7     0     3     4        3     4     2     0     4     4
 1000  1000  1000     2     0     3       -1    -1    -1     5     0     5
 1000  1000  1000  1000  1000     0       -1    -1    -1    -1    -1     0

距離行列 D[5]                           パス行列 P[5]
    0     4     9    10    13    14        0     1     2     3     2     4
   11     0     5     6     9    10        3     0     2     3     2     4
    6     3     0     1     4     5        3     4     0     3     4     4
   13     2     7     0     3     4        3     4     2     0     4     4
   15     4     9     2     0     3        3     4     2     5     0     5
 1000  1000  1000  1000  1000     0       -1    -1    -1    -1    -1     0
```

距離行列 D[6]

```
   0     4     9    10    13    14
  11     0     5     6     9    10
   6     3     0     1     4     5
  13     2     7     0     3     4
  15     4     9     2     0     3
1000  1000  1000  1000  1000     0
```

パス行列 P[6]

```
   0    1    2    3    2    4
   3    0    2    3    2    4
   3    4    0    3    4    4
   3    4    2    0    4    4
   3    4    2    5    0    5
  -1   -1   -1   -1   -1    0
```

距離行列 D[7]

```
   0     4     9    10    13    14
  11     0     5     6     9    10
   6     3     0     1     4     5
  13     2     7     0     3     4
  15     4     9     2     0     3
1000  1000  1000  1000  1000     0
```

パス行列 P[7]

```
   0    1    2    3    2    4
   3    0    2    3    2    4
   3    4    0    3    4    4
   3    4    2    0    4    4
   3    4    2    5    0    5
  -1   -1   -1   -1   -1    0
```

8.3 演習問題

8.1 以下のネットワーク $N = (G; \text{length})$ で全点間の最短パスを求める Warshall-Floyd 法の各段階の距離行列 D とパス行列 P を明示して説明せよ．

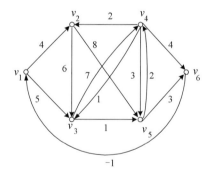

8.2 8.2 節の Warshall-Floyd 法のプログラムに様々なネットワークを入力として与えて，得られる結果の正しいことを確かめよ．

第 9 章　最小全点木

> 本章の目標は，ネットワークの最小全点木を求める効率的なアルゴリズムを理解することである．

連結な無向グラフ G の各辺 $e \in E(G)$ に正の重み $w(e) > 0$ が付随するネットワーク $N = (G; w)$ において，すべての点を連結にする部分グラフのうちで，重み最小のもの（すべての点を含む木になるので**全点木** (spanning tree) あるいは**全域木**，**全張木**と呼ばれる）を求める問題，すなわち，最小重みの全点木（以下，簡単化して，**最小全点木** (minimum spanning tree) と呼ぶことにする）を求める問題が，最小全点木問題である（図 9.1）．なお，部分グラフ T の重み $w(T)$ は，T に含まれる辺の重みの和として定義される．最小全点木問題は，通信回線の架設などを含む工学の多くの分野でしばしば起こる問題で，ネットワーク理論における有名な古典的問題の一つである[1]．

辺の重みは非負にまで容易に一般化できる．

9.1　最小全点木を求めるクラスカルのアルゴリズム

連結な無向グラフ G のすべての点を含む部分グラフ（**全点部分グラフ** (spanning subgraph) と呼ばれる）T' が閉路をもたないとすると**全点森** (spanning forest)（すなわち，すべての点を含むいくつかの木の集合）になるが，T' を含むような G の全点木 T が存在する．すなわち，$E(T') \subseteq E(T)$ かつ $V(T) = V(G)$ となる木 T が G に存在することが言える．また，T' が k 本の辺からなる G の閉路を含まないグ

---

[1] 本章の内容は，浅野孝夫：『アルゴリズムの基礎とデータ構造：数理と C プログラム』（近代科学社，2017）に基づいている．

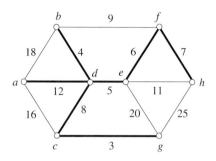

図 **9.1** ネットワーク $N = (G; w)$ の最小全点木 T（太線）とその重み $w(T) = 45$

ラフで重み最小のものならば，T' に辺を付加しても閉路を含まないような辺のうちで最小重みの辺 e を付け加えて得られる $T'' = T' \cup \{e\}$ $(E(T'') = E(T') \cup \{e\})$ は，$k+1$ 本の辺からなり，かつ閉路を含まないもので重みが最小であることも言える．したがって，連結な無向グラフ G の各辺 $e \in E(G)$ に非負の重み $w(e) \geq 0$ が付随するネットワーク $N = (G; w)$ の最小全点木 T は次のようにして求めることができる．

最小全点木を求める Kruskal のアルゴリズム

1. $E(G) = \{e_1, e_2, \ldots, e_m\}$ を $w(e_1) \leq w(e_2) \leq \cdots \leq w(e_m)$ と重みの小さい順に並べる．$T := \emptyset$ とおく（最終的に得られる T は最小全点木の辺集合を表す）．

2. $i := 1$ から 1 ずつ増やして m になるまで以下の (a) を繰り返す．

   (a) $T \cup \{e_i\}$ が閉路を含まなければ，$T := T \cup \{e_i\}$ と更新する．

これは，J.B. Kruskal（クラスカル）により提案されたアルゴリズムであり，2. はアルゴリズムデザインの代表的手法の一つであるグリーディ法（貪欲法）に基づいている．

9.2 クラスカルのアルゴリズムの正当性

図 9.1 のネットワーク $N = (G; w)$ に対して，Kruskal のアルゴリズムで最小全

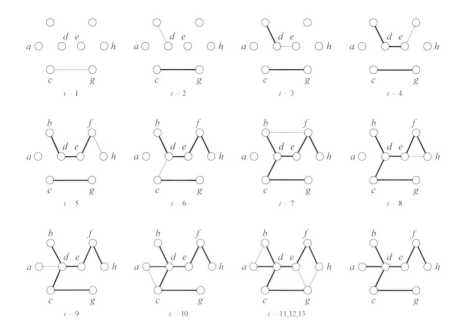

図 9.2 Kruskal のアルゴリズムで最小全点木を求める様子

点木が得られる様子を図 9.2 に示している．以下に示す**カット特性** (cut property) により，2.(a) で得られる T が k 本の辺を含むとき，T は k 本の辺からなる G の閉路を含まない部分グラフのうちで重みが最小のものになっていることが示せるので，最終的に得られる全点木 T は $n-1$ 本 $(n = |V(G)|)$ の辺からなる G の閉路を含まない部分グラフのうちで重みが最小のものになる．

カット特性を正確に記述するために，カットの定義を与える．グラフ G の任意の点部分集合 $U \subseteq V(G)$ に対して，U の点と $V(G) - U$ の点を結ぶすべての辺の集合を $E(U, V(G) - U)$ と表記する．すなわち，

$$E(U, V(G) - U) = \{(u,v) \in E(G) \mid u \in U,\ v \in V(G) - U\} \qquad (9.1)$$

であり，$E(U, V(G) - U)$ は G の**カット** (cut) と呼ばれる．U を決めればカット $E(U, V(G) - U)$ が決定されるので，本書では単純化して，U をカットと呼ぶことも多い．

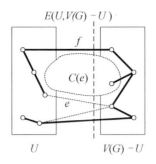

図 9.3 最小全点木 T（実線部）と $T \cup \{e\}$ に含まれる閉路 $C(e)$

補題 9.1 （**カット特性**）連結な無向グラフ G の各辺 $e \in E(G)$ に非負の重み $w(e)$ が付随するネットワーク $N = (G; w)$ において，任意の点部分集合 U ($\emptyset \neq U \neq V(G)$) に対して，$U$ で定まるカット $E(U, V(G) - U)$ の重み最小の辺を含む N の最小全点木が存在する．

証明 辺 $e = (u, v)$ を $E(U, V(G) - U)$ の重み最小の辺とし，T を N の最小全点木とする．T が辺 e を含まなかったとする．すると，$T \cup \{e\}$ は唯一に定まる G の閉路 $C(e)$ を含む．そこで，e 以外の $C(e) \cap E(U, V(G) - U)$ の任意の辺を f とする（図9.3）．このような f は必ず存在することに注意しよう．一方，$T' = (T - \{f\}) \cup \{e\}$ とおけば，T' も N の全点木となることが言える．さらに，e の選び方より $w(f) \geq w(e)$ となるので，$w(T) \geq w(T')$ となり，T' も最小全点木となる．したがって，辺 e を含む N の最小全点木が存在する． □

ある意味で補題 9.1 に双対な次の補題も同様に示せる．

補題 9.2 （**閉路特性**）連結な無向グラフ G の各辺 $e \in E(G)$ に非負の重み $w(e)$ が付随するネットワーク $N = (G; w)$ において，任意の閉路 C の重み最大の辺を含まない N の最小全点木が存在する．

証明 辺 $e = (u, v)$ を閉路 C の重み最大の辺とし，T を N の最小全点木とする．T が辺 e を含んだとする．T から e を除去して得られるグラフ $T - \{e\}$ は二つの連結成分からなる．$T - \{e\}$ の二つの連結成分 G_1, G_2 間にまたがる e 以外の C 上の任意の辺を f とする．もちろん f は必ず存在する．すると，e の選び方より，$w(f) \leq w(e)$ となる（図9.4）．一方，$T' = (T - \{e\}) \cup \{f\}$ とおけば，T' も N の全点木であり，かつ $w(f) \leq w(e)$ であるので，$w(T) \geq w(T')$ となり，最小全点木となる．したがって，辺 e を含まない N の最小全点木が存在する． □

補題 9.1, 9.2 から次の命題が言えるので，Kruskal 法の正当性が得られる．

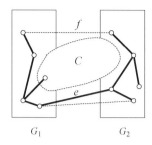

図 **9.4** 最小全点木 T（実線部）と閉路 C

補題 9.3 9.1 節の Kruskal のアルゴリズムにおいて，各 $i = 1, 2, \ldots, m$ に対して，$e_1, e_2, \ldots, e_i$ まで調べられた時点での T を F_i とする．すると，$E(F_i)$ の辺をすべて含み，$\{e_1, e_2, \ldots, e_i\} - E(F_i)$ のいずれの辺も含まない N の最小全点木が存在する．

証明 i についての帰納法で証明する．最小全点木は自己ループを含まないので，G は最初から自己ループを含まないと仮定できる．$i = 1$ では，辺 $e_1 = (u_1, v_1)$ はアルゴリズムで T に加えられ $E(F_1) = \{e_1\}$ となる．このとき，e_1 の一方の端点 u_1 のみからなる集合を U とすると，e_1 はカット $E(U, V(G) - U)$ の重み最小の辺であるので，補題 9.1 により，辺 e_1 を含む最小全点木が存在する．したがって，$i = 1$ では補題が成立する．

そこで以下では，$i \geq 1$ まで補題が成立したと仮定して，辺 e_{i+1} を T に加えたときに閉路ができるかどうかを検証する時点について考える．$F_i = (V, E(F_i))$ は閉路を含まないので G の全点森である．帰納法の仮定から，$E(F_i)$ のすべての辺を含み，$\{e_1, e_2, \ldots, e_i\} - E(F_i)$ のいずれの辺も含まない N の最小全点木 T_i^* が存在する．

はじめに，$T \cup \{e_{i+1}\}$ が閉路 C を含むとする．すると，e_{i+1} はアルゴリズムで T に加えられないので，$F_{i+1} = F_i$ となる．帰納法の仮定から，$T_{i+1}^* = T_i^*$ は N の最小全点木であり，$E(F_{i+1})$ のすべての辺を含み，$\{e_1, e_2, \ldots, e_i, e_{i+1}\} - E(F_{i+1})$ のいずれの辺も含まないので，$i+1$ でも補題が成立する．

次に，$T \cup \{e_{i+1}\}$ が閉路を含まないとする．すると，T はアルゴリズムで $T \cup \{e_{i+1}\}$ と更新され，$F_{i+1} = F_i \cup \{e_{i+1}\}$ となる．$e_{i+1} \in E(T_i^*)$ ならば，$T_{i+1}^* = T_i^*$ は N の最小全点木であり，$E(F_{i+1})$ のすべての辺を含み，$\{e_1, e_2, \ldots, e_i, e_{i+1}\} - E(F_{i+1})$ のいずれの辺も含まないので，$i+1$ でも補題が成立する．そこで以下では，$e_{i+1} \notin E(T_i^*)$ であったとする．すると，補題 9.1 のカット特性の証明の中で用いた議論をここでも適用できる．すなわち，$T_i^* \cup \{e_{i+1}\}$ には唯一の閉路 $C(e_{i+1})$ が存在する．e_{i+1} の両端点を u_{i+1}, v_{i+1} とする（したがって，$e_{i+1} = (u_{i+1}, v_{i+1})$ と書ける）．F_i において，u_{i+1} を含む連結成分の点集合を U とする．すると，$T \cup \{e_{i+1}\} = F_i \cup \{e_{i+1}\}$ が閉路を含まないので $v_{i+1} \in V(G) - U$ であり，e_{i+1} は G のカット $E(U, V(G) - U)$ の辺である．さらに，$F_i \cap E(U, V(G) - U) = \emptyset$ であったので，$E(U, V(G) - U) \cap \{e_1, e_2, \ldots, e_i\} = \emptyset$ である．したがって，e_{i+1} は G のカット $E(U, V(G) - U)$ の重み最小の辺である．$C(e_{i+1}) \cap E(U, V(G) - U)$ の e_{i+1} 以外の任意の辺を f とする．したがって，$f \in E(T_i^*) - E(F_i)$ である．補題 9.1 の証明と同

図 9.5 集合ユニオン・ファインド森を用いて図 9.1 のネットワークの最小全点木を求める様子

様の議論により，$T_{i+1}^* = T_i^* - \{f\} \cup \{e_{i+1}\}$ とすると，T_{i+1}^* は $E(F_{i+1})$ の辺をすべて含み，$\{e_1, e_2, \ldots, e_i, e_{i+1}\} - E(F_{i+1}) = \{e_1, e_2, \ldots, e_i\} - E(F_i)$ のいずれの辺も含まない N の最小全点木となることが言える．したがって，このときも $i+1$ でも補題が成立する．
以上により，すべての i で補題が成立することが言えた． □

補題 9.3 から Kruskal のアルゴリズムの正当性は $i = m$ として得られる．

9.3 クラスカルのアルゴリズムの計算時間

Kruskal のアルゴリズムは 1. でソーティングを用いているので $\Theta(m \log m)$ 時間を必要とする．2. では，各 e_i に対して，$T \cup \{e_i\}$ が閉路を含むかどうかを判定しなければならないが，$|T \cup \{e_i\}| \leq n$ であるので $O(n)$ 時間でできる．したがって，全体でも $O(mn)$ 時間でできる．

集合ユニオン・ファインド森のデータ構造を用いて，T の各連結成分を部分集合とする集合族を根付き木で表現すると，各辺 $e_i = (u_i, v_i)$ の両端点で find の操作を行い，$\text{find}(u_i) = \text{find}(v_i)$ のときには $T \cup \{e_i\}$ が閉路を含むので何

もせず，$r(u_i) = \text{find}(u_i) \neq \text{find}(v_i) = r(v_i)$ のときには閉路を含まないので union$(r(u_i), r(v_i))$（すなわち，$T = T \cup \{e_i\}$）と更新する[2]（図 9.5）．

すると，2. は，$2m$ 回の find 操作と $n-1$ 回の union 操作で実行できるので，O$(m \log n)$ 時間で実行できる．したがって，全体の計算時間は 1. で支配される．$m = \text{O}(n^2)$ であるので $m \log m = \text{O}(m \log n)$ であり，Kruskal のアルゴリズムの計算時間は O$(m \log n)$ である．辺の重みがソート済みのときには，計算時間は O$(m\alpha(m,n))$ となる（$\alpha(m,n)$ はアッカーマン逆関数と呼ばれる関数で，n の増加とともに非常にゆっくり増加し，m の増加とともに減少する関数であり，通常の問題では，$\alpha(m,n) \leq 4$ と考えてよい）．

定理 9.4 Kruskal のアルゴリズムは，O$(m \log n)$ 時間で最小全点木を求める．また，辺の重みがソート済みのときはその計算時間は O$(m\alpha(m,n))$ となる．

9.4 クラスカルのアルゴリズムのプログラム

以下の Kruskal のアルゴリズムのプログラムは，(main の関数を除いて) 7 個の関数 `network_input()`（ネットワークデータを入力する関数で，使用する領域は配列の tail, head, weight で $3m$），`heapsort()`（ヒープソートする関数で使用する領域は配列 order で m），`heapify(p,q)`（ヒープを構成する関数），集合ユニオン・ファインド森のための `find(i)`（i を含む部分集合を返す関数）と `set_union(i,j)`（集合 i と集合 j の和集合を返す関数）（合わせて使用する領域は配列の size と parent で $2n$），`minimum_spanning_tree_construct()`（最小全点木を構成する関数で，使用する領域は配列 tree で n），`minimum_spanning_tree_output()`（得られた最小全点木を出力する関数）からなる．したがって，Kruskal の最小全点木を求めるプログラム kruskal.c で使用される領域は $3n + 4m$ である．

```
// Kruskalの最小全点木を求めるプログラム kruskal.c
#include <stdio.h>
#define vmaxsize        1000
#define emaxsize        3000
#define unvisited         -1
```

---

[2] 集合ユニオン・ファインド森のデータ構造や後述のデータ構造ヒープを用いたヒープソートについては，データ構造のテキスト，たとえば，浅野孝夫：『アルゴリズムの基礎とデータ構造：数理とCプログラム』（近代科学社，2017）などを参照してほしい．

```
#define true                1
#define false               0
int tail[emaxsize+1], head[emaxsize+1], weight[emaxsize+1];
// ネットワークの各辺 e の両端点 tail[e], head[e] と重み weight[w] を記憶するための配列
int order[emaxsize+1]; // 重みの小さい順に辺をならべるための配列
int tree[vmaxsize+1]; // 最小全点木に含まれる辺を記憶するための配列
int size[vmaxsize+1], parent[vmaxsize+1]; // ユニオン・ファインド森のための配列
int m, n; // ネットワークの辺数 m と点数 n を記憶
void network_input(void){// ネットワークのデータを入力する関数
    int e;
    printf("入力するデータは連結な無向ネットワークのデータです\n");
    printf("無向グラフの点数 n と辺数 m を入力してください\n");
    scanf("%d %d", &n, &m);
    printf("m 本の各辺の両端点と重みを入力してください\n");
    for (e = 1; e <= m; e++) scanf("%d %d %d", &tail[e], &head[e], &weight[e]);
    printf("無向グラフの点数 n=%d, 辺数 m=%d \n",n,m);
}
void heapify(int p, int q) {// 配列の番地 p から番地 q までの部分をヒープとして構成
    int r,s;
    while (2*p <= q) {
        // ヒープのノード p を根とする部分木が q 以下のノードを子としてもつ限り
        r=2*p; // r を p の左の子とする
        if (r+1 <= q && weight[order[r+1]] > weight[order[r]]) r=r+1;
        // p が右の子ももつときは重みの大きいほうを r をする
        if (weight[order[p]] < weight[order[r]]) {
        // p よりも r のほうが重いときには p と r に割り当てられている辺を交換する
            s=order[p]; order[p]=order[r]; order[r]=s; p=r;
        }
        else p=q; // 強制終了へ進む
    }
}
void heapsort(void) {// 重みの小さい順に辺をソーティングするヒープソート
    int e,temp;
    for (e = 1; e <= m; e++) order[e]=e;
    for (e = m/2; e >= 1; e--) heapify(e,m); // ヒープの構成
    for (e = m; e >= 2; e--) {// ヒープから最大重みの辺を削除
        temp=order[1]; order[1]= order[e]; order[e]=temp;
            // 根の辺とヒープの最後の辺の交換
        heapify(1,e-1); // // ヒープの再構成
    }
}
int find(int i) {// ユニオン・ファインド森で i を含む集合の発見
    int j;
    j=i;
    while (parent[j] != j) j=parent[j];
    while (i != j) { parent[i]=j; i=parent[i]; }
    return j;
}
void set_union(int i, int j) {// ユニオン・ファインド森で i と j を含む集合の併合
```

9.4 クラスカルのアルゴリズムのプログラム

```c
        if (size[i]>=size[j]) {
            parent[j]=i; size[i]=size[i]+size[j];
        }
        else {
            parent[i]=j; size[j]=size[i]+size[j];
        }
    }
}
void minimum_spanning_tree_construct(void){// 最小全点木を求める関数
    int e,v,v1,v2;
    int i, tree_size;
    for (v = 1; v <= n; v++) {// ユニオン・ファインド森の初期化
        parent[v]=v; size[v]=1; // 各ユニオン・ファインド木は1点からなる
    }
    tree_size=0; // 最小全点木に含まれることが決定した辺の本数の初期化
    i=0;
    while (tree_size < n-1 && i<= m) {// n-1 本の辺が最小全点木に含まれるまで
        i++;
        e=order[i]; // 重みが次に小さい辺 e に移る
        v1=find(tail[e]); // e の一方の端点を含む集合（ユニオン・ファインド木の根）
        v2=find(head[e]); // e の他方の端点を含む集合（ユニオン・ファインド木の根）
        if (v1 != v2) {// これらの集合が異なるときは併合する
            tree_size++; // この辺 e を最小全点木の辺として入れる
            tree[tree_size]=e;
            set_union(v1,v2);
        }
    }
}
void minimum_spanning_tree_output(void){// 最小全点木を出力する関数
    int e,k;
    int total_weight=0;
    printf("\n 最小全点木を構成する辺\n");
    for (k = 1; k <= n-1; k++) {
        e=tree[k];
        total_weight=total_weight+weight[e];
        printf("辺%2d=(%d,%d)   重み%2d\n", e, tail[e], head[e], weight[e]);
    }
    printf("最小全点木の重みは%d です\n", total_weight);
}
int main(void){
    network_input(); // 辺数 m，点数 n，各辺の両端点と重みが決定される
    heapsort(); // 辺の重みの小さい順に並べるヒープソートが行われる
    minimum_spanning_tree_construct(); // 最小全点木を求める
    minimum_spanning_tree_output(); // 最小全点木を出力する
    return 0;
}
```

図 9.6 は，左の箱の図 9.1 のネットワークのデータを ($a, b, \ldots, h$ を $1, 2, \ldots, 8$ と見なして) 上記のプログラムに入力として与えたときの実行結果（出力）を右の

```
8 13          入力するデータは連結な無向ネットワークのデータです
1 2 18        無向グラフの点数 n と辺数 m を入力してください
1 3 16        m 本の各辺の両端点と重みを入力してください
1 4 12        無向グラフの点数 n=8，辺数 m=13
2 6 9
2 4 4         最小全点木を構成する辺
3 4 8         辺 7=(3,7)   重み 3
3 7 3         辺 5=(2,4)   重み 4
4 5 5         辺 8=(4,5)   重み 5
6 8 7         辺 10=(6,5)  重み 6
6 5 6         辺 9=(6,8)   重み 7
5 8 11        辺 6=(3,4)   重み 8
5 7 20        辺 3=(1,4)   重み 12
7 8 25        最小全点木の重みは 45 です
```

図 9.6　左の箱のデータを入力として与えたときのプログラムの出力（右の箱）

箱に示したものである．正しい最小全点木が得られていることを確認してほしい．

9.5 演習問題

9.1 図 9.7 のネットワークで Kruskal のアルゴリズムの動作を図示するとともに，対応するユニオンファインド木の更新される様子も図示せよ．

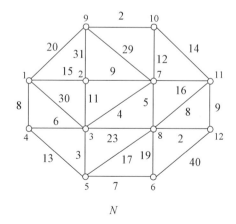

図 9.7　演習問題 9.1 と 9.3 のネットワーク

9.2 9.4 節の最小全点木を求める Kruskal のアルゴリズムのプログラムを，本文で取り上げたネットワークも含めて様々なネットワークを入力として与えて，得られた結果の正しいことを確かめよ．

9.3 最小全点木を求める Prim（プリム）のアルゴリズムは，7.2 節の最短パスを求める Dijkstra のアルゴリズムと本質的に同じである．単に，Dijkstra のアルゴリズムの 2.(b) の，

$\quad$ distance$[v] >$ distance$[w] +$ length(e) ならば，

$\quad$ distance$[v] :=$ distance$[w] +$ length(e); path$[v] := e$ とする

の部分のみを，

$\quad$ distance$[v] >$ length(e) ならば，distance$[v] :=$ length(e); path$[v] := e$ とする

と置き換えたものである．したがって，Prim のアルゴリズムも Dijksta のアルゴリズムと同じ計算時間で最小全点木を求める．

$\quad$ 図 9.7 のネットワークで最小全点木を求める Prim のアルゴリズムの動作を図示せよ．さらに，最小全点木を求める Prim のアルゴリズムを実装し，様々なネットワークを入力として与えて，得られた結果の正しいことを確かめよ．

第10章　最大フローと最小カット

本章では，ネットワークアルゴリズムの中核をなす最大フローアルゴリズムを取り上げる．本章の目標は，フローとカットの概念を理解し，残容量ネットワークを用いたフォード–ファルカーソンの最大フローアルゴリズムを理解することである．さらに，最大フロー最小カット定理および整数定理を理解することも目標である．

10.1　最大フローと最小カットの定義

有向グラフ G の各辺 $e = (v, w) \in E(G)$ に正の**容量** (capacity) $\text{cap}(e)$ が付随し，**入口** (source) $s \in V(G)$ と**出口** (sink) $t \in V(G)$ が指定されたネットワーク $N = (G, \text{cap}, s, t)$ において，**フロー** (flow) f は，以下の二つの条件を満たす辺集合 $E(G)$ から非負集合 $\mathbf{R}_+$ への関数 $f : E(G) \to \mathbf{R}_+$ として定義される（図10.1）．

(a) 任意の辺 $e \in E(G)$ に対して，$0 \leq f(e) \leq \text{cap}(e)$ である．

(b) s, t を除く任意の点 $v \in V(G) - \{s, t\}$ に対して以下が成立する．

$$\sum_{e \in \delta^-(v)} f(e) = \sum_{e \in \delta^+(v)} f(e).$$

ここで，$\delta^-(v)$ と $\delta^+(v)$ はそれぞれ，1.2節でも述べたように，$v \in V(G)$ を終点と始点とする N の辺の集合である．条件 (a) は**容量制約** (capacity constraint) とも呼ばれ，各辺を流れるフローの値が容量以下であることを示している．条件 (b) は**流量保存制約** (conservation constraint) とも呼ばれ，入口・出口を除いて，流量の保存則（流入量＝流出量）が成立することを示している．したがって，条件

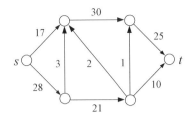
(a) ネットワーク$N=(G,\mathrm{cap},s,t)$

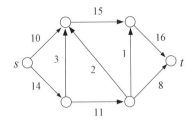
(b) $N=(G,\mathrm{cap},s,t)$の流量24のフローf

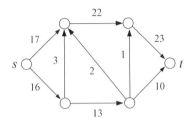
(c) $N=(G,\mathrm{cap},s,t)$の流量33の最大フローf^*

図 **10.1** ネットワーク $N=(G,\mathrm{cap},s,t)$ と流量 24 のフロー f と流量 33 の最大フロー f^*

(b) は,
$$K = \sum_{e \in \delta^+(s)} f(e) - \sum_{e \in \delta^-(s)} f(e)$$
とおけば,
$$K = \sum_{e \in \delta^-(t)} f(e) - \sum_{e \in \delta^+(t)} f(e)$$
が成立することを意味している. すなわち, 入口 s からネットワークに入り込むフローの正味量 K は (途中の点に停留することはないので) 出口 t に集まるフローの正味量に等しい. この K をフロー f の**流量** (value) といい, $\mathrm{value}(f)$ と表記する.

入口 s から出口 t への流量最大のフローを**最大フロー** (maximum flow) という (図 10.1(c)). 与えられたネットワーク $N=(G,\mathrm{cap},s,t)$ の最大フローを求める問題が, **最大フロー問題** (maximum flow problem) である.

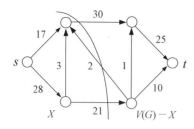 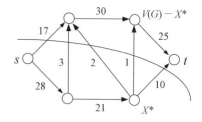

(a) $N=(G,\mathrm{cap},s,t)$ の容量51のs-tカットX　　(b) $N=(G,\mathrm{cap},s,t)$ の容量33の最小s-tカットX^*

図 10.2　図 10.1(a) のネットワーク $N = (G, \mathrm{cap}, s, t)$ の $\mathrm{cap}(X) = 51$ の s-t カット X と $\mathrm{cap}(X^*) = 33$ の最小 s-t カット X^*

ネットワーク $N = (G, \mathrm{cap}, s, t)$ において，入口 s と出口 t を分離する G のカット $X \subseteq V(G)$ （すなわち，$s \in X, t \in V(G) - X$ となる点の部分集合 $X \subseteq V(G)$）に対して，

$$E(X, V(G) - X) = \{(v, w) \in E(G) \mid v \in X, w \in V(G) - X\}$$

を s-t カット (s-t-cut) という（本書では，簡略化して，X を s-t カットと呼ぶことも多い）．s-t カット $E(X, V(G) - X)$ の容量 (capacity) を $\mathrm{cap}(X)$ と表記する．すなわち，

$$\mathrm{cap}(X) = \sum_{e \in E(X, V(G)-X)} \mathrm{cap}(e)$$

である．容量最小の s-t カットを最小 s-t カット (minimum s-t-cut) という（図 10.2）．与えられたネットワーク $N = (G, \mathrm{cap}, s, t)$ の最小 s-t カットを求める問題が，最小カット問題 (minimum cut problem) である．

10.2　最大フロー最小カット定理

ネットワーク $N = (G, \mathrm{cap}, s, t)$ の任意のフロー f と任意の s-t カット X に対して，f の流量は s-t カット X の容量以下である．すなわち，以下の補題が成立する．

補題 10.1 ネットワーク $N = (G, \mathrm{cap}, s, t)$ の任意のフロー f と任意の s-t カット $E(X, V(G) - X)$ に対して，$\mathrm{value}(f) \leq \mathrm{cap}(X)$ が成立する．

証明 入口・出口を除いたすべての点での流量保存制約により,

$$\text{value}(f) = \sum_{e=(v,w) \in E(X, V(G)-X)} f(e) - \sum_{e=(u,v) \in E(V(G)-X, X)} f(e) \tag{10.1}$$

となる（演習問題）ことに注意すれば，すべての辺の容量制約により,

$$\begin{aligned}\text{value}(f) &\leq \sum_{e=(v,w) \in E(X, V(G)-X)} f(e) \\ &\leq \sum_{e=(v,w) \in E(X, V(G)-X)} \text{cap}(e) \\ &= \text{cap}(X)\end{aligned}$$

が得られる. □

図 10.1(a)（図 10.2(a)）のネットワーク $N = (G, \text{cap}, s, t)$ では，図 10.1(c) の最大フローの流量と図 10.2(b) の最小 s-t カットの容量は等しい．これはこのネットワークに特有な性質ではなく，一般に最大フロー f と最小 s-t カット X を選ぶと補題 10.1 の不等式は等式で成立する．すなわち，以下の**最大フロー最小カット定理** (max-flow min-cut theorem) が成立する（証明は後述する）.

定理 10.2（最大フロー最小カット定理）ネットワーク $N = (G, \text{cap}, s, t)$ の最大フロー f と最小 s-t カット X に対して，$\text{value}(f) = \text{cap}(X)$ が成立する.

最大フロー最小カット定理の証明と最大フローを求めるアルゴリズムのために必要な概念を一つ導入する．本書ではこれ以降，ネットワーク $N = (G, \text{cap}, s, t)$ のフロー f を図示するとき，各辺 $e \in E(G)$ のそばに $f(e)/\text{cap}(e)$ と書いて表示することにする．たとえば，図 10.1(a) のネットワーク $N = (G, \text{cap}, s, t)$ での図 10.1(b) のフロー f を図 10.3(a) のように図示する．

10.3 残容量ネットワークと増加パス

ネットワーク $N = (G, \text{cap}, s, t)$ のフロー f に対して，各辺 $e \in E(G)$ の残っている容量は，（辺 e に沿ってすでに $f(e)$ だけ流しているので）さらに流せる値の $\text{cap}(e) - f(e)$ である．したがって，この値を辺 $e \in E(G)$ の残容量 $\text{cap}_f(e)$ と見なすのは自然である．ここでは，さらに，各辺 $e \in E(G)$ に対して逆向きの仮想的な辺 e^R も考えて，辺 e^R の残容量 $\text{cap}_f(e^R)$ を $f(e)$ と考える．すなわち，辺 e^R に沿っ

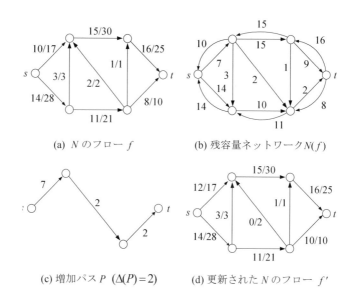

図 10.3　残容量ネットワークと増加パス

てさらに $f(e)$ だけ流せると考える．これは，e^R が辺 e の逆向きの辺であるので，辺 e^R に沿って流すことは e の流れている値を減らすことに対応し，最大 $f(e)$ だけ辺 e^R に沿って流せる（辺 e に沿って $f(e)$ だけ減らせる）ことを意味する．すると，フロー f に関する**残容量ネットワーク** (residual network) $N(f) = (G(f), \mathrm{cap}_f, s, t)$ は，残容量が正の辺からなるグラフ $G(f)$ の各辺 $a \in E(G(f))$ に残容量 $\mathrm{cap}(a) > 0$ を割り当てたネットワークとして定義される．すなわち，

$$V(G(f)) = V(G),$$
$$E(G(f)) = \{e \in E(G) \mid f(e) < \mathrm{cap}(e)\} \cup \{e^R \mid e \in E(G),\ f(e) > 0\},$$
$$\mathrm{cap}_f(e) = \mathrm{cap}(e) - f(e) \quad (e \in E(G),\ f(e) < \mathrm{cap}(e)),$$
$$\mathrm{cap}_f(e^R) = f(e) \quad\quad\quad\quad (e \in E(G),\ f(e) > 0)$$

として定義される（図 10.3(b)）．

　フロー f に関する残容量ネットワーク $N(f)$ における s から t へのパス P は f に関する**増加パス** (augmenting path) と呼ばれる．実際，P 上の辺の残容量の最小値を $\Delta(P)$ とし，各辺 $e \in E(G)$ を流れるフロー f を，

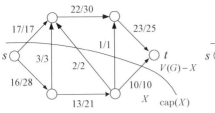
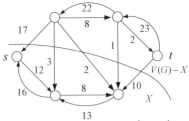

(a) 最大フロー $f(f(e)/\mathrm{cap}(e))$ と
最小カット $E(X, V(G)-X)$ の容量$\mathrm{cap}(X)$

(b) 残容量ネットワーク $N(f)\,(\mathrm{cap}_f(e))$ と
s から到達可能な点の集合X

図 **10.4** ネットワーク N の最大フロー f ($\mathrm{value}(f) = 33$) と最小カット $E(X, V(G)-X)$ ($\mathrm{cap}(X) = 33$). (b) 残容量ネットワーク $N(f)$ で s から到達可能な点の集合 X

$$f'(e) := \begin{cases} f(e) + \Delta(P) & (e \in P) \\ f(e) - \Delta(P) & (e^R \in P) \\ f(e) & (e, e^R \notin P) \end{cases}$$

と更新すれば，f' も N のフローとなり，かつ $\mathrm{value}(f') = \mathrm{value}(f) + \Delta(P)$ ($\Delta(P) > 0$ に注意) となるので流量を増加できるからである (図10.3(c),(d))．したがって，f が N の最大フローならば，f に関する増加パスは存在しない．実は逆も言える．

定理 10.3 ネットワーク $N = (G, \mathrm{cap}, s, t)$ において，フロー f が最大フローであるための必要十分条件は，f に関する増加パスが存在しないことである．

証明 必要性は上述したとおりであるので，十分性のみを示す．

f に関する増加パスがなかったとする．すると，f の残容量ネットワーク $N(f)$ において，s から t へのパスは存在しない．そこで，図 10.4 に示しているように，$N(f)$ で s から到達できる点の集合を X とする．定義により，$s \in X$ かつ $t \in V(G)-X$ である．さらに，s-t カット $E(X, V(G)-X)$ に含まれる任意の N の辺 $e = (v, w)$ ($v \in X$, $w \in V(G)-X$) に対して，$\mathrm{cap}_f(e) = \mathrm{cap}(e) - f(e) = 0$ である ($\mathrm{cap}_f(e) > 0$, すなわち，$\mathrm{cap}(e) > f(e)$ とすると，辺 $e = (v, w)$ が $N(f)$ に存在することになり，辺 $e = (v, w)$ をたどって w へも到達可能になって，$w \in X$ となってしまうので X の定め方に矛盾するからである)．同様に，任意の N の辺 $e = (v, w)$ ($v \in V(G)-X$, $w \in X$) に対しても，$\mathrm{cap}_f(e^R) = f(e) = 0$ であることが得られる．したがって，補題 10.1 の証明で用いた議論と同様の議論により，

$$\mathrm{value}(f) = \mathrm{cap}(X) \tag{10.2}$$

が得られる．一方，任意のフロー f' および任意の s-t カット X' に対して，補題 10.1 によ

り，value$(f') \leq$ cap$(X) =$ value$(f) \leq$ cap(X') となるので，f は最大フローであり X は最小 s-t カットである． □

10.4　フォード–ファルカーソンの最大フローアルゴリズム

　定理 10.3 の証明は，定理 10.2 の最大フロー最小カット定理の証明にもなっていることに注意しよう．すなわち，最大フロー f に関する増加パスは存在しない（f の残容量ネットワーク $N(f)$ において s から t へのパスは存在しない）ので，$N(f)$ で s から到達できる点の集合を X とすると，定理 10.3 の証明から，式 (10.2) の value$(f) =$ cap(X) が得られるからである．

　さらに，この定理は，二部グラフの最大マッチングを特徴付ける補題 6.1 に類似していることにも注意しよう．実は補題 6.1 の一般化になっているのであるが，それについては後で述べる．したがって，空集合から出発して，増加パスに基づいてマッチングに含まれる辺数を増やして，最終的に二部グラフの最大マッチングを求めることができたように，ネットワーク $N = (G = (V, E), \text{cap}, s, t)$ のゼロフロー f（どの辺 $e \in E(G)$ でもフロー $f(e)$ が 0 である状態）から出発して，増加パスを見つけそのパスに沿って，最大限フローを増加し，増加パスがなくなるまでこれを繰り返すと，（原理的には）N の最大フローが得られる．実際，Ford-Fulkerson（フォード–ファルカーソン）による最大フローアルゴリズムはそのとおりで，正確には以下のように書ける．

Ford-Fulkerson の最大フローアルゴリズム

1. $f := 0$ （すなわち，各辺 $e \in E$ に対して $f(e) := 0$) とおく．
2. (a) f に関する残容量ネットワーク $N(f)$ を作る．
   (b) $N(f)$ において s から t へのパス P を求める．
   　(b-i) そのようなパスが存在しないときは f が最大フローになるので終了する．
   　(b-ii) s から t へのパス P が存在するときは，
   $$\Delta(P) = \min\{\text{cap}_f(a) \mid a \in P\} > 0$$
   を求め，P 上の各辺の流量を $\Delta(P)$ だけ増加する．すなわち，

$$f(e) := \begin{cases} f(e) + \Delta(P) & (e \in P) \\ f(e) - \Delta(P) & (e^R \in P) \end{cases}$$

と更新する．そして (a) に戻る．

図 10.5 は Ford-Fulkerson のアルゴリズムの実行例である．以下はその図 (a)〜(h) の説明である．(a) 与えられたネットワーク N，(b) 最初の反復での残容量ネットワークと増加パス P_1，(c) 2 回目の反復の開始時の残容量ネットワークと増加パス P_2，(d) 3 回目の反復の開始時の残容量ネットワークと増加パス P_3，(e) 4 回目の反復の開始時の残容量ネットワークと増加パス P_4，(f) 5 回目の反復の開始時の残容量ネットワークと増加パス P_5，(g) 6 回目の反復の開始時の残容量ネットワーク（X は s から到達可能な点の集合で増加パスは存在しない），(h) 得られた流量 33 の最大フロー（$f(e)/\text{cap}(e)$ と表示）と容量 33 の最小 s-t カット $E(X, V(G) - X)$（太線で表示）．

ネットワーク $N = (G, \text{cap}, s, t)$ においてすべての辺 $e \in E(G)$ の容量 $\text{cap}(e)$ が整数のときには，Ford-Fulkerson の最大フローアルゴリズムで得られる残容量ネットワークの残容量と増加パス P の $\Delta(P)$ が整数となるので，以下の**整数性定理** (integrality theorem) も成立する．

定理 10.4 ネットワーク $N = (G, \text{cap}, s, t)$ において，すべての辺 $e \in E(G)$ の容量 $\text{cap}(e)$ が整数のときは，どの辺 e でもフロー $f(e)$ が整数となるような最大フロー f が存在する．

10.5 二部グラフの最大マッチングと最大フローの関係

二部グラフの最大マッチング問題は，最大フロー問題の特殊ケースである．実際，以下のようにして，最大マッチング問題を最大フロー問題に変換できる．

二部グラフ $G = (V_1, V_2, E)$ の各辺は V_1 の点を始点，V_2 の点を終点とする有向辺と見なし，さらに二つの新しい点 s, t と，s から V_1 のすべての点へ向かう新しい辺，および V_2 のすべての点から t に向かう新しい辺を付け加えて得られるグラフを $H = (V(H), E(H))$ とおく．すなわち，

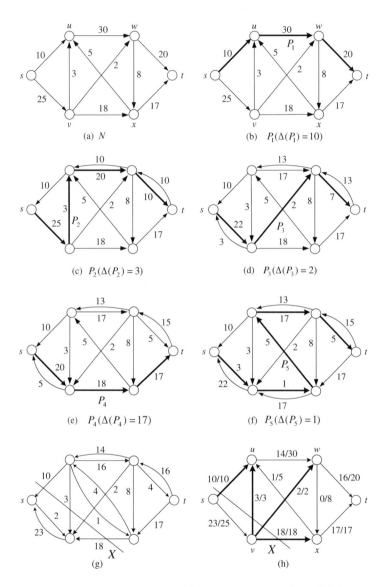

図 **10.5** Ford-Fulkerson の最大フローアルゴリズムの実行例

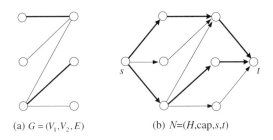

(a) $G = (V_1, V_2, E)$ (b) $N = (H, \text{cap}, s, t)$

図 10.6 (a) 二部グラフ $G = (V_1, V_2, E)$ の最大マッチング M（太線），(b) ネットワーク N の最大フロー f（太線の辺 e のみ $f(e) = 1$）

$$V(H) = V_1 \cup V_2 \cup \{s, t\},$$
$$E(H) = E \cup \{(s, w) \mid w \in V_1\} \cup \{(u, t) \mid u \in V_2\}$$

である．そして H のすべての辺 e の容量を $\text{cap}(e) = 1$ として得られるネットワークを $N = (H, \text{cap}, s, t)$ とする（図 10.6）．

すると，s から t への 0,1-整数フロー f（各辺 $e \in E(H)$ のフロー $f(e)$ が 0 または 1）に対して，G のマッチング M_f を，

$$M_f = \{e \in E \mid f(e) = 1\}$$

として定めることができる．実際，H のすべての辺の容量が 1 であるので，N の整数フロー f に対して，G の各辺 $e \in E$ のフロー $f(e)$ は $f(e) = 0$ または $f(e) = 1$ である．さらに，辺 $(s, w), (u, t)$ の容量が 1 であるので，端点を共有する辺は M_f には存在せず，M_f は G のマッチングであり，$|M_f| = \text{value}(f)$ が成立する．

逆に，G のマッチング M から N の整数フロー f_M を，$e \in M$ または $e = (s, w), (w, t)$ で w が M でマッチされているとき $f_M(e) = 1$ とし，そうでないとき，すなわち，$e \in E - M$ または $e = (s, w), (w, t)$ で w が M でマッチされていないとき $f_M(e) = 0$ として定義できる．このときも，$|M| = \text{value}(f_M)$ である．

このように H の 0,1-整数フローと G のマッチングには一対一対応が存在し，0,1-整数フローの流量とマッチングの辺数が等しい．したがって，最大 0,1-整数フローと最大マッチングが対応する．H の辺の容量はすべて 1 で整数であるので，

定理 10.4 の整数性定理から H の最大フロー f と G の最大マッチングが対応する．

上記の対応に注意すれば，フロー f に関する残容量ネットワーク $N(f)$ は（s に入る辺および t から出る辺がすべて除去されている点を除けば），マッチング f_M に関する補助グラフ $G(f_M)$ となり，増加パスが存在しないことが最大フローであるという最大フローの増加パスに基づく特徴付けはそのまま，増加パスが存在しないことが最大マッチングであるという最大マッチングの増加パスに基づく特徴付けとなる．また，二部グラフ G の最大マッチングを求める Hopcroft-Karp のアルゴリズムは，次章で述べる N の最大フローを求める Dinic（ディニッツ）のアルゴリズムに一致することも理解できることになる．

10.6 フォード–ファルカーソンの最大フローアルゴリズムのプログラム

最大フローを求める Ford-Fulkerson のアルゴリズムのプログラムを以下に載せておく．なお，そこで用いている関数の説明は以下のとおりである．

`flow_network_input()` は，入力する有向ネットワークの点数 n と辺数 m をまず読み込み記憶し，次に各有向辺 $e \in E(G)$ の始点と終点および容量を読み込み，始点を head[2*e-1] に，終点を head[2*e] に，容量を rescap[2*e] に記憶し（rescap[2*e-1]=0 とする），さらに，入口 s と出口 t を読み込み記憶する関数である．したがって，2*e は e に対応し，2*e-1 は e の逆向きの仮想的辺 e^R に対応する．`flow_network_input()` で使用する領域は，配列の head，rescap で $4m$ である．なお，簡単化のため，入口 s を終点とする有向辺はないものと仮定する．

`flow_incidence_list_construct()` は，有向辺 e に対応する有向辺 2*e と e の逆向きの仮想的辺 e^R に対応する有向辺 2*e-1 を全部考えて，各点を始点とする辺のリストを構成する関数である（ライブラリプログラム StandardStructLibrary.h にある無向グラフの標準的データ構造を構成する関数と本質的に同じである）．`flow_incidence_list_construct()` で使用する領域は，配列の edgefirst，edgenext で $n+2m$ である．

`max_flow_output()` は得られた最大フローにおける各辺のフローを出力する関数であり，`min_cut_output(path)` は得られた最小 s-t カットを出力する関数である．

なお，これらの関数は次章でも用いるので，ライブラリプログラム FlowLibrary.h

10.6 フォード–ファルカーソンの最大フローアルゴリズムのプログラム

として登録しておく．

augmentation(path) は，残容量ネットワークで関数 dfs(v,path) を再帰的に呼んで深さ優先探索して，増加パスが存在するかどうかを判定し，増加パス P が存在することがわかったときには，そのパス P に沿って $\Delta(P)$ だけフローを増やす関数である．

したがって，Ford-Fulkerson の最大フローアルゴリズムのプログラム fordfulkerson.c で使用する領域は，増加パスを表すのに用いる配列 path の領域 n も含めると，$2n + 6m$ である．スタックを明示的に用いて関数 dfs(v,path) の再帰呼び出しを展開した形式のプログラムにすると，さらに最大で $2n$ の領域を（明示的に）必要とする．

```
// フローのライブラリプログラム FlowLibrary.h
int head[e2maxsize+1], rescap[e2maxsize+1];
int edgefirst[vmaxsize+1], edgenext[e2maxsize+1];
int m, n, s, t;
void flow_network_input(void){
    int e, efwd, ebk;
    printf("入力するデータは有向ネットワークのデータです\n");
    printf("有向ネットワークの点数 n と辺数 m を入力してください\n");
    scanf("%d %d", &n, &m);
    printf("m 本の各辺の始点と終点および容量を入力してください\n");
    for (e = 1; e <= m; e++) {// 入口を終点とする辺 e は存在しないと仮定
        efwd = e * 2; ebk = efwd-1;// efwd は e に対応し ebk は逆向きの仮想的辺に対応
        scanf("%d %d %d", &head[ebk], &head[efwd], &rescap[efwd]);
        rescap[ebk]=0;
    }
    printf("入口 s と出口 t を入力してください\n");
    scanf("%d %d", &s, &t);
    printf("有向ネットワークの点数 n=%d, 辺数 m=%d \n",n,m);
}
void flow_incidence_list_construct(void){// 接続辺リストを構成する関数
    int e, efwd, ebk, v, v1, v2;
    for (v = 1; v <= n; v++) edgefirst[v] = 0; // 空のリストに初期設定
    for (e = m; e >= 1; e--) {// 辺 e を逆順に見ていきながらリストの先頭に挿入
        efwd = e * 2; ebk = efwd-1; // efwd は e に対応し ebk は逆向きの仮想的辺に対応
        v1 = head[ebk];  edgenext[efwd] = edgefirst[v1]; edgefirst[v1] = efwd;
        v2 = head[efwd]; edgenext[ebk] = edgefirst[v2];  edgefirst[v2] = ebk;
    }
}
void flow_incidence_list_output(void){// 接続辺リストを出力する関数
int a, k, v;
    printf("\n 各点を始点とする辺のリスト\n");
    printf("点 v: v を始点とする辺（その終点）の並び\n");
```

```
        for (v = 1; v <= n; v++) {// 各点 v を始点とする辺のリストの出力
            printf("%3d:   ", v);
            a = edgefirst[v];
            k = 0;
            while (a != 0) {
                printf("%3d (%3d)  ", a, head[a]);
                k++; if (k % 10 == 0) printf("\n       ");
                a = edgenext[a];
            }
            printf("\n");
        }
    }
    void max_flow_output(void){
        int e, cap, value;
        printf("\n 入口%d から出口%d への最大フロー f\n", s, t);
        value=0;
        for (e = 1; e <= m; e++) {
            cap = rescap[2*e-1]+rescap[2*e];
            printf("辺%2d  始点%2d  終点%2d  容量%2d    f(%2d)=%2d \n",
                    e, head[2*e-1], head[2*e], cap, e, rescap[2*e-1]);
            if (head[2*e-1] == s) value=value+rescap[2*e-1];
        }
        printf("最大フロー f の流量 = %2d\n", value);
    }
    void min_cut_output(int path[]){
        int e, cap, capsum, v;
        printf("\n 最小%d-%d カット X\n", s, t);
        printf("X={");
        for (v = 1; v <= n; v++) {
            if (path[v] != unvisited) printf("%2d ",v);
        }
        printf("}\n");
        capsum=0;
        for (e = 1; e <= m; e++) {
            if (path[head[2*e-1]] != unvisited && path[head[2*e]] == unvisited) {
                cap= rescap[2*e-1]+rescap[2*e];
                printf("辺%2d  始点%2d  終点%2d  容量%2d    f(%2d)=%2d \n",
                        e, head[2*e-1], head[2*e], cap, e, rescap[2*e-1]);
                capsum=capsum+cap;
            }
        }
        printf("最小%d-%d カット X の容量 = %2d\n",s,t,capsum);
    }


// Ford-Fulkerson の最大フローアルゴリズムのプログラム fordfulkerson.c
#include <stdio.h>
#define vmaxsize         100
#define emaxsize         400
```

10.6 フォード−ファルカーソンの最大フローアルゴリズムのプログラム

```c
#define e2maxsize         800
#define unvisited         -1
#define true              1
#define false             0
#include"FlowLibrary.h"
int t_found; // 増加パスが発見されると true になる
int counter; // 発見された増加パスの個数
void dfs(int v, int path[]){// v からの深さ優先探索
   int afwd, abk, w;
   afwd = edgefirst[v];
   while (afwd != 0 && rescap[afwd] == 0) afwd = edgenext[afwd];
   while (t_found == false && afwd != 0) {// 増加パスはまだ発見されいない限り
      w = head[afwd];
      if (path[w] == unvisited) {// w が未訪問であったら w へ前進
         abk = afwd+1; // abk は afwd の逆向きの辺
         if (afwd % 2 ==0) abk = afwd-1;
         path[w] = abk; // afwd の逆向きの辺 abk を path[w] に記憶する
         if (w != t) dfs(w,path); // w からの深さ優先探索へ進む
         else {// w == t なので増加パス P が見つかった
            t_found=true; // dfs(v,path) の強制終了へ
         }
      }
//    else {// path[w] != unvisited) なので
//          // w からは増加パスで t へは到達できないことがすでにわかっている
//       afwd = edgenext[afwd]; //v を始点とする次の辺に移る
//    }
      if (t_found == false) { // dfs(v,path) が強制終了になっていないときのみ
         afwd = edgenext[afwd]; //次の辺に移る
         while (afwd != 0 && rescap[afwd] == 0) afwd = edgenext[afwd];
      }
   }
}
void augmentation(int path[]){
   int afwd, abk, v, w, delta, cap;
   t_found=false;
   for (v = 1; v <= n; v++) path[v] = unvisited;
   path[s]=0;
   dfs(s,path); //s からの深さ優先探索で t への増加パスを探す
   if (t_found == true) {// 増加パス P の辺を逆にたどり delta=Δ (P) を求める
      counter++;
      abk=path[t]; //abk は P の最後の辺の逆向きの辺で t は辺 abk の始点
      afwd = abk+1;
      if (abk % 2 == 0) afwd = abk-1; // afwd は P の最後の辺で t は afwd の終点
      delta = rescap[afwd];
      v = head[abk]; // v は afwd の始点
      while (v != s) {// s に到達するまで P を逆にたどる
         abk = path[v]; // abk は P の辺の逆向きの辺
         v = head[abk];
         afwd = abk+1;
```

```
            if (abk % 2 == 0) afwd = abk-1; // afwd は P の辺
            if (delta > rescap[afwd]) delta = rescap[afwd];
               // delta は最終的には delta=Δ (P) となる
        }
        printf("\n");
        printf("Δ (P%d)= %d\n", counter,delta);
        v = t;
        while (v != s) {// 増加パスに沿って delta=Δ (P) だけフローを送り込む
            abk = path[v]; // abk は P の辺の逆向きの辺
            v = head[abk];
            afwd = abk+1;
            if (abk % 2 == 0) afwd = abk-1; // afwd は P の辺
            cap = rescap[afwd]+rescap[abk];
            rescap[afwd] = rescap[afwd]-delta;
            rescap[abk] = rescap[abk]+delta;
            if (afwd % 2 ==0) {// afwd は N の本来の辺
                printf("辺%2d 始点%2d 終点%2d 容量%2d  f(%2d):%2d --> %2d\n",
                    afwd/2, head[abk], head[afwd], cap, afwd/2,
                    rescap[abk]-delta, rescap[abk]);
            }
            else {// afwd は N にはなかった仮想的な辺で本来の辺 abk の逆向きの辺
                printf("辺%2d 始点%2d 終点%2d 容量%2d  f(%2d):%2d --> %2d\n",
                    abk/2, head[afwd], head[abk], cap, abk/2,
                    rescap[afwd]+delta, rescap[afwd]);
            }
        }
    }
}
int main(void){
    int path[vmaxsize+1];
    t_found = true; // 増加パスがある可能性があるので true に設定
    flow_network_input();
      // ネットワークの辺数 m, 点数 n, 入口 s, 出口 t, 各辺の始点, 終点, 容量が決定される
    flow_incidence_list_construct(); // 各点を始点とする接続辺リストが構成される
    counter=0; // 発見された増加パスの個数は 0 個に初期設定
    while (t_found) {//
        augmentation(path); // t_found を false に設定して増加パスを探し, 増加パス P が
                           // 発見されたら true になり, P に沿ってフローを流す
    }
    max_flow_output();
    min_cut_output(path);
    return 0;
}
```

図 10.7 は, 上記のプログラムに図 10.5(a) のネットワーク ($s = 1$, $u = 2$, $v = 3$, $w = 4$, $x = 5$, $t = 6$) のデータを入力として与えたときの実行結果 (出力) である. 図 10.5 の (b)〜(h) に対応する結果が得られていることを注意しよう.

10.6 フォード–ファルカーソンの最大フローアルゴリズムのプログラム

```
6 10
1 2 10
1 3 25
3 2 3
2 4 30
3 4 2
3 5 18
4 6 20
4 5 8
5 6 17
5 2 5
1 6
```

```
入力するデータは有向ネットワークのデータです
有向ネットワークの点数 n と辺数 m を入力してください
m 本の各辺の始点と終点および容量を入力してください
入口 s と出口 t を入力してください
有向ネットワークの点数 n=6, 辺数 m=10

Δ(P1)= 10
辺 7   始点 4   終点 6   容量 20   f( 7): 0 --> 10
辺 4   始点 2   終点 4   容量 30   f( 4): 0 --> 10
辺 1   始点 1   終点 2   容量 10   f( 1): 0 --> 10

Δ(P2)= 3
辺 7   始点 4   終点 6   容量 20   f( 7):10 --> 13
辺 4   始点 2   終点 4   容量 30   f( 4):10 --> 13
辺 3   始点 3   終点 2   容量 3    f( 3): 0 -->  3
辺 2   始点 1   終点 3   容量 25   f( 2): 0 -->  3

Δ(P3)= 2
辺 7   始点 4   終点 6   容量 20   f( 7):13 --> 15
辺 5   始点 3   終点 4   容量 2    f( 5): 0 -->  2
辺 2   始点 1   終点 3   容量 25   f( 2): 3 -->  5

Δ(P4)= 17
辺 9   始点 5   終点 6   容量 17   f( 9): 0 --> 17
辺 6   始点 3   終点 5   容量 18   f( 6): 0 --> 17
辺 2   始点 1   終点 3   容量 25   f( 2): 5 --> 22

Δ(P5)= 1
辺 7   始点 4   終点 6   容量 20   f( 7):15 --> 16
辺 4   始点 2   終点 4   容量 30   f( 4):13 --> 14
辺 10  始点 5   終点 2   容量 5    f(10): 0 -->  1
辺 6   始点 3   終点 5   容量 18   f( 6):17 --> 18
辺 2   始点 1   終点 3   容量 25   f( 2):22 --> 23

入口 1 から出口 6 への最大フロー f
辺 1   始点 1   終点 2   容量 10   f( 1)=10
辺 2   始点 1   終点 3   容量 25   f( 2)=23
辺 3   始点 3   終点 2   容量 3    f( 3)= 3
辺 4   始点 2   終点 4   容量 30   f( 4)=14
辺 5   始点 3   終点 4   容量 2    f( 5)= 2
辺 6   始点 3   終点 5   容量 18   f( 6)=18
辺 7   始点 4   終点 6   容量 20   f( 7)=16
辺 8   始点 4   終点 5   容量 8    f( 8)= 0
辺 9   始点 5   終点 6   容量 17   f( 9)=17
辺 10  始点 5   終点 2   容量 5    f(10)= 1
最大フロー f の流量 = 33

最小 1-6 カット X
X={ 1   3 }
辺 1   始点 1   終点 2   容量 10      f( 1)=10
辺 3   始点 3   終点 2   容量 3       f( 3)= 3
辺 5   始点 3   終点 4   容量 2       f( 5)= 2
辺 6   始点 3   終点 5   容量 18      f( 6)=18
最小 1-6 カット X の容量 = 33
```

図 10.7 左の箱のデータを入力として与えたときのプログラムの出力(右の箱)

10.7 演習問題

10.1 フロー f の流量 $\mathrm{value}\,(f)$ が式 (10.1) で述べているように,

$$\mathrm{value}\,(f) = \sum_{e=(v,w)\in E(X,V(G)-X)} f(e) - \sum_{e=(u,v)\in E(V(G)-X,X)} f(e)$$

と書けることを示せ.

10.2 下図のネットワーク N で入口 1 から出口 6 への最大フローを Ford-Fulkerson のアルゴリズムを用いて求めよ. 図 10.5 の実行例のような図を書くこと. また最小 1-6-カットも求めよ.

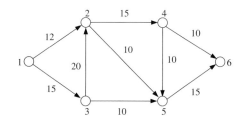

第11章　ディニッツの最大フローアルゴリズム

> 本章の目標は，残容量ネットワークに対して幅優先探索を用いてレベルネットワークを構成し，そのレベルネットワークで深さ優先探索をして残容量ネットワークの極大フローを求め，これを反復して最大フローを求めるディニッツのアルゴリズムについて理解することである．

11.1　レベルネットワークと極大フロー

Ford-Fulkerson のアルゴリズムは，辺の容量が無理数であると反復が有限回で終了しなかったり，誤った値に収束したりする．また辺の容量がすべて整数であるとしても反復回数が辺の容量に比例するときもある．したがって，Ford-Fulkerson のアルゴリズムは多項式オーダーのアルゴリズムとは言えない．

これに対して，Dinic（ディニッツ）と Edmonds-Karp（エドモンズ–カープ）は辺数最小の増加パスを選ぶことでこれらの問題点を解消した．とくに，Dinic は，最初に残容量ネットワーク $N(f) = (G(f), \text{cap}_f, s, t)$ のグラフ $G(f)$ で幅優先探索して，各点 v に対して入口 s からの距離（辺数最小のパスに含まれる辺数）$\text{level}[v]$ を求めて，level が 1 増える点に向かう辺，すなわち，$\text{level}[w] = \text{level}[v] + 1$ を満たす辺 $e = (v,w) \in E(G(f))$, のみからなるレベルグラフ (level graph) $G_L(f)$ の各辺 e に残容量 $\text{cap}_f(e) > 0$ を付随させたネットワークのレベルネットワーク (level network)（図 11.1）を構成した[1]．このレベルネットワークを $N_L(f) = (G_L(f), \text{cap}_f, s, t)$ と表記する．そして，Dinic は，このレベルネットワーク $N_L(f) = (G_L(f), \text{cap}_f, s, t)$ 上での極大フロー f'' を求め，フロー f を，

---
[1] $E(G_L(f)) = \{(v,w) \in E(G(f)) \mid \text{level}[w] = \text{level}[v] + 1\}$ である．

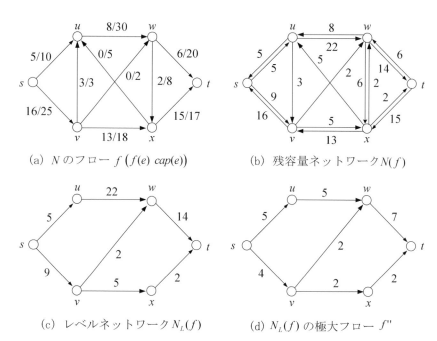

図 11.1 ネットワーク N のフロー f（図 (a) では各辺 e のそばに $f(e)/\mathrm{cap}(e)$ と表示）に関する残容量ネットワーク $N(f)$ とレベルネットワーク $N_L(f)$ の極大フロー f''

$$f(a) := \begin{cases} f(a) + f''(a) & (a \in E_L(f)) \\ f(a) - f''(a^R) & (a^R \in E_L(f)) \end{cases}$$

と更新しながら，上記のことを $N(f)$ に s から t へのパスがなくなるまで繰り返して，最終的に N の最大フローを求める方法を提案した．

$N_L(f)$ から $f''(e) = \mathrm{cap}_f(e)$ となる辺 e をすべて除去すると s から t へのパスがなくなるとき，フロー f'' を $N_L(f)$ の**極大フロー** (maximal flow) という（ブロックフロー (blocking flow) とも呼ばれる）．

11.2 ディニッツの最大フローアルゴリズム

Dinic の最大フローアルゴリズムは，以下のように書ける．

11.2 ディニッツの最大フローアルゴリズム

Dinic の最大フローアルゴリズム

1. $f := 0$ とおく.
2. f に関する残容量ネットワーク $N(f)$ を作る.
3. $N(f)$ のレベルネットワーク $N_L(f)$ を求める. このとき $N_L(f)$ に s から t へのパス P が存在しないときは f は最大フローになり終了する.
4. $N_L(f)$ 上での**極大フロー** f'' を求め,

$$f(a) := \begin{cases} f(a) + f''(a) & (a \in E_L(f)) \\ f(a) - f''(a^R) & (a^R \in E_L(f)) \end{cases}$$

と更新して 2. に戻る.

4. において,$N_L(f)$ での極大フロー f'' は以下のようにして求める.

$N_L(f)$ の極大フロー f'' を求めるアルゴリズム

1. $N' := N_L(f)$ とする($N' = (G', \mathrm{cap}', s, t)$ と考える). $f'' = 0$ とおく.
2. $N' = (G', \mathrm{cap}', s, t)$ を s から深さ優先探索して s から t へのパス P を探す. N' に s から t へのパスが存在しないときは f'' は $N_L(f)$ の極大フローになり終了する.
3. s から t への N' のパス P が得られたときは,P 上の辺の残容量の最小値 $\Delta(P)$ を求めて,P 上の各辺 a に対して,

$$f''(a) := f''(a) + \Delta(P), \quad \mathrm{cap}'(a) := \mathrm{cap}'(a) - \Delta(P)$$

と更新する. さらに,このとき s からの深さ優先探索で探索された辺 $a = (v, w)$ の終点 w からの深さ優先探索で t へは到達不可能とわかった辺 a と P 上の辺 a で新しく残容量 $\mathrm{cap}'(a) = 0$ となった辺 a の集合を E'' とおいて,

$$G' := G' - E''$$

と更新して 2. に戻る.

11.2.1 ディニッツの最大フローアルゴリズムの実行例

図 11.2(a) のネットワークに対して Dinic の最大フローアルゴリズムにおける反復の様子（各反復で極大フローを求める様子）を図 11.2 の (b)〜(j) に示している．各図の説明は以下のとおりである．

(a) 与えられたネットワーク N，(b) 1 回目の反復でのレベルネットワーク N_L とその極大フロー f_1''（$f_1''(e)/\text{cap}(e)$ と表示），(c) 1 回目の反復の終了時のフロー f_1，(d) 2 回目の反復の開始時の残容量ネットワーク $N(f_1)$，(e) 2 回目の反復でのレベルネットワーク $N_L(f_1)$ とその極大フロー f_2''（$f_2''(e)/\text{cap}_{f_1}(e)$ と表示），(f) 2 回目の反復の終了時のフロー $f_2 = f_1 + f_2''$，(g) 3 回目の反復の開始時の残容量ネットワーク $N(f_2)$，(h) 3 回目の反復でのレベルネットワーク $N_L(f_2)$ とその極大フロー f_3''（$f_3''(e)/\text{cap}_{f_2}(e)$ と表示），(i) 3 回目の反復の終了時のフロー $f_3 = f_2 + f_3''$，(j) 4 回目の反復での残容量ネットワーク $N(f_3)$．s から到達可能な点の集合 X は $\{s, v\}$ となり，s から t へのパスは存在しないので，f_3 は流量 33 で N の最大フローであり，$X = \{s, v\}$ は容量 33 で最小 s-t カットである．

11.2.2 ディニッツの最大フローアルゴリズムの計算時間解析

Dinic の最大フローアルゴリズムの計算時間を解析する．

前述したように，3. では幅優先探索で $N_L(f)$ を求める．これは $O(n+m)$ 時間でできる．4. において，$N_L(f)$ での極大フロー f'' を求めるアルゴリズムでの計算時間の解析は以下のとおりである．

3. で G' から除去される辺 a は，パス P が見つかり $\text{cap}'(a) = \Delta(P)$ となる辺 $a \in P$ か，あるいは辺 $a = (v, w)$ をたどり点 w からの探索では t へは到達不可能とわかった時点での辺 a であるので，そのような辺 a はいずれも高々 n 本の辺を調べることで 1 本見つけることができる．すなわち，$O(n)$ 時間かければ辺は 1 本除去できるので，3. の計算時間は全体でも $O(mn)$ となる．$N_L(f)$ での極大フロー f'' を求める上記のアルゴリズムでは，3. が最も時間のかかる部分であるので，$N_L(f)$ での極大フロー f'' は $O(mn)$ 時間で得られる．

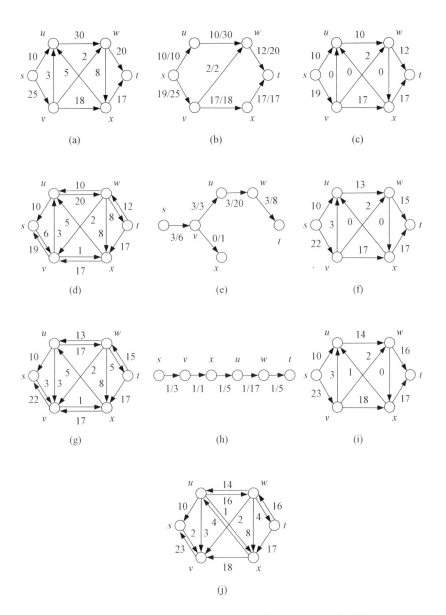

図 11.2 Dinic の最大フローアルゴリズムにおける反復の様子

Dinic の最大フローアルゴリズムでは，4. の反復は高々 n 回となる．それは以下の補題が成立するからである．証明は演習問題とする．

補題 11.1 レベルネットワーク $N_L(f)$ において，s から t へのパスの長さ level[t]（パスに含まれる辺数）は，2.～ 4. の反復ごとに 1 以上増加する．

以上により，Dinic のアルゴリズムの計算時間は $O(mn^2)$ であることが示せた．正当性は，定理 10.3 より明らかである．以上のことを定理としてまとめておく．

定理 11.2 ネットワーク $N = (G = (V, E), \text{cap}, s, t)$ の最大フローは，Dinic のアルゴリズムで $O(mn^2)$ 時間で求めることができる．

11.3　ディニッツの最大フローアルゴリズムのプログラム

Dinic の最大フローアルゴリズムのプログラムを以下に載せておく．なお，そこで用いている関数の説明は以下のとおりである．

関数の `flow_network_input()`，`flow_incidence_list_construct()`，`max_flow_output()` および `min_cut_output(path)` は，前章で述べたものと同一でありライブラリプログラム FlowLibrary.h に登録されている（使用する領域は，配列の path を除いて配列の head, rescap, edgefirst, edgenext で $n + 6m$ である）．前と同様に，ここでも入口を終点とする辺はないものと仮定する．

`level_graph(level)` は，残容量ネットワークを幅優先探索して各点のレベル（入口 s から各点への辺数最小のパスに含まれる辺数）を決定する関数（使用する領域は配列の queue で n）であり，t にレベルが付けられたときには，増加パスが存在することになり，`t_found` が true として返される．

`augmentation_dinic(current,path,level)` は，3. に対応する操作を行う関数である．すなわち，レベルネットワークで $v = s$ とおいて関数 `dfs_dinic(v,current,path,level)` を再帰的に呼んで深さ優先探索して，増加パスが存在するかどうかを判定し，増加パス P が存在することがわかったときには，そのパス P に沿って $\Delta(P)$ だけフローを増やすことを繰り返す関数である．

したがって，Dinic の最大フローアルゴリズムのプログラム dinic.c で使用する領域は，`level_graph(level)` と `augmentation_dinic(current,path,level)`

11.3 ディニッツの最大フローアルゴリズムのプログラム 149

で用いる配列の level, current, path の領域の $3n$ も含めると, $5n+6m$ である.

```c
// Dinic の最大フローアルゴリズムのプログラム dinic.c
#include <stdio.h>
#define vmaxsize        100
#define emaxsize        400
#define e2maxsize       800
#define unvisited        -1
#define true              1
#define false             0
#include"FlowLibrary.h"
int t_found; // 増加パスが発見されると true になる
int counter; // 発見された増加パスの個数
int level_graph(int level[]){
   int queue[vmaxsize+1];
   int a, v, w, front, rear, t_found;
   for (v = 1; v <= n; v++) level[v] = unvisited;
   rear = 1; front = 1;
   t_found=false;
   level[s] = 0; queue[rear] = s;
   while (front <= rear) {
      v = queue[front]; // v からの幅優先探索をする
      front++;
      a=edgefirst[v];
      while (a != 0) {
         if (rescap[a]==0) a = edgenext[a];
         else {// a は rescap[a]>0 なので残容量ネットワークの辺
            w = head[a];
            a = edgenext[a];
            if (level[w] == unvisited) {
               level[w] = level[v]+1;
               if (w != t){// w をキューの末尾に挿入
                  rear++; queue[rear]=w;
               }
               else {// t に到達したので強制終了する
                  t_found=true; front=rear+1; a=0;
               }
            }
         }
      }
   }
   return(t_found);
}
void dfs_dinic(int v, int current[], int path[], int level[]){
// v からの深さ優先探索
   int afwd, abk, u, w;
   if (current[v] == 0) {
      abk = path[v];
      u = head[abk];
```

```
            if (current[u] != 0) current[u] = edgenext[current[u]];
        }
        else {// current[v] != 0
            afwd = current[v];
            while (afwd != 0 && (level[head[afwd]] != level[v]+1 || rescap[afwd] == 0))
                afwd = edgenext[afwd];
            current[v]=afwd; // ここでたどる辺が決定された
            while (t_found == false && afwd != 0) {// 増加パスはまだ発見されいない
                w = head[afwd]; // w へと辺をたどる
                if (path[w] == unvisited) {// w が未訪問であったら w へ前進
                    abk = afwd+1;
                    if (afwd % 2 ==0) abk = afwd-1; // abk は afwd の逆向きの辺
                    path[w] = abk; // afwd の逆向きの辺 abk を path[w] に記憶する
                    if (w != t) dfs_dinic(w,current,path,level);
                        // w からの深さ優先探索へ進む
                    else {// w == t なので増加パス P が見つかった
                        t_found=true; // dfs_dinic(v,current,path,level) の強制終了へ
                    }
                }
//              else { // w からは増加パスで t へは到達できないことがすでにわかっている
//                  afwd = edgenext[afwd]; //次の辺に移る
//                  current[v]=afwd;
//              }
                if (t_found == false) { // dfs(v) の強制終了に対応するため
                    afwd = edgenext[afwd]; //次の辺に移る
                    while (afwd != 0 && (level[w] != level[v]+1 || rescap[afwd] == 0))
                        afwd = edgenext[afwd];
                    current[v]=afwd;
                }
            }
        }
    }
}
void augmentation_dinic(int current[], int path[], int level[]){
    // レベルネットワークで増加パス P を求めて P に沿ってフローを流すことを繰り返す
    int afwd, abk, v, w, delta, cap;
    for (v = 1; v <= n; v++) current[v]= edgefirst[v]; // 初期設定
    while (current[s] != 0) {// s を始点とする辺が存在する限り
        for (v = 1; v <= n; v++) path[v] = unvisited; // 初期設定
        path[s]=0; // s は増加パスの出発点と設定
        t_found=false; // 増加パスはまだ発見されいないと設定
        dfs_dinic(s,current,path,level); // レベルネットワークで増加パス P を求める
        if (t_found == true) {// 増加パス P の辺を逆にたどり delta=Δ (P) を求める
            counter++; // 発見された増加パスの個数を 1 増やす
            abk=path[t]; //abk は P の最後の辺の逆向きの辺で t は辺 abk の始点
            afwd = abk+1;
            if (abk % 2 == 0) afwd=abk-1; // afwd は P の最後の辺で t は afwd の終点
            delta = rescap[afwd]; // P 上の辺の残容量の最小値Δ (P) の計算ための初期化
            v = head[abk]; // v は増加パス P で t の直前の点
            while (v != s) {// s に到達するまで P を逆にたどる
```

11.3 ディニッツの最大フローアルゴリズムのプログラム   151

```
                    abk = path[v];  // abk は v は入る P の辺の逆向きの辺
                    v = head[abk];  // v を増加パス P で v の直前の点に更新
                    afwd = abk+1;
                    if (abk % 2 == 0) afwd = abk-1;  // afwd は P の辺で abk の逆向きの辺
                    if (delta > rescap[afwd]) delta = rescap[afwd];// 残容量を更新
                    // delta は最終的には delta=Δ(P) となる
                }
                printf("\n");
                printf(" Δ (P%d)= %d\n", counter,delta);
                v = t;
                while (v != s) {// 増加パスに沿って delta=Δ(P) だけフローを送り込む
                    abk = path[v];  // abk は P の辺の逆向きの辺
                    v = head[abk];
                    afwd = abk+1;
                    if (abk % 2 == 0) afwd = abk-1;  // afwd は P の辺
                    cap = rescap[afwd]+rescap[abk];
                    rescap[afwd] = rescap[afwd]-delta;
                    rescap[abk] = rescap[abk]+delta;
                    if (afwd % 2 ==0) {// afwd は N の本来の辺
                        printf("辺%2d 始点%2d 終点%2d 容量%2d   f(%2d):%2d --> %2d\n",
                        afwd/2,head[abk],head[afwd],cap,afwd/2,rescap[abk]-delta,
                        rescap[abk]);
                    }
                    else {// afwd は N にはなかった仮想的な辺で本来の辺 abk の逆向きの辺
                        printf("辺%2d 始点%2d 終点%2d 容量%2d   f(%2d):%2d --> %2d\n",
                        abk/2,head[afwd],head[abk],cap,abk/2,rescap[afwd]+delta,
                        rescap[afwd]);
                    }
                }
            }
        }
    }
}
int main(void){
    int current[vmaxsize+1];
    int path[vmaxsize+1];
    int level[vmaxsize+1];
    t_found = true;  // 増加パスがある可能性があるので true に設定
    flow_network_input();
    // ネットワークの辺数 m，点数 n，入口 s，出口 t，各辺の始点，終点，容量が決定される
    flow_incidence_list_construct();  // 各点を始点とする接続辺リストが構成される
    counter=0;  // 発見された増加パスの個数は 0 個に初期設定
    while (t_found) {
        t_found = level_graph(level);
        // t_found を false に設定し増加パスがあるとわかると true になる
        if (t_found) {// 増加パスが存在するとき
            augmentation_dinic(current,path,level);  // t_found を false に設定し
            // レベルネットワークで増加パス P を求めて P に沿ってフローを流すことを反復
            t_found = true;
        }
```

```
    }
    max_flow_output();
    min_cut_output(level);
    return 0;
}
```

図 11.2(a)（図 10.5(a)）のネットワークに対してプログラムを走らせた実行例を次ページに示しておく（紙面の都合で，出力の部分で改行と空白を一部省略している）．図 11.2 での実行例と得られた出力が対応していることを確認しよう．

11.4 演習問題

11.1 次の図のネットワーク N で入口 1 から出口 6 への最大フローを Dinic の最大フローアルゴリズムを用いて求めよ．図 11.2 の実行例のような図を書くこと．また最小 1-6-カットも求めよ．

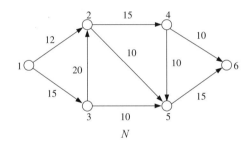

さらに，11.3 節の Dinic の最大フローアルゴリズムのプログラムに，様々なネットワーク N のデータを入力として与えて，得られた結果の正しいことを確かめよ．

11.2 補題 11.1 を証明せよ．

11.3 Ford-Fulkerson の最大フローアルゴリズムが多項式オーダーのアルゴリズムでないことを示す入力例を挙げよ．

11.4 レベルネットワーク $N_L(f)$ の極大フロー f'' が $N_L(f)$ の最大フローでないこともありうることを例を挙げて説明せよ．

```
6 10
1 2 10
1 3 25
3 2 3
2 4 30
3 4 2
3 5 18
4 6 20
4 5 8
5 6 17
5 2 5
1 6
```

```
入力するデータは有向ネットワークのデータです
有向ネットワークの点数 n と辺数 m を入力してください
m 本の各辺の始点と終点および容量を入力してください
入口 s と出口 t を入力してください
有向ネットワークの点数 n=6, 辺数 m=10
Δ (P1)= 10
    辺 7   始点 4   終点 6   容量 20    f( 7): 0 --> 10
    辺 4   始点 2   終点 4   容量 30    f( 4): 0 --> 10
    辺 1   始点 1   終点 2   容量 10    f( 1): 0 --> 10
Δ (P2)= 2
    辺 7   始点 4   終点 6   容量 20    f( 7):10 --> 12
    辺 5   始点 3   終点 4   容量 2     f( 5): 0 -->  2
    辺 2   始点 1   終点 3   容量 25    f( 2): 0 -->  2
Δ (P3)= 17
    辺 9   始点 5   終点 6   容量 17    f( 9): 0 --> 17
    辺 6   始点 3   終点 5   容量 18    f( 6): 0 --> 17
    辺 2   始点 1   終点 3   容量 25    f( 2): 2 --> 19
Δ (P4)= 3
    辺 7   始点 4   終点 6   容量 20    f( 7):12 --> 15
    辺 4   始点 2   終点 4   容量 30    f( 4):10 --> 13
    辺 3   始点 3   終点 2   容量 3     f( 3): 0 -->  3
    辺 2   始点 1   終点 3   容量 25    f( 2):19 --> 22
Δ (P5)= 1
    辺 7   始点 4   終点 6   容量 20    f( 7):15 --> 16
    辺 4   始点 2   終点 4   容量 30    f( 4):13 --> 14
    辺 10  始点 5   終点 2   容量 5     f(10): 0 -->  1
    辺 6   始点 3   終点 5   容量 18    f( 6):17 --> 18
    辺 2   始点 1   終点 3   容量 25    f( 2):22 --> 23
入口 1 から出口 6 への最大フロー f
    辺 1   始点 1   終点 2   容量 10     f( 1)=10
    辺 2   始点 1   終点 3   容量 25     f( 2)=23
    辺 3   始点 3   終点 2   容量 3      f( 3)= 3
    辺 4   始点 2   終点 4   容量 30     f( 4)=14
    辺 5   始点 3   終点 4   容量 2      f( 5)= 2
    辺 6   始点 3   終点 5   容量 18     f( 6)=18
    辺 7   始点 4   終点 6   容量 20     f( 7)=16
    辺 8   始点 4   終点 5   容量 8      f( 8)= 0
    辺 9   始点 5   終点 6   容量 17     f( 9)=17
    辺 10  始点 5   終点 2   容量 5      f(10)= 1
最大フロー f の流量 = 33
最小 1-6 カット X
X={ 1  3 }
    辺 1   始点 1   終点 2   容量 10     f( 1)=10
    辺 3   始点 3   終点 2   容量 3      f( 3)= 3
    辺 5   始点 3   終点 4   容量 2      f( 5)= 2
    辺 6   始点 3   終点 5   容量 18     f( 6)=18
最小 1-6 カット X の容量 = 33
```

第12章 需要付きフローと下界付きフロー

本章の目標は，最大フロー問題と関係する様々なフローの問題が，実は最大フロー問題に帰着できることを理解することである．したがって，これらのフロー問題も前章のディニッツの最大フローアルゴリズムを用いて効率的に解ける．

12.1 需要付きフロー

（入口と出口の指定されない辺に正の容量の付随する）ネットワーク $N = (G, \mathrm{cap})$ の各点 $v \in V(G)$ に需要 (demand) $d(v)$ の付随するネットワークを $N = (G, \mathrm{cap}, d)$ と表記する．ネットワーク $N = (G, \mathrm{cap}, d)$ においてすべての点 $v \in V(G)$ で，

$$\sum_{e \in \delta^-(v)} f(e) - \sum_{e \in \delta^+(v)} f(e) = d(v),$$

すなわち，点 v での流入量から流出量を引いた値が $d(v)$ であり，すべての辺 $e \in E(G)$ で，

$$0 \leq f(e) \leq \mathrm{cap}(e)$$

であるような関数 $f : E(G) \to \mathbf{R}_+$ を需要付きフロー (flow with demands) という（図 12.1）．

もちろん，そのような需要付きフローが存在するならば，

$$\sum_{v \in V(G)} d(v) = \sum_{v \in V(G)} \left(\sum_{e \in \delta^-(v)} f(e) - \sum_{e \in \delta^+(v)} f(e) \right)$$

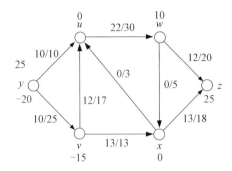

図 12.1 ネットワーク $N = (G, \text{cap}, d)$ の要付きフロー f （$d(v)$ は点 v のそばに記している）

$$= \sum_{v \in V(G)} \left(\sum_{e \in \delta^-(v)} f(e) \right) - \sum_{v \in V(G)} \left(\sum_{e \in \delta^+(v)} f(e) \right)$$

$$= \sum_{e \in E(G)} f(e) - \sum_{e \in E(G)} f(e) = 0$$

である．したがって，$\sum_{v \in V(G)} d(v) \neq 0$ ならば，需要付きフローが存在しないことは明らかである．以下では，そのようなケースは考えないことにして，$\sum_{v \in V(G)} d(v) = 0$ が成立するものとして議論する．$d(v) > 0$ となる点 v は，

$$\sum_{e \in \delta^-(v)} f(e) > \sum_{e \in \delta^+(v)} f(e)$$

であり，このような点 v を**需要点** (demand vertex) という．一方，$d(v) < 0$ となる点 v を**供給点** (supply vertex) という．全需要点の需要量の総和を F とする．$\sum_{v \in V(G)} d(v) = 0$ を仮定しているので，

$$F = \sum_{v \in V(G) : d(v) > 0} d(v) = - \sum_{v \in V(G) : d(v) < 0} d(v)$$

である．

　最大フローアルゴリズムを用いて，与えられたネットワーク $N = (G, \text{cap}, d)$ が需要付きフローをもつかどうかを判定することができる．さらに存在するときには，そのような需要付きフローを求めることもできる．図 12.2 を用いて説明し

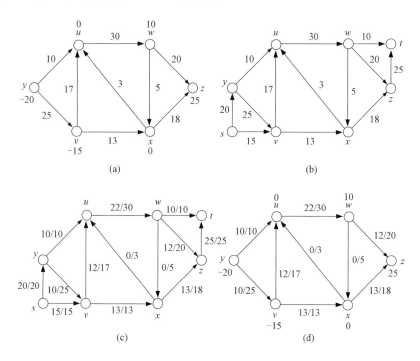

図 12.2 (a) 需要付きフローのネットワーク $N = (G, \mathrm{cap}, d)$. なお $d(v)$ は点 v のそばに記している. (b) 最大フローに帰着するためのネットワーク $N' = (G', \mathrm{cap}', s, t)$. (c) $N' = (G', \mathrm{cap}', s, t)$ の最大フロー f'. (d) $N = (G, \mathrm{cap}, d)$ の需要付きフロー f

よう.

与えられたネットワーク $N = (G, \mathrm{cap}, d)$(図 12.2(a))に対して，以下のようにしてネットワーク $N' = (G', \mathrm{cap}', s, t)$(図 12.2(b))を構成する．まず，新しい 2 点 s, t を導入し，s を入口，t を出口とする．さらに，入口 s からすべての供給点 v への辺 $e_{s,v} = (s, v)$ と，すべての需要点 u から出口 t への辺 $e_{u,t} = (u, t)$ を加える．各辺 $e_{s,v} = (s, v)$ の容量を $\mathrm{cap}'(e_{s,v}) = -d(v)$ とし，各辺 $e_{u,t} = (u, t)$ の容量を $\mathrm{cap}'(e_{u,t}) = d(u)$ とする．それ以外の辺 $e \in E(G)$ に対しては，$\mathrm{cap}'(e) = \mathrm{cap}(e)$ とする．

このようにして得られたネットワーク $N' = (G', \mathrm{cap}', s, t)$ の流量最大のフロー f' を求める（図 12.2(c)）．このフロー f' の流量を F' とする．もちろん，ネット

ワーク $N' = (G', \mathrm{cap}', s, t)$ の s-t カット $\delta^+(s)$ の容量を F，すなわち，

$$F := \mathrm{cap}'(\{s\}) = \sum_{v \in V(G): d(v) < 0} \mathrm{cap}'(e_{s,v})$$

とすると，$N' = (G', \mathrm{cap}', s, t)$ の最小 s-t カット容量は F 以下である．したがって，最大フロー最小カット定理（定理 10.2）より，$N' = (G', \mathrm{cap}', s, t)$ の最大フローの流量 F' も F 以下である．f' を G の辺集合 $E(G)$ に限定したものを f とする．

ここで，$F' = F = \sum_{v \in V(G): d(v) > 0} d(v)$ ならば，f が求めたい需要付きフローになる（図 12.2(d)）．実際，s, t 以外の各点 $v \in V(G)$ に対して f' は流量保存制約を満たす．さらに，入口 s からの各辺 $e_{s,v} = (s, v)$ のフロー $f'(e_{s,v})$ は，f' の流量が F であるので，$f'(e_{s,v}) = \mathrm{cap}'(e_{s,v}) = -d(v)$ となり，

$$\begin{aligned} 0 &= f'(e_{s,v}) + \sum_{e \in \delta^-(v)} f'(e) - \sum_{e \in \delta^+(v)} f'(e) \\ &= -d(v) + \sum_{e \in \delta^-(v)} f'(e) - \sum_{e \in \delta^+(v)} f'(e) \\ &= -d(v) + \sum_{e \in \delta^-(v)} f(e) - \sum_{e \in \delta^+(v)} f(e) \end{aligned}$$

が得られる．すなわち，f は $d(v) < 0$ となる各点 $v \in V(G)$ で $d(v) = \sum_{e \in \delta^-(v)} f(e) - \sum_{e \in \delta^+(v)} f(e)$ を満たす．$d(v) \geq 0$ となる各点 $v \in V(G)$ に対しても同様に，$d(v) = \sum_{e \in \delta^-(v)} f(e) - \sum_{e \in \delta^+(v)} f(e)$ が得られる．したがって，フロー f' の流量 F' が $F = \sum_{v \in V(G): d(v) > 0} d(v)$ ならば，f' を G の辺集合 $E(G)$ に限定した f が与えられたネットワーク $N = (G, \mathrm{cap}, d)$ の需要付きフローになる．

逆に，与えられたネットワーク $N = (G, \mathrm{cap}, d)$ の需要付きフロー f に対して，入口 s からの各辺 $e_{s,v} = (s, v)$ のフロー $f'(e_{s,v})$ を $f'(e_{s,v}) := \mathrm{cap}'(e_{s,v}) = -d(v)$ とし，すべての需要点 u から出口 t への各辺 $e_{u,t} = (u, t)$ のフロー $f'(e_{u,t})$ を $f'(e_{u,t}) := \mathrm{cap}'(e_{u,t}) = d(u)$ とし，G の辺集合 $E(G)$ の各辺 $e = (u, v)$ に対して $f'(e) := f(e)$ とすると，f' はネットワーク $N' = (G', \mathrm{cap}', s, t)$ の流量 $F' = F$ のフローとなる．

したがって，フロー f' の流量 F' が $F = \sum_{v \in V(G): d(v) > 0} d(v)$ 未満ならば，与

えられたネットワーク $N = (G, \mathrm{cap}, d)$ が需要付きフローをもたないことになる.以上の議論から以下の定理が得られる.

定理 12.1 与えられたネットワーク $N = (G, \mathrm{cap}, d)$ が需要付きフローをもつかどうかを判定し,さらに存在するときには,そのような需要付きフローを求めることは,上記のようにして得られるネットワーク $N' = (G', \mathrm{cap}', s, t)$ の最大フローを求めることでできる.したがって,その計算時間は $N' = (G', \mathrm{cap}', s, t)$ に対する最大フローアルゴリズムの計算時間に一致する.Dinic の最大フローアルゴリズムを用いればこれは $O(mn^2)$ となる($n = |V(G)|$, $m = |E(G)|$).

12.2 下界付きフロー

有向グラフ G の各辺 $e \in E(G)$ に下界 $\mathrm{low}(e)$ と上界 $\mathrm{cap}(e)$ が付随し,各点 $v \in V(G)$ に需要 $d(v)$ の付随するネットワーク $N = (G, \mathrm{low}, \mathrm{cap}, d)$ を考える.ネットワーク $N = (G, \mathrm{low}, \mathrm{cap}, d)$ においてすべての点 $v \in V(G)$ で,

$$\sum_{e \in \delta^-(v)} f(e) - \sum_{e \in \delta^+(v)} f(e) = d(v)$$

であり,すべての辺 $e \in E(G)$ で,

$$\mathrm{low}(e) \leq f(e) \leq \mathrm{cap}(e)$$

であるような関数 $f : E(G) \to \mathbf{R}$ を**下界付きフロー** (flow with lower bounds) という(図 12.3).

前節の需要付きフローアルゴリズムを用いて,与えられたネットワーク $N = (G, \mathrm{low}, \mathrm{cap}, d)$ が下界フローをもつかどうかを判定することができる.さらに存在するときには,そのような下界付きフローを求めることもできる.図 12.4 を用いて説明しよう.

与えられたネットワーク $N = (G, \mathrm{low}, \mathrm{cap}, d)$(図 12.4(a))に対して,以下のようにしてネットワーク $N' = (G', \mathrm{cap}', d')$(図 12.4(b))を構成する.まず,各辺 $e \in E(G)$ に対して e にフロー $f''(e) = \mathrm{low}(e)$ を流し,$\mathrm{cap}'(e)$ をそのときの辺 e の残容量 $\mathrm{cap}(e) - \mathrm{low}(e)$ とする.次に,各点 v の $d'(v)$ を

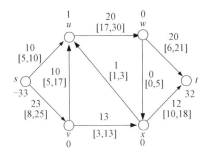

図 12.3 ネットワーク $N = (G, \text{low}, \text{cap}, d)$ の下界付きフロー f（各辺 $e \in E(G)$ のそばに $f(e)$ $[\text{low}(e), \text{cap}(e)]$ を表示し，各点 v の $d(v)$ を v のそばに表示している）

$$d'(v) = d(v) - \sum_{e \in \delta^-(v)} \text{low}(e) + \sum_{e \in \delta^+(v)} \text{low}(e)$$

として定義する．

このようにして得られるネットワーク $N' = (G', \text{cap}', d')$ で需要付きフローが存在するかどうかを判定する．需要付きフローが存在するときには，需要付きフロー f' を求める（図 12.4(c)）．最後に，$f = f' + f''$ とおいて，与えられたネットワーク $N = (G, \text{low}, \text{cap}, d)$ の下界付きフローとして f を出力する（図 12.4(d)）．一方，ネットワーク $N' = (G', \text{cap}', d')$ に需要付きフローが存在しないときには，与えられたネットワーク $N = (G, \text{low}, \text{cap}, d)$ の下界付きフローは存在しないと判定する．

ネットワーク $N' = (G', \text{cap}', d')$ の需要付きフロー f' が存在するときには，各点 v の $d'(v)$ は，

$$\begin{aligned} d'(v) &= d(v) - \sum_{e \in \delta^-(v)} \text{low}(e) + \sum_{e \in \delta^+(v)} \text{low}(e) \\ &= \sum_{e \in \delta^-(v)} f'(e) - \sum_{e \in \delta^+(v)} f'(e) \\ &= \sum_{e \in \delta^-(v)} (f(e) - \text{low}(e)) - \sum_{e \in \delta^+(v)} (f(e) - \text{low}(e)) \\ &= \sum_{e \in \delta^-(v)} f(e) - \sum_{e \in \delta^+(v)} f(e) - (\sum_{e \in \delta^-(v)} \text{low}(e) - \sum_{e \in \delta^+(v)} \text{low}(e)) \end{aligned}$$

となるので，

160 第12章 需要付きフローと下界付きフロー

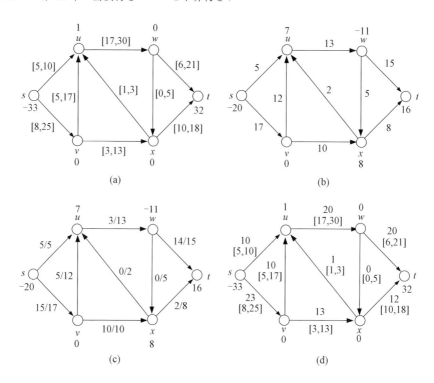

図 12.4 (a) ネットワーク $N = (G, \text{low}, \text{cap}, d)$ (各辺 $e \in E(G)$ のそばに $[\text{low}(e), \text{cap}(e)]$ を表示し，各点 v の $d(v)$ を v のそばに表示している)．(b) ネットワーク $N' = (G, \text{cap}', d')$，(c) ネットワーク $N' = (G, \text{cap}', d')$ の需要付きフロー f'，(d) ネットワーク $N = (G, \text{low}, \text{cap}, d)$ の下界付きフロー f (各辺 $e \in E(G)$ のそばに $f(e)\ [\text{low}(e), \text{cap}(e)]$ と表示している)

$$d(v) = \sum_{e \in \delta^-(v)} f(e) - \sum_{e \in \delta^+(v)} f(e)$$

が得られる．すなわち，$f = f' + f''$ は与えられたネットワーク $N = (G, \text{low}, \text{cap}, d)$ の下界付きフローである．

逆に，与えられたネットワーク $N = (G, \text{low}, \text{cap}, d)$ の下界付きフロー f が存在するときには，ネットワーク $N' = (G', \text{cap}', d')$ の需要付きフロー f' が存在することも同様に得られる．

定理 12.2 与えられたネットワーク $N = (G, \text{low}, \text{cap}, d)$ が下界付きフローをも

つかどうかを判定し，さらに存在するときには，そのような下界付きフローを求めることは，上記のようにして得られるネットワーク $N' = (G', \text{cap}', d')$ の需要付きフローを求めることでできる．したがって，定理 12.1 より，その計算時間は $O(mn^2)$ となる（$n = |V(G)|$, $m = |E(G)|$）．

12.3 演習問題

12.1 輸血の基本的規則は以下のとおりである．A 型の患者には A 型か O 型の血液のみが輸血可能で，B 型の患者には B 型か O 型の血液のみが輸血可能で，O 型の患者には O 型の血液のみが輸血可能で，AB 型の患者にはすべての型の血液が輸血可能である．

ある病院は，来週（100 人の患者がやってきて一人 1 単位の輸血で合計で）100 単位の輸血が必要になっても，現在の手持ちの血液で十分であるかどうか知りたいと考えている．手持ちの血液の量は，現在 105 単位である．以下の表は，これらの需要と手持ちの血液の量を表している．

血液型	O	A	B	AB
手持ち	50	36	11	8
需要	45	42	10	3

手持ちの 105 単位の血液で，100 人分の 100 単位の需要を満たせるだろうか？最大数の患者を満たす割当てを求めよ．すべての患者が輸血を受けられないときには，最小容量カットに基づいた議論を用いて，そのことを説明せよ．以下の例でも同じことを行え．

血液型	O	A	B	AB
手持ち	50	38	9	8
需要	45	42	10	3

12.2 Dinic の最大フローアルゴリズムのプログラムを修正して，需要付きフローや下界付きフローを求めるプログラムを実装せよ．さらに，本文のネットワークを含む様々な入力で走らせて，正しい結果が得られることを確かめよ．

第13章 最小費用フロー問題

本章の目標は，本書の集大成として，ネットワークフロー問題の最も一般的な問題である最小費用フロー問題に対するアルゴリズムの数理とプログラムを理解することである．

13.1 最小費用フロー問題の定義

入口 s, 出口 t であり，各辺 $e \in E$ に正の容量 $\mathrm{cap}(e)$ および非負の費用 $\mathrm{cost}(e)$ が付随するネットワーク $N = (G, \mathrm{cap}, \mathrm{cost}, s, t)$ において，与えられた流量 K のフロー $f : E \to \mathbf{R}_+$ で費用（コスト），

$$\mathrm{cost}(f) = \sum_{e \in E} \mathrm{cost}(e) f(e)$$

が最小となるものを求める問題が**最小費用フロー問題** (minimum-cost flow problem) である．最大マッチング問題が最大フロー問題の特殊ケースであったように，最適割当て問題（辺に重みが付随する二部グラフの重み最大のマッチングを求める問題）は最小費用フロー問題の特殊ケースである．

最大フロー問題を解く際に残容量ネットワークを考えたように，最小費用フロー問題を解くために補助ネットワークを考える．そこで，ネットワーク $N = (G, \mathrm{cap}, \mathrm{cost}, s, t)$ の各辺 $e = (v, w) \in E(G)$ に対して逆向きの仮想的な辺 $e^R = (w, v)$ を考え，すべての仮想的な辺の集合を $E^R(G)$ とする．すなわち，

$$E^R(G) = \{e^R \mid e \in E(G)\}$$

である．ネットワーク $N = (G, \mathrm{cap}, \mathrm{cost}, s, t)$ のフロー f に関する残容量ネット

13.1 最小費用フロー問題の定義   163

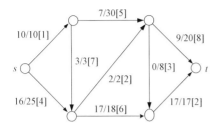
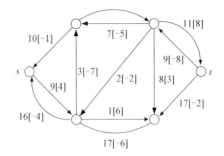

(a) N のフロー f ($f(e)/\operatorname{cap}(e)[\operatorname{cost}(e)]$)

(b) 補助ネットワーク $N(f)$ ($\operatorname{cap}_f(e)[\operatorname{cost}_f(e)]$)

図 **13.1** ネットワーク N のフロー f と補助ネットワーク $N(f)$

ワーク $N(f)$ の各辺 a に $\operatorname{cost}(e)$ ($a = e \in E(G)$ のとき) あるいは $-\operatorname{cost}(e)$ ($a = e^R \in E^R(G)$ のとき) を長さとして割り当てたものが f に関する**補助ネットワーク** (auxiliary network) である (簡単化のため, 残容量ネットワーク $N(f)$ と同じ記法を用いて表している). すなわち, f に関する補助ネットワーク $N(f) = (G(f), \operatorname{cap}_f, \operatorname{cost}_f, s, t)$ は,

$$
\begin{aligned}
E(G(f)) &= \{e \in E(G) \mid f(e) < \operatorname{cap}(e)\} \cup \{e^R \in E^R(G) \mid f(e) > 0\},\\
\operatorname{cap}_f(e) &= \operatorname{cap}(e) - f(e) && (e \in E(G),\ f(e) < \operatorname{cap}(e)),\\
\operatorname{cap}_f(e^R) &= f(e) && (e \in E(G),\ f(e) > 0),\\
\operatorname{cost}_f(e) &= \operatorname{cost}(e) && (e \in E(G),\ f(e) < \operatorname{cap}(e)),\\
\operatorname{cost}_f(e^R) &= -\operatorname{cost}(e) && (e \in E(G),\ f(e) > 0)
\end{aligned}
$$

として定義できる (図 13.1).

本書ではこれ以降, ネットワーク $N = (G, \operatorname{cap}, \operatorname{cost}, s, t)$ のフロー f を図示するとき, 図 13.1(a) に示しているように, 各辺 $e \in E(G)$ のそばに $f(e)/\operatorname{cap}(e)[\operatorname{cost}(e)]$ と書いて表示する. 同様に, 図 13.1(b) に示しているように, f に関する補助ネットワーク $N(f) = (G(f), \operatorname{cap}_f, \operatorname{cost}_f, s, t)$ の各辺 $a \in E(G(f))$ の残容量 $\operatorname{cap}_f(a)$ と費用 $\operatorname{cost}_f(a)$ を a のそばに $\operatorname{cap}_f(a)[\operatorname{cost}_f(a)]$ と書いて表示する.

補助ネットワーク $N(f) = (G(f), \operatorname{cap}_f, \operatorname{cost}_f, s, t)$ の各辺 a の $\operatorname{cap}_f(a)$ は, この辺に沿ってさらにフローを流すことのできる最大値, すなわち残容量であるこ

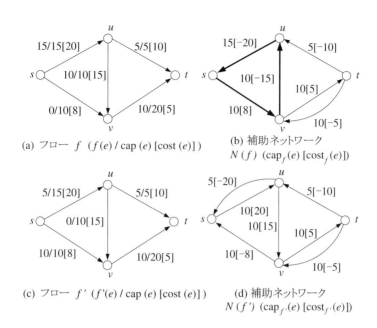

図 **13.2** (a) ネットワーク N のフロー f, (b) $N(f)$ の負の長さの閉路 (太線部), (c) 更新したフロー f', (d) $N(f')$ は負の長さの閉路をもたない

とはいままでと同様である．一方，$N(f)$ の各辺 a の $\mathrm{cost}_f(a)$ は，a に沿って 1 だけフローを増やすときの費用の増加 ($\mathrm{cost}_f(a) < 0$ のときは減少) を表す．したがって，$\mathrm{cost}_f(a)$ を辺 a の長さと見なすと，補助ネットワーク $N(f)$ に負の長さの閉路が存在すればその閉路に沿ってフローを増やすと費用を減らすことができる（図 13.2）．逆も示せるので最小費用フローを特徴付ける以下の定理が成立する．

定理 13.1 ネットワーク $N = (G, \mathrm{cap}, \mathrm{cost}, s, t)$ において，フロー f が流量 $\mathrm{value}(f)$ の最小費用フローであるための必要十分条件は，f に関する補助ネットワーク $N(f) = (G(f), \mathrm{cap}_f, \mathrm{cost}_f, s, t)$ に負の長さの閉路が存在しないことである．

13.2 負の長さの閉路除去による最小費用フローアルゴリズム

定理 13.1 に基づいて,流量 K の最小費用フローは以下のようにして求めることができる.

負の長さの閉路除去による最小費用フローアルゴリズム

1. $N = (G, \text{cap}, \text{cost}, s, t)$ の流量 K のフロー f を求める.そのようなフローが存在しなければ,実行可能解が存在しないと判定して終了する.
   (これは最大フローアルゴリズムを少し修正するだけでできる.)
2. (a) f に関する補助ネットワーク $N(f)$ を作る.
   (b) $N(f)$ に負の長さの閉路が存在しなければ,f が最小費用フローとなるので終了する.
   (c) 負の長さの閉路が存在するときは,そのような閉路 C を見つけ,C 上の辺の残容量の最小値 $\Delta(C)$ を求め,C 上の各辺の流量を $\Delta(C)$ だけ増加する.すなわち,

$$f(e) := \begin{cases} f(e) + \Delta(C) & (e \in C) \\ f(e) - \Delta(C) & (e^R \in C) \end{cases}$$

   と更新して (a) に戻る.

図 13.2 は,このアルゴリズムを適用して,流量 $K = 15$ の最小費用フローを求める様子を示している.図 (a) で流量 $K = 15$ のフロー f をまず求めている.次に,図 (b) の補助ネットワーク $N(f)$ で,長さ -27 の閉路 C (太線で表示) を求めている.図 (c) は,この閉路 C に沿って $\Delta(C) = 10$ だけフローを流して,同じ流量 $K = 15$ のフロー f' に更新したことを示している.図 (d) の $N(f')$ には,負の長さの閉路が存在しないので,f' は流量 $K = 15$ で費用 $5 \times 20 + 10 \times 8 + 5 \times 10 + 10 \times 5 = 280$ の最小費用フローになる.

定理 13.2 上記の負の長さの閉路を除去して最小費用フローを求めるアルゴリズムは,流量 K の費用最小のフローを正しく求める.

13.3 最短パス計算による最小費用フローアルゴリズム

流量 K の最小費用フローは別の方法でも求めることができる．流量 $F\,(<K)$ の最小費用フロー f が得られているとする．すると，定理 13.1 により，$N(f)$ には費用が負の閉路は存在しない．したがって，（費用を長さと見なして）最短パス問題が解ける．$d(v)$ を $N(f)$ での s から各点 v への最短パスの長さとする．t が s から到達不可能ならば，f が流量 F で N の流量最大のフローとなり，流量 K のフローは存在しない．一方，t が s から到達可能ならば，s から t への最短パス P に沿って，

$$\Delta(P) = \min\{K-F, \min\{\mathrm{cap}_f(a) \mid a \in P\}\} > 0$$

だけフローを増加する．このように更新して得られたフロー g は流量 $F+\Delta(P)$ の最小費用フローとなり，その費用は $\mathrm{cost}(f)+\Delta(P)\,d(t)$ となる．すなわち，以下の補題が成立する．

補題 13.3 ネットワーク $N=(G,\mathrm{cap},\mathrm{cost},s,t)$ の流量 F の最小費用フロー f に対して，f に関する補助ネットワーク $N(f)=(G(f),\mathrm{cap}_f,\mathrm{cost}_f,s,t)$ に s から t へのパスが存在するとする．さらに，s から t への最短パス P の長さを $d(t)$ とする．このとき，

$$0 < \Delta \leq \Delta(P) = \min\{\mathrm{cap}_f(a) \mid a \in P\}$$

を満たす任意の Δ に対して，P に沿って Δ だけ f を増加して得られるフロー g は流量 $F+\Delta$ の最小費用フローであり，その費用は $\mathrm{cost}(f)+\Delta\,d(t)$ である．

この補題に基づいて，最小費用フローを求める以下のアルゴリズムが得られる．

最短パス計算による最小費用フローアルゴリズム

1. $f:=0$ とおく．
2. f の流量 F が $F=K$ ならば，f が流量 K の最小費用フローとなるので終了する．そうでない $(F<K)$ ならば，以下の (a), (b), (c) を行う．
   (a) f に関する補助ネットワーク $N(f)$ を作る．
   (b) $N(f)$ において s から t への最短パス P を求める．そのようなパスが存在しないならば実行可能解が存在しないと判定して終了する．

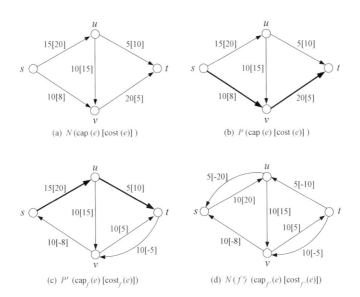

図 13.3 (a) ネットワーク N, (b) N の最短パス P （太線部），(c) 更新したフロー f の $N(f)$ の最短パス P' （太線部），(d) $N(f')$ は負の長さの閉路をもたない

(c) s から t への最短パス P が存在するときは，

$$\Delta = \min\{K - F, \min\{\mathrm{cap}_f(a) \mid a \in P\}\} > 0$$

を求め，P 上の各辺の流量を Δ だけ増加する．すなわち，

$$f(e) := \begin{cases} f(e) + \Delta & (e \in P) \\ f(e) - \Delta & (e^R \in P) \end{cases}$$

と更新して 2. に戻る．

図 13.3 は，このアルゴリズムを適用して，流量 $K = 15$ の最小費用フローを求める様子を示している．図 (b) で N の最短パス P （太線で表示）をまず求めている．そしてそのパス P に沿って $\Delta = \Delta(P) = 10$ だけフローを流して，f を更新する．図 (c) は，補助ネットワーク $N(f)$ で最短パス P' （太線で表示）を求めてい

る.そしてそのパス P' に沿って $\Delta = \Delta(P') = 5$ だけフローを流して,f' に更新する.図 (d) の $N(f')$ には,負の長さの閉路が存在しないので,f' は流量 $K = 15$ で費用 $5 \times 20 + 10 \times 8 + 5 \times 10 + 10 \times 5 = 280$ の最小費用フローになる.

定理 13.4 上記の最短パス計算による最小費用フローアルゴリズムは,流量 K の費用最小のフローを正しく求める.

Ford-Fulkerson の最大フローアルゴリズムと同様に,容量が整数(あるいは有理数)ならば,このアルゴリズムで正しく最小費用フローが得られる.反復の各段階は,最短パス問題であるが,負の長さの辺もあるので,Dijkstra のアルゴリズムをそのままでは使えない.

13.4 ダイクストラのアルゴリズムの適用

Dijkstra のアルゴリズムを適用できるようにするために,補助ネットワークの各辺 a の長さ $\mathrm{cost}_f(a)$ を非負の長さに変換する.アルゴリズムのある段階で流量 $F < K$ の最小費用フロー f が得られているとする.$N(f) = (G(f), \mathrm{cap}_f, \mathrm{cost}_f, s, t)$ において,s から各点 v への最短パスの長さ $d(v)$ および s から t への最短パス $P(s,t)$ も計算できているとする.さらに最短パス $P(s,t)$ に沿って,

$$\Delta = \min\{K - F, \min\{\mathrm{cap}_f(a) \mid a \in P(s,t)\}\} > 0$$

だけフローを増加する.このように更新して得られたフロー g は,補題 13.3 より,流量 $F + \Delta$ の最小フローとなる.ここで,$N(g) = (G(g), \mathrm{cap}_g, \mathrm{cost}_g, s, t)$ において,s から各点 v への最短パスの長さおよび s から t への最短パスを計算する際,$N(g)$ の各辺 $a = (v, w)$ の長さ cost_g を,

$$\mathrm{cost}_{g,d}(a) = d(v) + \mathrm{cost}_g(a) - d(w) \quad (a = (v,w) \in E(G(g)))$$

として定義される $\mathrm{cost}_{g,d}$ で置き換えることにする.すると $N(g)$ の辺 $a = (v,w)$ が,$N(f)$ の辺ならば,

$$d(v) + \mathrm{cost}_g(a) = d(v) + \mathrm{cost}_f(a) \geq d(w)$$

であるし,$N(f)$ の辺でなければパス $P(s,t)$ 上の辺 $a^R = (w,v)$ を逆向きにした

ものであり，
$$d(v) + \text{cost}_g(a) = d(v) - \text{cost}_f(a^R) = d(w)$$
が成立する．したがって，
$$\text{cost}_{g,d}(a) = d(v) + \text{cost}_g(a) - d(w) \geq 0 \quad (a = (v,w) \in E(G(g)))$$
が言える．このようにして $N(g)$ から得られるネットワークを (g, d) に関する**補助ネットワーク**といい，$N_d(g)$ と表記する．$N(g)$ と $N_d(g)$ はグラフ構造は同じ（辺の容量も同じ）であり，辺の長さのみが異なることに注意しよう．$N(g)$ と $N_d(g)$ の共通のパス $P(s,v) = (v_0, v_1, \cdots, v_k)$ $(s = v_0, v = v_k)$ に対して，$N(g)$ と $N_d(g)$ のそれぞれのネットワークでの長さを $\text{length}(P)$ と $\text{length}_d(P)$ とする．すると，

$$\begin{aligned}\text{length}(P) &= \text{cost}_g(v_0, v_1) + \text{cost}_g(v_1, v_2) + \cdots + \text{cost}_g(v_{k-1}, v_k) \\ \text{length}_d(P) &= \text{cost}_{g,d}(v_0, v_1) + \text{cost}_{g,d}(v_1, v_2) + \cdots + \text{cost}_{g,d}(v_{k-1}, v_k) \\ &= \text{cost}_g(v_0, v_1) + \text{cost}_g(v_1, v_2) + \cdots + \text{cost}_g(v_{k-1}, v_k) - d(v)\end{aligned}$$

となるので，
$$\text{length}(P) = \text{length}_d(P) + d(v)$$
が成立する．このことは，$N(g)$ での s から各点 v への最短パスおよびその長さは，$N_d(g)$ で s から各点 v への最短パスを求めて，長さは最後に各点 v で $d(v)$ だけ足しておけば，得られることを意味している．もちろん $N_d(g)$ での最短パスの計算には，辺の長さが非負であるので，Dijkstra のアルゴリズムが適用できる．したがって，アルゴリズムは以下のように書き換えられる．

Dijkstra のアルゴリズムを適用して最小費用フローを求めるアルゴリズム

1. （初期化）$f := 0;\ d := 0$ とおく．
2. f の流量 F が $F = K$ ならば，f が流量 K の最小費用フローとなるので終了する．そうでない（$F < K$）ならば，以下の (a), (b), (c) を行う．
   (a) (f, d) に関する補助ネットワーク $N_d(f)$ を作る．
   (b) Dijkstra のアルゴリズムを用いて $N_d(f)$ における s から t への最短パ

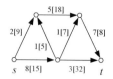

図 **13.4** ネットワーク N (cap[e][cost[e]])

ス P（および各点 v までの距離 $\pi(v)$）を求める．そのようなパスが存在しないならば実行可能解が存在しないと判定して終了する．

(c) s から t への最短パス P が存在するときは，

$$\Delta = \min\{K - F, \min\{\mathrm{cap}_f(a) \mid a \in P\}\} > 0$$

を求め，P 上の各辺の流量を Δ だけ増加する．すなわち，

$$f(e) := \begin{cases} f(e) + \Delta & (e \in P) \\ f(e) - \Delta & (e^R \in P) \end{cases}$$

として f を更新し，さらに，

$$d(v) = d(v) + \pi(v)$$

として d を更新して，2. に戻る．

アルゴリズムの正当性は上に述べたことから，帰納法で容易に証明できる．すなわち，以下の定理が成立する．

定理 13.5 上記の Dijkstra のアルゴリズムによる最小費用フローアルゴリズムは，流量 K の費用最小のフローを正しく求める．

図 13.5 は，図 13.4 のネットワークに対して最短パスアルゴリズムを繰り返し適用して最小費用フローを求めるアルゴリズムにおける反復の様子である．各 i で，(ai) は反復 $i-1$ 後のフロー f_i，(bi) は反復 i における補助ネットワーク $N(f_i)$ と最短パス P_i，(ci) は反復 i における補助ネットワーク $N_d(f_i)$ と最短パス P_i である．f_4 が最大流量 7 の最小費用フローであり，費用は 287 である．

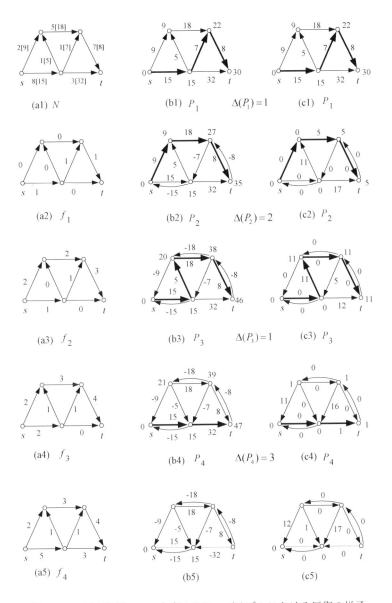

図 **13.5** 最小費用フローを求めるアルゴリズムにおける反復の様子

13.5 最小費用フローアルゴリズムのプログラム

Dijkstra の最短パスアルゴリズムを繰り返し適用して最小費用フローを求めるアルゴリズムのプログラムを以下に載せておく．なお，そこで用いている関数の説明は以下のとおりである．

`mincostflow_network_input()` は，Ford-Fulkerson のアルゴリズムのプログラムで述べたライブラリプログラム FlowLibrary.h に登録されている関数 `flow_network_input()` に費用を読み込んで記憶する働きを加えた関数である．また `flow_incidence_list_construct()` と `flow_incidence_list_output()` は，それぞれ，ライブラリプログラム FlowLibrary.h に登録されている同名の関数である．これらの三つの関数をライブラリプログラム MinCostFlowInputLibrary.h として登録している（使用する領域は，配列の head, rescap, cost, edgefirst, edgenext で $n+8m$ である）．ここでも入口を終点とする辺はないものとする．

`mincost_flow_output()` は最終的に得られた最小費用フローを出力する関数であり，`auxiliary_network_output()` は各反復での補助ネットワークを出力する関数である．ともにライブラリプログラム MinCostFlowOutputLibrary.h に登録している．

`mincostshortest_path_tree_construct(s)` は，補助ネットワークで s からの最短パス木を Dijkstra のアルゴリズムで求める関数で，7.4 節の関数 `shortest_path_tree_construct()` とほぼ同じであり，得られた最短パス木を出力する機能も加えて，ライブラリプログラム MinCostDijkstraLibrary.h に登録している（使用する領域は，配列の distance, path, heap, inv_heap, distredcost で $5n$ である）．さらに，`mincostshortest_path_tree_construct(s)` では，ヒープで下移動を行う関数 `shift_down()` と上移動を行う関数 `shift_up()` を呼び出しているので，これらをライブラリプログラム DijkstraHeapLibrary.h に登録している．なお，`mincostshortest_path_tree_construct(s)` で t にレベルが付けられたときには，増加パスが存在することになり，`t_found` が true として返される．

`augmentation(path)` は，得られた s からの最短パス木で t への増加パス P に沿って $\Delta(P)$ だけフローを増やす関数であり，ライブラリプログラム MinCostFlowAugmentLibrary.h に登録している．

13.5 最小費用フローアルゴリズムのプログラム

最初に，上記のライブラリプログラムを載せて，その後に Dijkstra の最短パスアルゴリズムを繰り返し適用して最小費用フローを求めるアルゴリズムのプログラムを載せる．

```c
// 最小費用フローの入力とデータ構造構成のライブラリプログラム
// MinCostFlowInputLibrary.h
int head[e2maxsize+1], rescap[e2maxsize+1], cost[e2maxsize+1];
int edgefirst[vmaxsize+1], edgenext[e2maxsize+1];
int m, n, s, t;
void flow_network_input(void){
    int e, efwd, ebk;
    printf("入力するデータは有向ネットワークのデータです\n");
    printf("有向ネットワークの点数 n と辺数 m を入力してください\n");
    scanf("%d %d", &n, &m);
    printf("m 本の各辺の始点，終点，容量および費用を入力してください\n");
    for (e = 1; e <= m; e++) {// 入口を終点とする辺 e は存在しないと仮定
        efwd = e * 2; ebk = efwd-1;// efwd は e に対応し ebk は逆向きの仮想的辺に対応
        scanf("%d %d %d %d", &head[ebk], &head[efwd], &rescap[efwd], &cost[efwd]);
        rescap[ebk]=0; cost[ebk]=-cost[efwd];
    }
    printf("入口 s と出口 t を入力してください\n");
    scanf("%d %d", &s, &t);
    printf("有向ネットワークの点数 n=%d，辺数 m=%d \n",n,m);
}
void flow_incidence_list_construct(void){// 接続辺リストを構成する関数
    int e, efwd, ebk, v, v1, v2;
    for (v = 1; v <= n; v++) edgefirst[v] = 0; // 空のリストに初期設定
    for (e = m; e >= 1; e--) {// 辺 e を逆順に見ていきながらリストの先頭に挿入
        efwd = e * 2; ebk = efwd-1; // efwd は e に対応し ebk は逆向きの仮想的辺に対応
        v1 = head[ebk]; edgenext[efwd] = edgefirst[v1]; edgefirst[v1] = efwd;
        v2 = head[efwd]; edgenext[ebk] = edgefirst[v2]; edgefirst[v2] = ebk;
    }
}
void flow_incidence_list_output(void){// 接続辺リストを出力する関数
int a, k, v;
    printf("\n 各点を始点とする辺のリスト\n");
    printf("点 v: v を始点とする辺（その終点）の並び\n");
    for (v = 1; v <= n; v++) {// 各点 v を始点とする辺のリストの出力
        printf("%3d:  ", v);
        a = edgefirst[v];
        k = 0;
        while (a != 0) {
            printf("%3d (%3d)  ", a, head[a]);
            k++; if (k % 10 == 0) printf("\n     ");
            a = edgenext[a];
        }
        printf("\n");
```

        }
}

// 最小費用フロー出力のライブラリプログラム MinCostFlowOutputLibrary.h
void mincost_flow_output(void){
    int e, cap, value, totalcost;
    printf("\n");
    printf("\n 入口%d から出口%d への流量最大の最小費用フロー f\n", s, t);
    value=0; totalcost=0;
    for (e = 1; e <= m; e++) {
        cap = rescap[2*e-1]+rescap[2*e];
        printf("辺%2d 始点%2d 終点%2d 費用%3d 容量%3d   f(%2d)=%2d \n",
              e, head[2*e-1], head[2*e], cost[2*e], cap, e, rescap[2*e-1]);
        if (head[2*e-1] == s) value=value+rescap[2*e-1];
        totalcost=totalcost+cost[2*e]*rescap[2*e-1];
    }
    printf("最大フロー f の流量 = %2d   f の費用 = %2d\n", value, totalcost);
}
void auxiliary_network_output(void){
    int e, cap, redcost;
    printf("\n");
    for (e = 1; e <= m; e++) {
        cap = rescap[2*e-1]+rescap[2*e];
        redcost=cost[2*e]+distance[head[2*e-1]]-distance[head[2*e]];
        printf("辺%2d 始点%2d 終点%2d 簡約費用%4d 容量%3d   f(%2d)=%2d \n",
              e, head[2*e-1], head[2*e], redcost, cap, e, rescap[2*e-1]);
    }
}

// Dijkstra の最短パスでのヒープ操作ライブラリプログラム DijkstraHeapLibrary.h
void shift_down(int p, int q, int heap[], int inv_heap[], int distance[]) {
    // 配列 heap の番地 p から番地 q まで下移動に基づいてヒープ構成
    int r,v;
    while (2*p <= q) {
        // ヒープのノード p を根とする部分木が q 以下のノードを子としてもつ限り
        r=2*p; // r を p の左の子とする
        if (r+1<=q && distance[heap[r+1]] < distance[heap[r]]) r=r+1;
        // p が右の子ももつときは距離の小さいほうを r をする
        if (distance[heap[p]] > distance[heap[r]]) {
            // p よりも r のほうが小さいときには p と r に割り当てられている点を交換する
            inv_heap[heap[r]]=p;
            inv_heap[heap[p]]=r;
            v=heap[p];
            heap[p]=heap[r];
            heap[r]=v;
            p=r; // p を子のノード r として下移動する
        }

13.5 最小費用フローアルゴリズムのプログラム   175

```
            else p=q;  // 強制終了へ進む
        }
}
void shift_up(int p, int heap[], int inv_heap[], int distance[]) {
    // 配列 heap の番地 p からの上移動に基づいてヒープ構成
    int r,v;
    while (p > 1) {// p が根でない限り
        r=p/2;    // r を p の親とする
        if (distance[heap[p]] < distance[heap[r]]) {
        // r よりも p のほうが小さいときには p と r に割り当てられている点を交換する
            inv_heap[heap[r]]=p;
            inv_heap[heap[p]]=r;
            v=heap[p];
            heap[p]=heap[r];
            heap[r]=v;
            p=r; // p を親のノード r として上移動する
        }
        else p=1;
    }
}


// 最小費用フローアルゴリズムの Dijkstra 最短パスライブラリプログラム
// MinCostDijkstraLibrary.h
int distance[vmaxsize+1];
int path[vmaxsize+1];
int shortest_path_tree_construct(int s){// start を根とする最短パス木の構成
    int heap[vmaxsize+1], inv_heap[vmaxsize+1];
    int distredcost[vmaxsize+1];
    int a, v, v1, v2, i, redcost;
    for (v = 1; v <= n; v++) path[v] = unvisited;
    distredcost[s]=0; // 出発点 s から s までの距離は 0 と初期設定
    path[s]=0;      // 出発点 s は最短パス木の根に初期設定
    heap[1]=s;      // ヒープに s を挿入
    inv_heap[s]=1;  // s のヒープでのノードは 1 と初期設定
    i=1;
    t_found=false;
    while (i > 0) {// ヒープが空になるまで以下を繰り返す
        v1=heap[1]; // VP に含まれない点で距離が最小の点を v1 とする
        if (v1 == t) t_found=true;
        heap[1]=heap[i]; // ヒープの最後のノードに記憶されている点を根に移す
        inv_heap[heap[1]]=1;
            // ヒープの根に記憶されている点にヒープでのノードが 1（根）であるとする
        i=i-1; // ヒープのサイズを 1 減らす
        if (i > 1) shift_down(1,i,heap,inv_heap,distredcost); // i から下移動
        a=edgefirst[v1]; // a は v1 を始点とする辺のリスト最初の辺
        while (a != 0) {// v1 を始点とする辺のリストの最後の辺になるまで
            if (rescap[a]==0) a=edgenext[a]; // 残容量が 0 なら次の辺へ移る
            else {// 残容量は正
```

```
                v2=head[a];
                redcost=cost[a]+distance[v1]-distance[v2]; //辺 a の簡約費用
                if (path[v2]==unvisited) {// 辺 a の終点が VP にないとき
                    distredcost[v2]=distredcost[v1]+redcost;// v2 までの暫定簡約距離
                    path[v2]=a;  // v2 までのこれまでの最短パスの最後の辺は a
                    i=i+1;       // ヒープのサイズを 1 増やしそこに v2 を挿入する
                    heap[i]=v2;  // ヒープのノード i に v2 を記憶する
                    inv_heap[v2]=i;
                         // v2 が記憶されているヒープのノードは i として v2 に記憶
                    shift_up(i,heap,inv_heap,distredcost); // i からの上移動
                }
                else {
                    if (distredcost[v2]>distredcost[v1]+redcost) {
                        // より短いパスが発見された
                        distredcost[v2]=distredcost[v1]+redcost;// こちらのパスに更新
                        path[v2]=a; // v2 までの最短パスの最後の辺を a に更新する
                        shift_up(inv_heap[v2],heap,inv_heap,distredcost);
                             // v2 が記憶されているヒープのノードから上移動する
                    }
                }
                a=edgenext[a];
            }
        }
    }
    printf("\n");
    for (v = 1; v <= n; v++) {
        if (path[v] == unvisited) {
            printf("点%2d     簡約距離%3d     距離%3d \n", v, unvisited, unvisited);
        }
        else {
            distance[v]=distance[v]+distredcost[v];
            printf("点%2d     簡約距離%3d     距離%3d \n",v,distredcost[v],distance[v]);
        }
    }
    return(t_found);
}


// 増加パスに沿ってフロー増加のライブラリプログラム MinCostFlowAugmentLibrary.h
void augmentation(void){
    int afwd, abk, v, w, delta, cap;
    counter++;
    afwd = path[t]; // P の最後の辺は afwd
    abk = afwd+1; if (afwd % 2 ==0) abk = afwd-1;
        //abk は P の最後の辺 afwd の逆向きの辺で t は辺 abk の始点
    delta = rescap[afwd];
    v = head[abk]; // v は afwd の始点
    while (v != s) {// s に到達するまで P を逆にたどる
        afwd = path[v]; // afwd は v に入る P 上の辺
```

13.5 最小費用フローアルゴリズムのプログラム

```
        abk = afwd+1;
        if (afwd % 2 ==0) abk = afwd-1; //abk は辺 afwd の逆向きの辺
        v = head[abk]; // v は afwd の始点
        if (delta > rescap[afwd]) delta = rescap[afwd];
            // delta は最終的には delta=Δ(P) となる
    }
    printf("\n");
    printf("Δ (P%d)= %d\n", counter,delta);
    v = t;
    while (v != s) {// 増加パスに沿って delta=Δ(P) だけフローを送り込む
        afwd = path[v];
        abk = afwd+1;
        if (afwd % 2 ==0) abk = afwd-1; // abk は P の辺の逆向きの辺
        cap = rescap[afwd]+rescap[abk];
        rescap[afwd] = rescap[afwd]-delta;
        rescap[abk] = rescap[abk]+delta;
        if (afwd % 2 ==0) {// afwd は N の本来の辺
            printf("辺%2d 始点%2d 終点%2d 費用%3d 容量%3d    f(%2d):%2d --> %2d\n",
                    afwd/2, head[abk], head[afwd], cost[afwd], cap, afwd/2,
                    rescap[abk]-delta, rescap[abk]);
        }
        else {// afwd は N にはなかった仮想的な辺で本来の辺 abk の逆向きの辺
            printf("辺%2d 始点%2d 終点%2d 費用%3d 容量%3d    f(%2d):%2d --> %2d\n",
                    abk/2, head[afwd], head[abk], cost[abk], cap, abk/2,
                    rescap[afwd]+delta, rescap[afwd]);
        }
        v = head[abk];
    }
}
```

上記のライブラリプログラムに基づいて Dijkstra の最短パスアルゴリズムを繰り返し適用して最小費用フローを求めるアルゴリズムのプログラムは以下のように書ける．使用する領域は $6n+8m$ である．

```
// Dijkstra 法に基づく最小費用フローアルゴリズムのプログラム mincostflowdijkstra.c
#include <stdio.h>
#define vmaxsize         1000
#define emaxsize         2000
#define e2maxsize        4000
#define unvisited        -1
#define true             1
#define false            0
// int head[e2maxsize+1], rescap[e2maxsize+1], cost[e2maxsize+1];
// int edgefirst[vmaxsize+1], edgenext[e2maxsize+1];
// int m, n, s, t;   // これらが MinCostFlowInputLibrary.h で宣言される
#include"MinCostFlowInputLibrary.h"
#include"DijkstraHeapLibrary.h"
```

```
int t_found; // 増加パスが発見されると true になる
// int distance[vmaxsize+1];
// int path[vmaxsize+1];
// これらが MinCostDijkstraLibrary.h で宣言される
#include"MinCostDijkstraLibrary.h"
int counter; // 発見された増加パスの個数
#include"MinCostFlowAugmentLibrary.h"
#include"MinCostFlowOutputLibrary.h"
int main(void){
   int v;
   t_found = true; // 増加パスがある可能性があるので true に設定
   flow_network_input(); // ネットワークの
   // 辺数 m, 点数 n, 入口 s, 出口 t, 各辺の始点, 終点, 容量, 費用が決定される
   flow_incidence_list_construct(); // 各点を始点とする接続辺リストが構成される
   flow_incidence_list_output(); // 各点を始点とする接続辺リストを出力する
   for (v = 1; v <= n; v++) distance[v] = 0;
   counter=0; // 発見された増加パスの個数は 0 個に初期設定
   t_found = true;
   while (t_found) {
      auxiliary_network_output(); // 補助ネットワークの構成
      t_found=shortest_path_tree_construct(s);
      // 入口 s からすべての点への最短パス木を求め出口 t が発見されたら true になる
      if (t_found) augmentation();
         // true ならば s から t へのパス P に沿ってフローを流す
   }
   mincost_flow_output();
   return 0;
}
```

下図（図 13.4）のネットワークのデータ（左の箱）を入力として与えてプログラムを走らせたときの実行結果（出力）を以下の箱に示しておく．なお，簡約費用が負になっている辺は残容量が 0 で逆向きの辺しかないことを意味している．（簡約）距離が -1 は s から到達不可能であることを意味している．図 13.5 での実行例と得られた結果が一致していることを確認しよう．

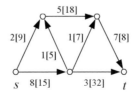

13.5 最小費用フローアルゴリズムのプログラム

```
入力するデータは有向ネットワークのデータです
有向ネットワークの点数 n と辺数 m を入力してください
m 本の各辺の始点，終点，容量および費用を入力してください
入口 s と出口 t を入力してください
有向ネットワークの点数 n=5，辺数 m=7

各点を始点とする辺のリスト
点 v：v を始点とする辺（その終点）の並び
   1：   2 (  2)      4 (  3)
   2：   1 (  1)      6 (  4)      7 (  3)
   3：   3 (  1)      8 (  2)     10 (  4)     12 (  5)
   4：   5 (  2)      9 (  3)     14 (  5)
   5：  11 (  3)     13 (  4)

辺 1  始点 1  終点 2  簡約費用   9   容量 2   f( 1)= 0
辺 2  始点 1  終点 3  簡約費用  15   容量 8   f( 2)= 0
辺 3  始点 2  終点 4  簡約費用  18   容量 5   f( 3)= 0
辺 4  始点 3  終点 2  簡約費用   5   容量 1   f( 4)= 0
辺 5  始点 3  終点 4  簡約費用   7   容量 1   f( 5)= 0
辺 6  始点 3  終点 5  簡約費用  32   容量 3   f( 6)= 0
辺 7  始点 4  終点 5  簡約費用   8   容量 7   f( 7)= 0

点 1   簡約距離   0     距離   0
点 2   簡約距離   9     距離   9
点 3   簡約距離  15     距離  15
点 4   簡約距離  22     距離  22
点 5   簡約距離  30     距離  30

Δ (P1)= 1
辺 7  始点 4  終点 5  費用  8   容量 7   f( 7): 0 --> 1
辺 5  始点 3  終点 4  費用  7   容量 1   f( 5): 0 --> 1
辺 2  始点 1  終点 3  費用 15   容量 8   f( 2): 0 --> 1

辺 1  始点 1  終点 2  簡約費用   0   容量 2   f( 1)= 0
辺 2  始点 1  終点 3  簡約費用   0   容量 8   f( 2)= 1
辺 3  始点 2  終点 4  簡約費用   5   容量 5   f( 3)= 0
辺 4  始点 3  終点 2  簡約費用  11   容量 1   f( 4)= 0
辺 5  始点 3  終点 4  簡約費用   0   容量 1   f( 5)= 1
辺 6  始点 3  終点 5  簡約費用  17   容量 3   f( 6)= 0
辺 7  始点 4  終点 5  簡約費用   0   容量 7   f( 7)= 1

点 1   簡約距離   0     距離   0
点 2   簡約距離   0     距離   9
点 3   簡約距離   0     距離  15
点 4   簡約距離   5     距離  27
点 5   簡約距離   5     距離  35
```

```
5 7
1 2 2 9
1 3 8 15
2 4 5 18
3 2 1 5
3 4 1 7
3 5 3 32
4 5 7 8
1 5
```

Δ (P2)= 2
辺 7   始点 4   終点 5   費用 8   容量 7   f(7): 1 --> 3
辺 3   始点 2   終点 4   費用 18   容量 5   f(3): 0 --> 2
辺 1   始点 1   終点 2   費用 9   容量 2   f(1): 0 --> 2

辺 1   始点 1   終点 2   簡約費用   0   容量 2   f(1)= 2
辺 2   始点 1   終点 3   簡約費用   0   容量 8   f(2)= 1
辺 3   始点 2   終点 4   簡約費用   0   容量 5   f(3)= 2
辺 4   始点 3   終点 2   簡約費用 11   容量 1   f(4)= 0
辺 5   始点 3   終点 4   簡約費用 -5   容量 1   f(5)= 1
辺 6   始点 3   終点 5   簡約費用 12   容量 3   f(6)= 0
辺 7   始点 4   終点 5   簡約費用   0   容量 7   f(7)= 3

点 1   簡約距離 0   距離 0
点 2   簡約距離 11   距離 20
点 3   簡約距離 0   距離 15
点 4   簡約距離 11   距離 38
点 5   簡約距離 11   距離 46

Δ (P3)= 1
辺 7   始点 4   終点 5   費用 8   容量 7   f(7): 3 --> 4
辺 3   始点 2   終点 4   費用 18   容量 5   f(3): 2 --> 3
辺 4   始点 3   終点 2   費用 5   容量 1   f(4): 0 --> 1
辺 2   始点 1   終点 3   費用 15   容量 8   f(2): 1 --> 2

辺 1   始点 1   終点 2   簡約費用 -11   容量 2   f(1)= 2
辺 2   始点 1   終点 3   簡約費用   0   容量 8   f(2)= 2
辺 3   始点 2   終点 4   簡約費用   0   容量 5   f(3)= 3
辺 4   始点 3   終点 2   簡約費用   0   容量 1   f(4)= 1
辺 5   始点 3   終点 4   簡約費用 -16   容量 1   f(5)= 1
辺 6   始点 3   終点 5   簡約費用   1   容量 3   f(6)= 0
辺 7   始点 4   終点 5   簡約費用   0   容量 7   f(7)= 4

点 1   簡約距離 0   距離 0
点 2   簡約距離 1   距離 21
点 3   簡約距離 0   距離 15
点 4   簡約距離 1   距離 39
点 5   簡約距離 1   距離 47

Δ (P4)= 3
辺 6   始点 3   終点 5   費用 32   容量 3   f(6): 0 --> 3
辺 2   始点 1   終点 3   費用 15   容量 8   f(2): 2 --> 5

辺 1   始点 1   終点 2   簡約費用 -12   容量 2   f(1)= 2
辺 2   始点 1   終点 3   簡約費用   0   容量 8   f(2)= 5
辺 3   始点 2   終点 4   簡約費用   0   容量 5   f(3)= 3
辺 4   始点 3   終点 2   簡約費用 -1   容量 1   f(4)= 1
辺 5   始点 3   終点 4   簡約費用 -17   容量 1   f(5)= 1

```
辺 6   始点 3   終点 5   簡約費用   0   容量 3   f( 6)= 3
辺 7   始点 4   終点 5   簡約費用   0   容量 7   f( 7)= 4

点 1   簡約距離  0   距離  0
点 2   簡約距離 -1   距離 -1
点 3   簡約距離  0   距離 15
点 4   簡約距離 -1   距離 -1
点 5   簡約距離 -1   距離 -1

入口 1 から出口 5 への流量最大の最小費用フロー f
辺 1   始点 1   終点 2   費用  9   容量 2   f( 1)= 2
辺 2   始点 1   終点 3   費用 15   容量 8   f( 2)= 5
辺 3   始点 2   終点 4   費用 18   容量 5   f( 3)= 3
辺 4   始点 3   終点 2   費用  5   容量 1   f( 4)= 1
辺 5   始点 3   終点 4   費用  7   容量 1   f( 5)= 1
辺 6   始点 3   終点 5   費用 32   容量 3   f( 6)= 3
辺 7   始点 4   終点 5   費用  8   容量 7   f( 7)= 4
最大フロー f の流量 =  7     f の費用 = 287
```

13.6 演習問題

13.1 定理 13.1 を証明せよ．

13.2 補題 13.3 を証明せよ．

13.3 図 13.6 のネットワーク N で入口 s から出口 t への流量最大のフローで費用最小のフローを，負の長さの辺が存在する補助ネットワークでの最短パスを繰り返し求めるアルゴリズムと負の長さの辺が存在しない補助ネットワークで Dijkstra のアルゴリズムで最短パスを繰り返し求めるアルゴリズムで求めよ．

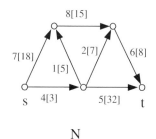

図 13.6 演習問題 13.3 の問題のネットワーク

第14章 フロー問題の線形計画問題定式化

ネットワーク最適化の多くの問題は整数計画問題として定式化できる．さらに，その整数計画問題の整数制約をなくして線形計画問題に緩和しても最適解が得られることもある．そのようなケースでは，変数と制約式の個数が入力サイズの多項式ならば，線形計画問題を解いて最適解を多項式時間で得ることができる．そのようなケースに当てはまらないときでも，ネットワーク最適化の問題に対する整数計画問題（整数制約を緩和した線形計画問題）としての定式化は，アルゴリズムデザインの理論的な枠組みを与えている．前章のダイクストラの最短パスによる最小費用フローアルゴリズムなども，実はその枠組みで理解できるのである．本章の目標は，アルゴリズムデザインの理論的な枠組みの基盤とも言える線形計画問題における双対定理と相補性を理解するとともに，最大フロー問題と最小費用フロー問題の定式化を理解することである．

14.1 線形計画問題：主問題と双対問題

線形計画問題 (linear program) は，以下の例のように，**目的関数** (objective function) と呼ばれる線形関数を，**制約式** (constraints) と呼ばれる線形の不等式のもとで最適化（最小化あるいは最大化）する問題である．

$$\begin{array}{rrrrrl}
\text{minimize} & 6x_1 & + & x_2 & + 9x_3 & \\
\text{subject to} & x_1 & - & 3x_2 & + 5x_3 & \geq 13 \\
& 4x_1 & + & 2x_2 & - x_3 & \geq 10 \\
& & & x_1, x_2, x_3 & \geq 0.
\end{array}$$

上の例のように，通常，目的関数を最小化（最大化）するときには，目的関数の前に minimize（maximize）をつけて書き，制約式は subject to の後に並べて書く．線形計画問題は，簡略化して **LP 問題** と呼ばれることも多い．線形計画問題の**変数** (variables)（上の例では x_1, x_2, x_3）に対する値の設定である解は，すべての制約式を満たすとき，**実行可能解** (feasible solution) と呼ばれる．線形計画問題のすべての実行可能解のうちで，目的関数を最適化（minimize のときは最小化，maximize ときは最大化）する解は**最適解** (optimal solution) と呼ばれ，最適解での目的関数の値をその線形計画問題の**最適値** (optimal value) という．

線形計画問題のとくに興味深い点は，**良い特徴付け** (good characterization) をもつという点であろう．上の例を用いて説明する．この例では，制約式がすべて "≥" の形をしていて，変数もすべて非負であることに注意しよう．この形は，線形計画最小化問題の**正準形** (canonical form) と呼ばれる．どの線形計画問題もこの形式に簡単に変換できる．z^* をこの線形計画問題の最適値とする．

さてここで，与えられた数 α に対して，"z^* は α 以下であるか？" という質問を考えてみよう．たとえば，$z^* \leq 50$ かというような質問である．目的関数値が 50 以下の実行可能解はいずれもこの質問に対する **Yes 証明** (Yes certificate) となる．たとえば，$\bm{x} = (3, 1, 3)$ は，最後の非負制約式を満たし，

$$3 - 3 \cdot 1 + 5 \cdot 3 = 15 \geq 13, \quad 4 \cdot 3 + 2 \cdot 1 - 3 = 11 \geq 10$$

により，この問題の最初の二つの制約式も満たし，$6 \cdot 3 + 1 + 9 \cdot 3 = 46$ を目的関数値とするので，Yes 証明になる．したがって，このような質問に対する Yes 証明はいずれも z^* の上界を与える．

それでは，このような質問に対する **No 証明** (No certificate)，すなわち，"z^* は α 以下であるか？" という質問に対する "$z^* > \alpha$" の証明，はどのように与えたらよいだろうか？ z^* に対する良い下界を与えるにはどうしたらいいのだろうかと言い換えることもできる．なお，Yes 証明と No 証明をもつ問題は良い特徴付けをもつと呼ばれる．上の例では，最初の不等式からそのような下界が一つ得られる．実際，x_i はすべて非負と限定しているので，項別に係数を比較して，目的関数と最初の制約式の左辺から $6x_1 + x_2 + 9x_3 \geq x_1 - 3x_2 + 5x_3$ が得られる．一方この不等式の右辺である最初の制約式の左辺はその右辺の 13 以上であるので，目的関数はどの実行可能解でも 13 以上の値をもつ．さらに，二つの制約式の和を

とると，

$$6x_1 + x_2 + 9x_3 \geq (x_1 - 3x_2 + 5x_3) + (4x_1 + 2x_2 - x_3) \geq 23$$

となり，任意の実行可能解 $\boldsymbol{x}$ の目的関数値に対するもっと良い下界が得られる．

このように，より良い下界を決めていくプロセスの背景にあるアイデアは，各制約式に非負数を掛けて和をとって，各変数 x_i の係数が目的関数の x_i の係数以下になるようにしている点にあると言える．どの実行可能解でも各 x_i は非負数に制限されているので，この和の右辺の値は，z^* の下界になる．注意しておきたいことは，掛ける数は非負であるという点である．負の数を掛けると不等式の向きが変わり上記のことは言えなくなってしまう．

残る問題は，この和の右辺の値が最大になるように掛ける数を決めることであることは明らかであろう．興味深い点は，この最大値を見つける問題が以下の線形計画問題として定式化できる点であろう．

$$\begin{array}{ll} \text{maximize} & 13y_1 + 10y_2 \\ \text{subject to} & y_1 + 4y_2 \leq 6 \\ & -3y_1 + 2y_2 \leq 1 \\ & 5y_1 - y_2 \leq 9 \\ & y_1, y_2 \geq 0. \end{array}$$

この線形計画問題で，y_1 と y_2 はそれぞれ，1 番目と 2 番目の制約式に掛ける数である．最初の線形計画問題は**主問題** (primal program)，2 番目の線形計画問題は（この主問題の）**双対問題** (dual program) と呼ばれる．一方は最小化問題で，他方は最大化問題となる．さらに，双対問題の双対問題は最初の主問題そのものになる．

双対問題の構成法により，双対問題のどの実行可能解の目的関数値も主問題の最適値の下界を与える．以下のように逆も言えることに注意しよう．主問題のどの実行可能解の目的関数値も双対問題の最適値の上界を与える．したがって，主問題と双対問題それぞれに対する実行可能解で目的関数値の一致するものを見つければ，それらはともに最適解になる．上の例では，$\boldsymbol{x} = (3, 0, 2)$ と $\boldsymbol{y} = (2, 1)$ が目的関数値 36 を達成し，それらがともに最適解である（図 14.1）．

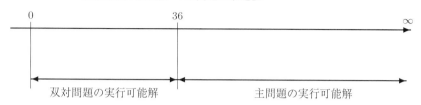

図 14.1 主問題と双対問題の実行可能解の値の関係

14.2 双対定理と相補性条件

上の例では，このようなことが起こるように恣意的に例題を作ったと思うかもしれない．しかし，これは例外ではなく，常に成立する線形計画法の中核となる定理で，**LP 双対定理** (LP-duality theorem) あるいは簡単化して**双対定理** (duality theorem) とも呼ばれるものである．

以下のように正準形で書かれた問題を主問題とする線形計画問題を用いて，この定理を一般的な形で記述する．なお，a_{ij}, b_i, c_j は与えられた数である．

$$
\begin{aligned}
(P) \quad & \text{minimize} && \sum_{j=1}^{n} c_j x_j \\
& \text{subject to} && \sum_{j=1}^{n} a_{ij} x_j \geq b_i && (i=1,\ldots,m) \\
& && x_j \geq 0 && (j=1,\ldots,n).
\end{aligned}
$$

第 i 番目の制約式に対する変数 y_i を用いて双対問題は以下のように書ける．

$$
\begin{aligned}
(D) \quad & \text{maximize} && \sum_{i=1}^{m} b_i y_i \\
& \text{subject to} && \sum_{i=1}^{m} a_{ij} y_i \leq c_j && (j=1,\ldots,n) \\
& && y_i \geq 0 && (i=1,\ldots,m).
\end{aligned}
$$

定理 14.1 (LP 双対定理) 主問題 (P) が有界な最適解をもつための必要十分条件は，双対問題 (D) が有界な最適解をもつことである．さらに，$\boldsymbol{x}^* = (x_1^*,\ldots,x_n^*)$ と $\boldsymbol{y}^* = (y_1^*,\ldots,y_m^*)$ がそれぞれ主問題 (P) と双対問題 (D) の最適解ならば，

$$\sum_{j=1}^{n} c_j x_j^* = \sum_{i=1}^{m} b_i y_i^* \tag{14.1}$$

が成立する. □

LP 双対定理は，一方が最小化問題であり他方が最大化問題であるので，実際に**最小最大関係** (mini-max relation) になっていることに注意しよう．この定理の系として，線形計画問題は良い特徴付けをもつことが得られる．すなわち，"主問題の最適解の値は α 以下か？" という質問に対して，主問題の実行可能解で目的関数値が α 以下の解が Yes 証明となり，双対問題の実行可能解で目的関数値が α より大きい解が No 証明となる．

前にも述べたように，双対問題の構成法により，双対問題に対するどの実行可能解の目的関数値も主問題の最適解の値の下界を与えている．実際には，それは，主問題の任意の実行可能解で達成される目的関数値の下界も与えている．これは LP 双対定理の簡単版で，**弱双対定理** (weak duality theorem) と呼ばれるものである．以下この定理の形式的な証明を与えよう．証明のステップに，重要な次なる成果に結びついていくものも多いからである．

定理 14.2 （弱双対定理） $\boldsymbol{x} = (x_1, \ldots, x_n)$ と $\boldsymbol{y} = (y_1, \ldots, y_m)$ がそれぞれ主問題 (P) と双対問題 (D) の実行可能解ならば，以下の不等式が成立する．

$$\sum_{j=1}^{n} c_j x_j \geq \sum_{i=1}^{m} b_i y_i. \tag{14.2}$$

証明 $\boldsymbol{y}$ は双対問題 (D) の実行可能解であり，x_j はすべて非負数であるので，

$$\sum_{j=1}^{n} c_j x_j \geq \sum_{j=1}^{n} \left(\sum_{i=1}^{m} a_{ij} y_i \right) x_j \tag{14.3}$$

である．同様に，$\boldsymbol{x}$ は主問題 (P) の実行可能解であり，y_i はすべて非負数であるので，

$$\sum_{i=1}^{m} \left(\sum_{j=1}^{n} a_{ij} x_j \right) y_i \geq \sum_{i=1}^{m} b_i y_i \tag{14.4}$$

である．したがって，

$$\sum_{j=1}^{n} \left(\sum_{i=1}^{m} a_{ij} y_i \right) x_j = \sum_{i=1}^{m} \left(\sum_{j=1}^{n} a_{ij} x_j \right) y_i$$

に注意すれば定理が得られる. □

LP双対定理より,xとyがそれぞれともに最適解であるときそしてそのときのみ,(14.2)が等式で成立することになる.これは明らかに,(14.3)と(14.4)の両方が等式で成立することに等価である.したがって,以下の最適解の構造に関する結果が得られる.

定理14.3(相補性条件) xとyをそれぞれ主問題(P)と双対問題(D)の実行可能解とする.このとき,xとyがそれぞれ主問題(P)と双対問題(D)の最適解であるための必要十分条件は,以下の二つの条件が成立することである.

主相補性条件:各$1 \leq j \leq n$に対して,$x_j = 0$あるいは$\sum_{i=1}^{m} a_{ij} y_i = c_j$である.

双対相補性条件:各$1 \leq i \leq m$に対して,$y_i = 0$あるいは$\sum_{j=1}^{n} a_{ij} x_j = b_i$である.

14.2.1 相補性条件の成立することの確認

上記の例の主問題,

$$\begin{array}{rrrrrcr} \text{minimize} & 6x_1 & + & x_2 & + & 9x_3 & \\ \text{subject to} & x_1 & - & 3x_2 & + & 5x_3 & \geq 13 \\ & 4x_1 & + & 2x_2 & - & x_3 & \geq 10 \\ & & & x_1, x_2, x_3 & \geq & 0 & \end{array}$$

の実行可能解$x = (3, 0, 2)$とその双対問題,

$$\begin{array}{rrcr} \text{maximize} & 13y_1 + 10y_2 & & \\ \text{subject to} & y_1 + 4y_2 & \leq & 6 \\ & -3y_1 + 2y_2 & \leq & 1 \\ & 5y_1 - y_2 & \leq & 9 \\ & y_1, y_2 & \geq & 0 \end{array}$$

の実行可能解$y = (2, 1)$に対して,$x_1 = 3 > 0$, $x_3 = 2 > 0$に対応する$y_1 + 4y_2 \leq 6$, $5y_1 - y_2 \leq 9$は,

$$y_1 + 4y_2 = 2 + 4 \cdot 1 = 6, \qquad 5y_1 - y_2 = 5 \cdot 2 - 1 = 9$$

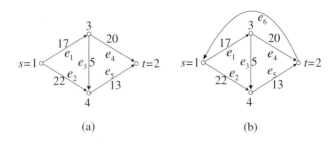

図 14.2 (a) ネットワーク $N = (G, \mathrm{cap}, s, t)$. (b) 出口 t から入口 s への辺 e_6 を加えたネットワーク N' (e_6 の容量は無限大とする)

で等式で成立し, $y_1 = 2 > 0$, $y_2 = 1 > 0$ に対応する $x_1 - 3x_2 + 5x_3 \geq 13$, $4x_1 + 2x_2 - x_3 \geq 10$ は,

$$x_1 - 3x_2 + 5x_3 = 3 - 3\cdot 0 + 5\cdot 2 = 13, \quad 4x_1 + 2x_2 - x_3 = 4\cdot 3 + 2\cdot 0 - 2 = 10$$

で等式で成立する. すなわち, 主問題の実行可能解 $\boldsymbol{x} = (3, 0, 2)$ と双対問題の実行可能解 $\boldsymbol{y} = (2, 1)$ は相補性条件を満たしていて, それぞれ, 最適解である.

この相補性条件は, 最適解を求める効率的アルゴリズムデザインにおいて極めて重要な役割を果たしてきている.

14.3 最大フロー問題の線形計画問題としての定式化

図 14.2(a) のネットワーク $N = (G, \mathrm{cap}, s, t)$ で具体的に最大フロー問題を線形計画問題として与える (この例では $n = |V(G)| = 4, m = |E(G)| = 5$ である). 与えられたネットワーク $N = (G, \mathrm{cap}, s, t)$ に容量無限大の仮想的な辺 $e_{m+1} = (t, s)$ を加えて得られるネットワークを $N' = (G', \mathrm{cap}', s, t)$ とする (図 14.2(b)).
ネットワーク $N = (G, \mathrm{cap}, s, t)$ の接続行列 $A = (a_{ik})$ と N' の接続行列 $A' = (a'_{ik})$ は, 辺 e_k を辺 k と見なすので,

$$A = \begin{array}{c} \\ 1 \\ 2 \\ 3 \\ 4 \end{array} \begin{pmatrix} 1 & 2 & 3 & 4 & 5 \\ 1 & 1 & 0 & 0 & 0 \\ 0 & 0 & 0 & -1 & -1 \\ -1 & 0 & 1 & 1 & 0 \\ 0 & -1 & -1 & 0 & 1 \end{pmatrix}, \quad A' = \begin{array}{c} \\ 1 \\ 2 \\ 3 \\ 4 \end{array} \begin{pmatrix} 1 & 2 & 3 & 4 & 5 & 6 \\ 1 & 1 & 0 & 0 & 0 & -1 \\ 0 & 0 & 0 & -1 & -1 & 1 \\ -1 & 0 & 1 & 1 & 0 & 0 \\ 0 & -1 & -1 & 0 & 1 & 0 \end{pmatrix}$$

である．各辺 e_k を流れるフロー $f(e_k)$ と容量 $\mathrm{cap}(e_k)$ を x_k と u_k とおいて，

$$\boldsymbol{x} = \begin{pmatrix} x_1 \\ x_2 \\ x_3 \\ x_4 \\ x_5 \end{pmatrix}, \quad \boldsymbol{u} = \begin{pmatrix} 17 \\ 22 \\ 5 \\ 20 \\ 13 \end{pmatrix}, \quad \boldsymbol{I}_5 = \begin{pmatrix} 1 & 0 & 0 & 0 & 0 \\ 0 & 1 & 0 & 0 & 0 \\ 0 & 0 & 1 & 0 & 0 \\ 0 & 0 & 0 & 1 & 0 \\ 0 & 0 & 0 & 0 & 1 \end{pmatrix},$$

$$\boldsymbol{x}' = \begin{pmatrix} x_1 \\ x_2 \\ x_3 \\ x_4 \\ x_5 \\ x_6 \end{pmatrix}, \quad \boldsymbol{0}_5 = \begin{pmatrix} 0 \\ 0 \\ 0 \\ 0 \\ 0 \end{pmatrix}, \quad \boldsymbol{0}_4 = \begin{pmatrix} 0 \\ 0 \\ 0 \\ 0 \end{pmatrix}$$

とする．

すると，図 14.2(a) のネットワーク $N = (G, \mathrm{cap}, s, t)$ の最大フローを求める問題は，

$$\begin{array}{rl} \text{maximize} & x_6 \\ \text{subject to} & A' \boldsymbol{x}' \geq \boldsymbol{0}_4 \\ & \boldsymbol{I}_5 \boldsymbol{x} \leq \boldsymbol{u} \\ & \boldsymbol{x} \geq \boldsymbol{0}_5 \end{array}$$

と書ける．ここで，注意しておきたいことは以下の点である．

$$A' \boldsymbol{x}' \geq \boldsymbol{0}_4$$

は，すべての点で流出量が流入量より大きいか等しいということを表している $n = 4$ 個の連立不等式であるが，それらの左辺の和をとると 0 になる．もちろん右辺の和も 0 である．したがって，$A' \boldsymbol{x}' \geq \boldsymbol{0}_4$ が成立するときにはどの不等式も等式で成立することになる．すなわち，すべての点で流出量が流入量より大きいか等しいときには，すべての点で流出量と流入量は等しいことになる．したがって，実際はネットワーク N' でのフロー $\boldsymbol{x}'$ がすべての点で流量保存制約を満たすことを意味する，

$$A' \boldsymbol{x}' = \boldsymbol{0}_4$$

の制約式を，便宜上，$A' \boldsymbol{x}' \geq \boldsymbol{0}_4$ と書いていることに注意しよう．

以上の議論より，上記の線形計画問題の制約式と目的関数は，流量保存制約と容量制約を満たしながら，$e_{m+1} = e_6$ の辺を流れるフローを最大化するというものになっていることがわかる．したがって，与えられたネットワーク $N = (G, \mathrm{cap}, s, t)$ での最大フローを求める問題に一致している．

これを正準形で表すと，

$$
\begin{array}{rl}
\text{minimize} & -x_6 \\
\text{subject to} & A'\boldsymbol{x}' \geq \boldsymbol{0}_4 \\
& -\boldsymbol{I}_5 \boldsymbol{x} \geq -\boldsymbol{u} \\
& \boldsymbol{x} \geq \boldsymbol{0}_5
\end{array}
$$

となる．最大フロー問題の線形計画問題としてのこの定式化を主問題と考えると双対問題は，

$$
\boldsymbol{p} = \begin{pmatrix} p_1 \\ p_2 \\ p_3 \\ p_4 \end{pmatrix}, \quad \boldsymbol{d} = \begin{pmatrix} d_1 \\ d_2 \\ d_3 \\ d_4 \\ d_5 \end{pmatrix}
$$

を用いて，

$$
\begin{array}{rl}
\text{maximize} & -\boldsymbol{u}^T \boldsymbol{d} \\
\text{subject to} & A^T \boldsymbol{p} - \boldsymbol{I}_5 \boldsymbol{d} \leq \boldsymbol{0}_5 \\
& p_2 - p_1 \leq -1 \\
& \boldsymbol{p} \geq \boldsymbol{0}_4 \\
& \boldsymbol{d} \geq \boldsymbol{0}_5
\end{array}
$$

と書ける．この双対問題を考えてみよう．まず，

$$
A^T \boldsymbol{p} - \boldsymbol{I}_5 \boldsymbol{d} \leq \boldsymbol{0}_5
$$

は，各辺 $e_k = (i,j) \in E(G)$ $(k = 1, 2, \ldots, 5)$ に対して，

$$
-d_k + p_i - p_j \leq 0
$$

を意味している．そこで必要に応じて -1 をこれらの制約式に掛けて正準形

14.3 最大フロー問題の線形計画問題としての定式化

$$\begin{aligned}
\text{minimize} \quad & \boldsymbol{u}^T \boldsymbol{d} = \sum_{k=1}^{5} u_k d_k \\
\text{subject to} \quad & d_k - p_i + p_j \geq 0 \quad (e_k = (i,j), k=1,2,\ldots,5) \\
& p_1 - p_2 \geq 1 \\
& p_i \geq 0 \quad (i=1,2,3,4) \\
& d_k \geq 0 \quad (k=1,2,\ldots,5)
\end{aligned}$$

に書き換える．さらに，$\boldsymbol{p}$ と $\boldsymbol{d}$ の各要素が $0, 1$ の値のみをとりうるとする．すなわち，$p_i \in \{0,1\}$ $(i=1,2,3,4)$, $d_k \in \{0,1\}$ $(k=1,2,\ldots,5)$ とすると整数計画問題,

$$\begin{aligned}
\text{minimize} \quad & \sum_{k=1}^{5} u_k d_k \\
\text{subject to} \quad & d_k - p_i + p_j \geq 0 \quad (e_k = (i,j), k=1,2,\ldots,5) \\
& p_1 - p_2 \geq 1 \\
& p_i \in \{0,1\} \quad (i=1,2,3,4) \\
& d_k \in \{0,1\} \quad (k=1,2,\ldots,5)
\end{aligned}$$

が得られる．この整数計画問題の実行可能解はどんなものであろうか？ 実は s-t カットと実行可能解がある意味で一対一対応する．実際，$s=1$ を含み $t=2$ を含まない任意の s-t カット $X \subset V(G)$ に対して，点 i が X に含まれるとき $p_i = 1$, そうでないとき $p_i = 0$ とおいて，X から $V(G) - X$ に向かう辺 e_k に対して $d_k = 1$ とし，それ以外の辺 $e_{k'}$ に対して $d_{k'} = 0$ とすると，すべての制約式を満たすことがわかる．

逆に，この整数計画問題の実行可能解を p_i, d_k をする．もちろん，$s=1, t=2$, $p_s - p_t \geq 1$, $p_i \in \{0,1\}$ から，$p_s = 1$, $p_t = 0$ となる．そこで，

$$X = \{i \in V(G) \mid p_i = 1\}$$

とする．すると，$s \in X$ かつ $t \notin X$ である．X から $V(G) - X$ に向かう任意の辺 $e_k = (i,j)$ に対して，$d_k \geq p_i - p_j = 1$ より，$d_k = 1$ である．それ以外の辺 $e_{k'} = (i',j')$ に対しては，$p_{i'} \leq p_{j'}$ であるので，$d_{k'}$ を 0 あるいは 1 のいずれに選んでも，$d_{k'} - p_{i'} + p_{j'} \geq 0$ は常に成立している．そこで $d_{k'} = 0$ とおくことができる．したがって，このように限定した実行可能解と G の s-t カットは一対一対

応する.

以上の対応のもとで，この整数計画問題の目的関数はカットの容量を表していることになり，この整数計画問題は，最小カットを求める問題であることがわかる．整数制約を緩和して $\boldsymbol{p}$ と $\boldsymbol{d}$ の各要素が 0 から 1 の任意の値をとりうるとすると線形計画問題,

$$
\begin{align*}
\text{minimize} \quad & \sum_{k=1}^{5} u_k d_k \\
\text{subject to} \quad & d_k - p_i + p_j \geq 0 \quad (e_k = (i,j), k = 1, 2, \ldots, 5) \\
& p_1 - p_2 \geq 1 \\
& p_i \leq 1 \quad (i = 1, 2, 3, 4) \\
& d_k \leq 1 \quad (k = 1, 2, \ldots, 5) \\
& p_i \geq 0 \quad (i = 1, 2, 3, 4) \\
& d_k \geq 0 \quad (k = 1, 2, \ldots, 5)
\end{align*}
$$

が得られる．この線形計画問題は整数計画問題の **LP 緩和** (LP-relaxation) と呼ばれる．これ制約式で，最小値を実現する最適解では，$p_i \leq 1$ と $d_k \leq 1$ が自動的に成立するので，これらの制約式は冗長である．したがって，それらは制約式から除去できる．すると,

$$
\begin{align*}
\text{minimize} \quad & \sum_{k=1}^{5} u_k d_k \\
\text{subject to} \quad & d_k - p_i + p_j \geq 0 \quad (e_k = (i,j), k = 1, 2, \ldots, 5) \\
& p_1 - p_2 \geq 1 \\
& p_i \geq 0 \quad (i = 1, 2, 3, 4) \\
& d_k \geq 0 \quad (k = 1, 2, \ldots, 5)
\end{align*}
$$

が得られる．これは最大フロー問題の双対問題に一致する．すなわち，最小カット問題（整数計画問題）の LP 緩和が最大フロー問題の双対問題になる.

s-t カット $C = \delta^+(X)$ を考える．集合 C は，s から t への G のどのパスも C の辺を少なくとも 1 本含む（パス上の辺 $e_k = (i,j)$ の 0,1-整数値の d_k の和が 1 以上になる）という性質をもっている．この性質の小数化版という考え方に基づいて，双対問題に対する任意の実行可能解を**小数 s-t カット** (fractional s-t cut) と

解釈できる. 実際, s から t へのどのパスでも, 辺に割り当てられた距離ラベルの和は 1 以上であるという性質を満たす. これは, s-t パス $(s = v_0, v_1, \ldots, v_k = t)$ を考え, パス上の辺の両端点のポテンシャルの差を足すと,

$$\sum_{i=0}^{k-1}(p_i - p_{i+1}) = p_s - p_t$$

となることからわかる. 実際, これと最初の制約式から, パス上の辺の距離ラベルの和は $p_s - p_t$ 以上になり, したがって 1 以上になる. この小数 s-t カットの**容量** (capacity) を上の双対問題の目的関数で達成される値と定義する.

原理的には, 最小の小数 s-t カットは最小の整数 s-t カットより容量が小さくなりうる. 驚きに値することであるが, こうはならない. 双対問題の実行可能解の集合のなす多面体を考えよう. 実行可能解がこの多面体の端点であるとき, すなわち, 多面体のどの 2 点の凸結合でも表現できないとき, **端点解** (extreme point solution) という. 線形計画法の理論から, どんな目的関数, すなわち, ネットワーク $N = (G, \mathrm{cap}, s, t)$ の G の辺へのどんな容量の割当てに対しても, 最適解で端点解となるものが存在することがわかっている (ただし, 与えられた目的関数に対して最適解が存在するものと仮定している). そして, 多面体の各端点解は各座標値が 0 または 1 となる整数解であることも証明できる. したがって, 上の双対問題は常に整数最適解をもつ.

LP 双対定理より, ネットワーク $N = (G, \mathrm{cap}, s, t)$ の最大フローは最小小数 s-t カットの容量と等しい流量をもつ. 最小小数 s-t カットの容量は最小 s-t カットの容量と等しいので, 最大フロー最小カット定理が得られる.

したがって, 双対問題の実行可能解の多面体が整数の端点からなる整数性に基づいて, 最大フロー最小カット定理は, LP 双対定理の特別なケースとして得られる. 実際, 組合せ最適化問題において最小最大関係が成立するものの多くは, 同様の理由に基づいている.

14.4 最小費用フロー問題の線形計画問題としての定式化

本節では, 最小費用フロー問題の線形計画問題による定式化を与える. なお, 12 章では様々なタイプのフロー問題を取り上げ, それらが最大フロー問題に帰着できることを示した. したがって, それらの様々なタイプのフロー問題の線形計

画問題による定式化も，前節で述べた最大フロー問題の線形計画問題による定式化からわずかな修正で得られる．13章で述べた最小費用フロー問題でも，同様のことが言えることを示す．すなわち，様々なタイプの最小費用フロー問題も13章で述べた最小費用フロー問題に帰着できることを，線形計画問題による定式化を用いて示す．そこで，13章で述べた最小費用フロー問題の定式化から始める．その後，最も一般的と思われるタイプの最小費用フロー問題の定式化が，この形式の定式化に帰着できることを示す．

ネットワーク $N = (G = (V,E), \text{cap}, \text{cost}, s, t)$ の点は 1 から n $(n = |V|)$，辺は 1 から m $(m = |E|)$ の整数のラベルが付いているものとする．したがって，

$$V = \{1, 2, \ldots, n\}, \quad E = \{1, 2, \ldots, m\}$$

であり，$s=1, t=2$ とおける．G の接続行列 $A = (a_{ik})$ は，

$$a_{ik} = \begin{cases} 1 & (\text{点 } i \text{ が辺 } k \text{ の始点のとき}) \\ -1 & (\text{点 } i \text{ が辺 } k \text{ の終点のとき}) \\ 0 & (\text{それ以外のとき}) \end{cases}$$

として定められる $n \times m$ 行列である．辺 k における容量 cap，費用 cost，フロー f を便宜上，u_k, c_k, x_k と書くことにし，m 次元ベクトル，

$$\boldsymbol{u} = (u_k), \quad \boldsymbol{c} = (c_k), \quad \boldsymbol{x} = (x_k)$$

で容量，費用，フローを表す．すると，フローの容量制約は，

$$\text{(a)} \quad \boldsymbol{0} \leq \boldsymbol{x} \leq \boldsymbol{u}$$

と書ける．またフローの流量保存制約と流量 K の条件は n 次元の定数ベクトル $\boldsymbol{b} = (K, -K, 0, \ldots, 0)^T = (b_i)$ を用いて，

$$\text{(b)} \quad A\boldsymbol{x} = \boldsymbol{b}$$

と表すことができる．したがって，これまでの最小費用フロー問題は，条件 (a), (b) のもとで，$\boldsymbol{c}^T \boldsymbol{x}$ を最小にする問題として定式化できる．すなわち，

$$\begin{array}{ll} (P) & \text{minimize} \quad \boldsymbol{c}^T \boldsymbol{x} \\ & \text{subject to} \quad A\boldsymbol{x} = \boldsymbol{b} \\ & \qquad\qquad\quad \boldsymbol{0} \leq \boldsymbol{x} \leq \boldsymbol{u} \end{array}$$

14.4 最小費用フロー問題の線形計画問題としての定式化 195

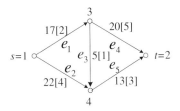

図 14.3 ネットワーク $N = (G, \mathrm{cap}, \mathrm{cost}, s, t)$ （辺 e の容量と費用は $\mathrm{cap}(e)[\mathrm{cost}(e)]$ と表示している）

という線形計画問題になる．もちろん，13 章で述べた最小費用フロー問題では各辺 k の費用 c_k は非負であるものとしていた．

図 14.3 のネットワーク $N = (G, \mathrm{cap}, \mathrm{cost}, s, t)$ で具体的に考えてみよう．$N = (G, \mathrm{cap}, \mathrm{cost}, s, t)$ の接続行列 $A = (a_{ij})$ は，

$$A = \begin{array}{c} \\ 1 \\ 2 \\ 3 \\ 4 \end{array} \begin{array}{c} \begin{array}{ccccc} 1 & 2 & 3 & 4 & 5 \end{array} \\ \begin{pmatrix} 1 & 1 & 0 & 0 & 0 \\ 0 & 0 & 0 & -1 & -1 \\ -1 & 0 & 1 & 1 & 0 \\ 0 & -1 & -1 & 0 & 1 \end{pmatrix} \end{array}$$

である．各辺 e_k に対して，e_k を流れるフロー $f(e_k)$ を x_k，e_k の容量 $\mathrm{cap}(e_k)$ とコスト $\mathrm{cost}(e_k)$ を u_k と c_k とおいて，

$$\boldsymbol{x} = \begin{pmatrix} x_1 \\ x_2 \\ x_3 \\ x_4 \\ x_5 \end{pmatrix}, \quad \boldsymbol{u} = \begin{pmatrix} 17 \\ 22 \\ 5 \\ 20 \\ 13 \end{pmatrix}, \quad \boldsymbol{c} = \begin{pmatrix} 2 \\ 4 \\ 1 \\ 5 \\ 3 \end{pmatrix}$$

とする．さらに，

$$\boldsymbol{0}_5 = \begin{pmatrix} 0 \\ 0 \\ 0 \\ 0 \\ 0 \end{pmatrix}, \quad \boldsymbol{b}_4 = \begin{pmatrix} K \\ -K \\ 0 \\ 0 \end{pmatrix}$$

とする．すると，図 14.3 のネットワーク $N = (G, \mathrm{cap}, \mathrm{cost}, s, t)$ の流量 K の最小費用フローを求める問題は，

$$\begin{array}{rl} \text{minimize} & \boldsymbol{c}^T \boldsymbol{x} = 2x_1 + 4x_2 + x_3 + 5x_4 + 3x_5 \\ \text{subject to} & A\boldsymbol{x} = \boldsymbol{b} \\ & \boldsymbol{0} \leq \boldsymbol{x} \leq \boldsymbol{u} \end{array}$$

と書ける．

次に，問題 (P) の一般化を考える．m 次元ベクトル $\boldsymbol{u} = (u_k)$，$\boldsymbol{c} = (c_k)$ と n 次元ベクトル $\boldsymbol{b} = (b_i)$ の制約を除去する．すなわち，費用が負となる辺 k ($c_k < 0$) が存在することも認める．また，n 次元ベクトル $\boldsymbol{b} = (b_i)$ は 12 章での需要付きフローの供給ベクトル（需要ベクトルに負の符号を付けたもの）と考えることになる．したがって，$b_i > 0$ の点 i は供給点であり，$b_i < 0$ のの点 i は需要点である．さらに，下界付きフローで考えたフローの下界を表す m 次元ベクトル $\boldsymbol{q} = (q_k)$ を導入する．$\boldsymbol{u} = (u_k)$ はフローの上界を表すので，

$$\boldsymbol{q} \leq \boldsymbol{u}$$

は成立するものと仮定する．すなわち，すべての $k = 1, 2, \ldots, m$ で $q_k \leq u_k$ が成立するものとする．

したがって，最小費用下界付きフロー問題の線形計画問題による定式化は，

$$\begin{array}{rl} (Q) \quad \text{minimize} & \boldsymbol{c}^T \boldsymbol{x} \\ \text{subject to} & A\boldsymbol{x} = \boldsymbol{b} \\ & \boldsymbol{q} \leq \boldsymbol{x} \leq \boldsymbol{u} \end{array}$$

と書ける．繰り返しになるが，(Q) の形式の問題では，$c_k < 0$ となるような辺や $b_i \neq 0$ となるような点が 3 点以上あるかもしれないし，$x_k < 0$ ということもありうる．もちろん，$A\boldsymbol{x} = \boldsymbol{b}$ の式の左辺の和は 0 になるので，右辺の和も 0 でなければならない．すなわち，

$$b_1 + b_2 + \cdots + b_n = 0$$

は前もって成立しているものと仮定する．

以下では，(Q) の形式の最小費用フロー問題が，常に (P) の形式に帰着できることを述べる．

14.4 最小費用フロー問題の線形計画問題としての定式化

まず費用が負の辺の除去から始める．辺 $k = (i,j)$ の費用 c_k が負であったとする．逆向きの辺 $k' = (j,i)$ を考え，$c_{k'} = -c_k > 0$ として，ネットワークから辺 $k = (i,j)$ を除去し，代わりにを k' を付け加える．これに対応して，

$$q_k \leq x_k \leq u_k \quad \rightarrow \quad -u_k \leq x_{k'} = -x_k \leq -q_k$$

となる．ここで再度 k' を k に置き換える．もちろん，対応して接続行列 A も（他も）変化するが，一方の最小費用フローから他方の最小費用フローは容易に得ることができる．以上の操作を費用が負の辺すべてに対して行えばよいので，(Q) の形式で辺の費用はすべて非負であると仮定できる．

次に容量の下界を 0 にする．そのために $\boldsymbol{y} = \boldsymbol{x} - \boldsymbol{q}$ なる新しいフローを考える．これにより，制約式は，

$$A(\boldsymbol{y} + \boldsymbol{q}) = \boldsymbol{b}, \quad \boldsymbol{q} \leq \boldsymbol{y} + \boldsymbol{q} \leq \boldsymbol{u}$$

から，

$$A\boldsymbol{y} = \boldsymbol{b} - A\boldsymbol{q}, \quad \boldsymbol{0} \leq \boldsymbol{y} \leq \boldsymbol{u} - \boldsymbol{q}$$

となる．一方，目的関数は，

$$\min \boldsymbol{c}^T \boldsymbol{x} = \min \boldsymbol{c}^T (\boldsymbol{y} + \boldsymbol{q}) = \min(\boldsymbol{c}^T \boldsymbol{y} + \boldsymbol{c}^T \boldsymbol{q}) = \boldsymbol{c}^T \boldsymbol{q} + \min \boldsymbol{c}^T \boldsymbol{y}$$

となるので，$\boldsymbol{c}^T \boldsymbol{q}$ が定数であることに注意して，

$$\min \boldsymbol{c}^T \boldsymbol{y}$$

に置き換えることができる．ここで改めて，

$$\boldsymbol{x} := \boldsymbol{y}; \quad \boldsymbol{b} := \boldsymbol{b} - A\boldsymbol{q}, \quad \boldsymbol{u} := \boldsymbol{u} - \boldsymbol{q}$$

と置き換えれば，

$$(R) \quad \begin{aligned} &\text{minimize} & & \boldsymbol{c}^T \boldsymbol{x} \\ &\text{subject to} & & A\boldsymbol{x} = \boldsymbol{b} \\ & & & \boldsymbol{0} \leq \boldsymbol{x} \leq \boldsymbol{u} \end{aligned}$$

という形式の線形計画問題になる．もちろん，このとき，$c_k \geq 0$ および $b_1 + b_2 +$

$\cdots + b_n = 0$ は成立している.

(R) から (P) の形式にするには, まず $\boldsymbol{b}$ を,

$$B^+ = \{i \mid b_i > 0\}, \quad B^- = \{i \mid b_i < 0\}$$

に分類し, 新しい 2 点 $n+1, n+2$ を付け加え, さらに新しい辺の集合,

$$E^+ = \{(n+1, i) \mid i \in B^+\}, \quad E^- = \{(i, n+2) \mid i \in B^-\}$$

を付け加える (対応して A も変化する). 新しい辺 $(n+1, i)$ の容量は b_i とし, $(i, n+2)$ の容量は $-b_i$ とする. 新しい辺の費用はいずれも 0 とする. そして,

$$K := \sum_{i \in B^+} b_i \quad \left(= -\sum_{i \in B^-} b_i\right)$$

とおき,

$$\boldsymbol{b}' = (0, 0, ..., 0, K, -K)$$

とする. こうして得られたネットワークの最小費用フロー問題は (P) の形式をしている. 新しいネットワークの条件を満たす最小費用フローを求め, 新しい辺の部分を無視してしまえば, 元のネットワークの条件を満たす最小費用フローが得られることは容易に観察できるであろう.

以上の変換 ((Q) から (P) への) は O(mn) 時間でできることも容易にわかるだろう (ネットワーク上でのこの変換は O$(m+n)$ 時間でできる). したがって, (P) の形式の最小費用フロー問題は極めて一般的な形であることがわかった. なお, (Q) の形式で $\boldsymbol{b} = \boldsymbol{0}$ のときには, **最小費用循環フロー問題** (minimum-cost circulation problem) と呼ばれている. 最小費用循環フロー問題も十分一般的な問題である. なぜなら, (P) の形式の最小費用フロー問題が最小費用循環フロー問題に変換できるからである. 変換は単に辺 (t, s) を付加し, その容量の上限を K, 下限を 0 とし, 費用を $-M$ とするだけでよい. ただし, M は十分大きい正の数とする. すると最小費用循環フローでは辺 (t, s) を容量いっぱいフローが流れることになり, その部分のフローを無視すると, 元の最小費用フローが得られることになる.

(P) の問題の線形計画法の意味での双対問題は n 次元ベクトル $\boldsymbol{y} = (y_i)$ および m 次元ベクトル $\boldsymbol{z} = (z_k)$ を用いて,

$$(D) \quad \text{maximize} \quad \boldsymbol{y}^T\boldsymbol{b} - \boldsymbol{z}^T\boldsymbol{u}$$
$$\text{subject to} \quad \boldsymbol{y}^T A - \boldsymbol{z}^T \leq \boldsymbol{c}^T$$
$$\boldsymbol{z} \geq \boldsymbol{0}$$

と書ける．

これは，書き下せば，

$$\text{maximize} \quad K(y_1 - y_2) - (u_1 z_1 + u_2 z_2 + \cdots + u_m z_m)$$
$$\text{subject to} \quad y_i - y_j - z_k \leq c_k \quad (k = (i, j) \in E)$$
$$z_k \geq 0 \quad (k = 1, 2, \ldots, m)$$

となる．(P) の実行可能解を $\boldsymbol{x}$，(D) の実行可能解を $\boldsymbol{y}, \boldsymbol{z}$ とすれば，一般に，

$$\begin{aligned}
K(y_1 - y_2) - (u_1 z_1 + u_2 z_2 + \cdots + u_m z_m) &= \boldsymbol{y}^T \boldsymbol{b} - \boldsymbol{z}^T \boldsymbol{u} \\
&= \boldsymbol{y}^T A \boldsymbol{x} - \boldsymbol{z}^T \boldsymbol{u} \\
&\leq \boldsymbol{y}^T A \boldsymbol{x} - \boldsymbol{z}^T \boldsymbol{x} \\
&= (\boldsymbol{y}^T A - \boldsymbol{z}^T) \boldsymbol{x} \\
&\leq \boldsymbol{c}^T \boldsymbol{x}
\end{aligned}$$

が成立する．

$\boldsymbol{x}$ が (P) の最適解，$\boldsymbol{y}, \boldsymbol{z}$ が (D) の最適解のときは上記の不等式はすべて等号で成立する（双対定理）．したがって，(P) の実行可能解 $\boldsymbol{x}$，(D) の実行可能解 $\boldsymbol{y}, \boldsymbol{z}$ がともに最適解であるときには，

$x_k > 0$ ならば $y_i - y_j - z_k = c_k$ であり，$x_k < u_k$ ならば $z_k = 0$ である

ことが得られる（相補性定理）．

14.5 演習問題

14.1 線形計画問題

$$\begin{aligned}
\text{minimize} \quad & 7x_1 + x_2 + 5x_3 \\
\text{subject to} \quad & x_1 - x_2 + 3x_3 \geq 40 \\
& 5x_1 + 2x_2 - x_3 \geq 24 \\
& x_1, x_2, x_3 \geq 0
\end{aligned}$$

の最適解の値を z^* とする．$z^* \leq 120$ かどうか判定せよ．さらに，$z^* \leq 120$ であるときは，それを納得させる説明を与えよ．また，$z^* \geq 64$ かどうか判定せよ．さらに，$z^* \geq 64$ であるときは，それを納得させる説明を与えよ．

14.2 線形計画問題，
$$\begin{aligned}
\text{maximize} \quad & 40y_1 + 24y_2 \\
\text{subject to} \quad & y_1 + 5y_2 \leq 7 \\
& -y_1 + 2y_2 \leq 1 \\
& 3y_1 - y_2 \leq 5 \\
& y_1, y_2 \geq 0
\end{aligned}$$
の最適解 $\boldsymbol{y}^* = (y_1^*, y_2^*)$ を求めよ．

14.3 以下のネットワーク $N = (G, \text{cap}, s, t)$ で具体的に最大フロー問題を線形計画問題として与えよ．また，双対問題も線形計画問題として与えよ．

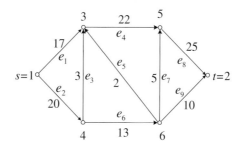

演習問題解答

第 1 章

1.1

(a) 各点 i（v_i と表示）を始点とする辺の接続辺リストは以下のように図示できる．

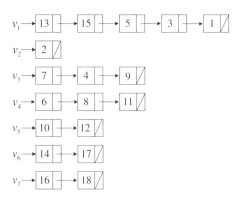

(b) これから $\vec{G}$ を復元して図示したものが左下の図である．

(c) これから G を復元して図示したものが右下の図である．

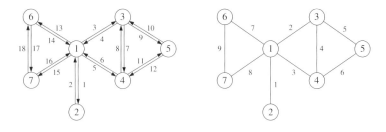

1.2
以下のプログラムを走らせて図 1.13 の有向グラフ G の完備データ構造の配列の内容を与える．1.3 節のライブラリプログラム CompStructLibrary.h に以下の完備データ構造の配列の内容を出力する関数 outputarray() を追加したものを改めてライブラリプログラム CompStructEx.h とする．

```
void outputarray(void){// 完備データ構造の配列の内容を出力する関数
    int i;
    printf("\n 配列番地");
    for (i=1; i<= m; i++) {printf("%3d",i);}
    printf("\n 配列 tail");
    for (i=1; i<= m; i++) {printf("%3d",tail[i]);}
    printf("\n 配列 head");
    for (i=1; i<= m; i++) {printf("%3d",head[i]);}
    printf("\n");
    printf("\n 配列番地        ");
    for (i=1; i<= n; i++) {printf("%3d",i);}
    printf("\n 配列 edgefirst    ");
    for (i=1; i<= n; i++) {printf("%3d",edgefirst[i]);}
    printf("\n");
    printf("\n 配列番地        ");
    for (i=1; i<= m; i++) {printf("%3d",i);}
    printf("\n 配列 edgenext    ");
    for (i=1; i<= m; i++) {printf("%3d",edgenext[i]);}
    printf("\n");
    printf("\n 配列番地        ");
    for (i=1; i<= n; i++) {printf("%3d",i);}
    printf("\n 配列 revedgefirst");
    for (i=1; i<= n; i++) {printf("%3d",revedgefirst[i]);}
    printf("\n");
    printf("\n 配列番地        ");
    for (i=1; i<= m; i++) {printf("%3d",i);}
    printf("\n 配列 revedgenext");
    for (i=1; i<= m; i++) {printf("%3d",revedgenext[i]);}
    printf("\n");
}
```

すると，有向グラフ G の完備データ構造の配列の内容は，最後に outputarray() を呼び出すことを追加した以下のプログラムで出力される．

```
// 有向グラフ入力と完備データ構造構成と配列出力のプログラム compstructarray.c
#include <stdio.h>
#define vmaxsize    1000
#define emaxsize    2000
#include"DigraphInput.h"
#include"CompStructEx.h"
int main(void) {
    directed_graph_input();  // 有向グラフの辺数 m, 点数 n, 始点 終点が決定される
    dicomp_incidence_list_construct();  // 接続辺リストが構成される
    dicomp_incidence_list_output();     // 構成された接続辺リストが出力される
    outputarray();  // 追加した行      // 完備データ構造の配列の内容が出力される
    return 0;
}
```

以下は，上記のプログラムに図 1.13 の有向グラフのデータを入力として与えてプログラムを走らせたときの実行結果のうちで，この追加された outputarray() で出力された部分である（すなわち，図 1.13 の有向グラフ G の完備データ構造の配列の内容である）．

```
配列 番地    1  2  3  4  5  6  7  8  9
配列 tail    1  5  6  6  1  5  3  2  4
配列 head    2  1  2  5  4  4  6  3  3

配列 番地          1  2  3  4  5  6
```

```
配列 edgefirst      1  8  7  9  2  3

配列 番地          1  2  3  4  5  6  7  8  9
配列 edgenext      5  6  4  0  0  0  0  0  0

配列 番地          1  2  3  4  5  6
配列 revedgefirst  2  1  8  5  4  7

配列 番地          1  2  3  4  5  6  7  8  9
配列 revedgenext   3  0  0  0  6  0  0  9  0
```

1.3 以下のプログラムを走らせて図 1.11 の無向グラフ G の標準的データ構造の配列の内容を与える．1.5 節のライブラリプログラム StandardStructLibrary.h に以下の標準的データ構造の配列の内容を出力する関数 outputarray() を追加したものを改めてライブラリプログラム StandardStructEx.h とする．

```
void outputarray(void){// 標準的データ構造の配列の内容を出力
    int i;
    printf("\n 番地");
    for (i=1; i<= 2*m; i++) {printf("%3d",i);}
    printf("\nhead");
    for (i=1; i<= 2*m; i++) {printf("%3d",head[i]);}
    printf("\n");
    printf("\n 番地     ");
    for (i=1; i<= n; i++) {printf("%3d",i);}
    printf("\nedgefirst");
    for (i=1; i<= n; i++) {printf("%3d",edgefirst[i]);}
    printf("\n");
    printf("\n 番地     ");
    for (i=1; i<= 2*m; i++) {printf("%3d",i);}
    printf("\nedgenext");
    for (i=1; i<= 2*m; i++) {printf("%3d",edgenext[i]);}
    printf("\n");
}
```

すると，無向グラフ G の標準的データ構造の配列の内容は，最後に outputarray() を呼び出すことを追加した以下のプログラムで出力される．

```
// 無向グラフ入力と標準的データ構造構成と配列出力のプログラム standstructarray.c
#include <stdio.h>
#define vmaxsize      1000
#define emaxsize      2000
#define e2maxsize     4000
#include"GraphInput.h"
#include"StandardStructEx.h"
int main(void) {
    graph_input();  // 無向グラフの辺数 m, 点数 n, 始点, 終点が決定される
    incidence_list_construct();    // 接続辺リストが構成される
    incidence_list_output();       // 構成された接続辺リストが出力される
    outputarray();  // 追加した行 // 標準的データ構造の配列の内容が出力される
    return 0;
}
```

以下は，上記のプログラムに図 1.11 の無向グラフ G のデータを入力として与えてプログラムを走らせたときの実行結果のうちで，この追加された outputarray() で出力された部分である（すなわち，図 1.11 の無向グラフ G の標準的データ構造の配列の

内容である).

番地	1	2	3	4	5	6	7	8	9	10	11	12	13	14	15	16	17	18	19	20	21	22	23	24	25	26
head	1	2	1	3	1	4	3	5	5	6	3	6	5	7	2	3	2	4	4	8	8	9	4	9	4	10

番地	1	2	3	4	5	6	7	8	9	10
edgefirst	2	1	3	5	7	9	13	19	21	25

番地	1	2	3	4	5	6	7	8	9	10	11	12	13	14	15	16	17	18	19	20	21	22	23	24	25	26
edgenext	16	4	8	6	17	0	10	12	11	14	0	15	0	0	0	18	20	0	22	24	23	0	0	26	0	0

第 2 章

2.1 (a) 以下の図の深さ優先探索木のノードのそばに（先行順，後行順）でラベルを表示している．

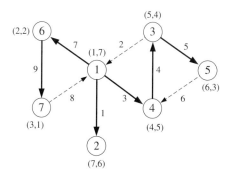

(b) 以下の図の幅優先探索木のノードのそばに幅優先順のラベルを表示している．

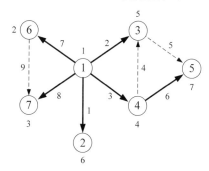

2.2 省略．

2.3 以下のスタックを用いた（再帰を用いない）有向グラフの深さ優先探索のプログラムでは，有向グラフ入力の関数 directed_graph_input() と有向グラフの標準的データ構造構成の関数 distand_incidence_list_construct() を用いているので，これらを含む 1.3 節のライブラリプログラムの DigraphInput.h と DiStandStructLibrary.h を読み込んでおくことが必要である．

演習問題解答   205

```c
// スタックを用いた（再帰を用いない）有向グラフの深さ優先探索 DFS-Stack.c
#include <stdio.h>
#define vmaxsize        1000
#define emaxsize        2000
#include"DigraphInput.h"
// int tail[emaxsize+1], head[emaxsize+1];
// int m, n;
#include"DiStandStructLibrary.h"
// int edgefirst[vmaxsize+1], edgenext[emaxsize+1];
#define unvisited       -1
int parent[vmaxsize+1], prelabel[vmaxsize+1], postlabel[vmaxsize+1];
int current[vmaxsize+1], stack[vmaxsize+1];
int k, j;   // k は先行順のラベル，j は後行順のラベル
int top;    // スタックの先頭を指す
void push(int v){// v からの深さ優先探索の開始
    k++;
    prelabel[v] = k;  // v に先行順のラベル k を付ける
    top++;
    stack[top] = v;   // v をスタックに挿入する
}
void pop(void){// スタックの先頭の点の削除
    int v;
    v=stack[top];       // スタックの先頭の点 v の削除
    top--;
    j++;                // v からの深さ優先探索の終了
    postlabel[v] = j;   // v に後行順のラベル j を付ける
}
void push_first(int v){
    int a, w;
    k++;
    prelabel[v] = k;   // v に先行順のラベル k を付ける
    top=1;             // 空のスタックの先頭に v を挿入
    stack[top] = v;
    while (top != 0){// スタックが空でない限り
        v=stack[top];   // スタックの先頭の点を v とする
        a = current[v]; // v を始点とする辺のリストで未探索の最初の辺を a とする
        if (a != 0) {// a が実際の辺であるとき（NULL でないとき）
            current[v]=edgenext[a]; // current[v] は a の次の辺を指すように更新
            w = head[a];            // a の終点を w とする
            if (prelabel[w] == unvisited) {// w にラベルがまだ付けられていないとき
                parent[w]=v; // w の親を v とする
                push(w);     // w をスタックに挿入し，w からの深さ優先探索の開始
            }
        }
        else { // a が実際の辺でないとき（a=NULL のとき）
            pop(); // スタックの先頭から点を削除
        }
    }
}
void depth_first_stack(void){
    int v;
    k = 0;  // 先行順ラベル用
    j = 0;  // 後行順ラベル用
    for (v = 1; v <= n; v++) prelabel[v] = unvisited;
        // どの点もラベルが付けられていない
    for (v = 1; v <= n; v++) current[v] = edgefirst[v];
        // current[v] は点 v を始点とする辺のリストで未探索の最初の辺を指す
    for (v = 1; v <= n; v++)
        if (prelabel[v] == unvisited) {
            // 点 v にラベルが付けられていないときは v からの深さ優先探索を開始する
            parent[v]=0;    // 新しい深さ優先探索木の根を v とする
```

```
10 19
1 2
2 3     入力するデータは有向グラフのデータです
3 4     有向グラフの点数 n と辺数 m を入力してください
4 2     m 本の各辺の始点と終点を入力してください
1 8     有向グラフの点数 n=10, 辺数 m=19
8 7
8 2         点:      先行順      親       後行順
7 2         1:       1          0        10
7 4         2:       2          1        3
5 4         3:       3          2        2
7 5         4:       4          3        1
5 6         5:       7          7        5
6 7         6:       8          5        4
8 9         7:       6          8        6
9 10        8:       5          1        9
9 1         9:       9          8        8
1 10        10:      10         9        7
10 8
1 3
```

図 1　左の箱のデータの入力に対する深さ優先探索のプログラムの出力（右の箱）

```
            push_first(v);  // v からの深さ優先探索の開始
        }
    printf("\n");
    printf("  点:      先行順      親       後行順\n");
    for (v = 1; v <= n; v++) {
        printf("%6d: %9d %9d %13d\n", v, prelabel[v], parent[v], postlabel[v]);
    }
}
int main(void){
    directed_graph_input();  // 有向グラフの辺数 m, 点数 n, 始点, 終点が決定される
    distand_incidence_list_construct();  // 接続辺リストが構成される
//  distand_incidence_list_output();     // 構成された接続辺リストが出力される
    depth_first_stack();  // 深さ優先探索の開始
    return 0;
}
```

図 1 は，図 2.2(a) のグラフ G に対してこの深さ優先探索のプログラムを実行して得られた結果である．図 2.3 の結果と同じであり，図 2.2(b) の深さ優先探索木が実際に得られていることを確認しよう．

第 3 章

3.1 有向グラフ $G = (V, E)$ の点集合 V 上の二項関係 $\sim$ が，

$u, v \in V$ に対して，u から v への有向パスと v から u への有向パスが存在するときそしてそのときのみ $u \sim v$ である

として定義されているとする．すると以下が成立する．

(a) 反射律: 任意の $u \in V(G)$ に対して，$u \sim u$ である．

(b) 対称律: 任意の $u, v \in V(G)$ に対して, $u \sim v$ ならば $v \sim u$ である.
(c) 推移律: 任意の $u, v, w \in V(G)$ に対して, $u \sim v$ かつ $v \sim w$ ならば $u \sim w$ である.

したがって, $\sim$ は V 上の同値関係である. 同値関係では, 関係 $\sim$ のあるものどうしをひとまとめにすると, いくつかのグループ (同値類と呼ばれる) に分割される. V の同値類による分割が強連結分解になる. 各同値類が両端点ともそれに属する辺集合とともに強連結成分を構成する.

3.2 いま v から w への有向パスが G に存在したとする. すると, そのパスが異なる根付き木間にまたがる横断辺を含まなければ, v と w は同一の根付き木に含まれることは明らかである. 一方, 1本でも含めば v と w は異なる根付き木に含まれる (なぜなら, 定理 2.2 より, そのような横断辺を通るごとにその辺の始点を含む根付き木の (根 r の) ラベル (prelabel[r]) よりも終点を含む根付き木の (根 r' の) ラベル (prelabel[r']) のほうが小さくなるからである). このことは, v と w が同じ強連結成分に属するならば, 両方向に有向パスが存在するので, v と w は同じ根付き木に含まれることを意味している.

しかしただ単に深さ優先探索をしただけでは逆のことは言えない. 同一の根付き木に含まれているからといって, 同一の強連結成分に属するとは言えないのである. それを解決するためアルゴリズムでは, 1. で前もって点の後行順のラベル付けを求めて, 3. でラベルの大きい点を優先的に選んで $R(G)$ の深さ優先探索を行っている. このようにすると, $R(G)$ の強連結成分と深さ優先探索木が 1 対 1 対応することになるのである. 以下ではこれを示してアルゴリズムの正当性を示す. もちろん $R(G)$ は G の辺の向きを単に逆にしただけであるので, G の強連結成分 (の点集合) と $R(G)$ の強連結成分 (の点集合) とが一致することは了解済みとする.

3. で $R(G)$ に対して深さ優先探索を実行して得られる任意の根付き木を T_R とし, r をその根とする. T_R の任意の点を v とする. v は r の子孫であるので, r から v への有向パス $P_R(r, v)$ が T_R および $R(G)$ に存在する. r の選び方より, このパス上の点 u の後行順のラベル postlabel[u] は postlabel[r] 以下である. 一方 G にはこのパスを逆向きにした v から r へのパス $P(v, r)$ が存在する. パス $P(v, r)$ 上の点で 1. で最初に訪問される点を w とする. まず $w = r$ を示そう. w から r へのパス ($P(v, r)$ の部分パス) が存在するので, r は w からの深さ優先探索中に訪問されることになる. したがって, 1. での深さ優先探索木 T において, r は w の子孫となり postlabel[w] $\geq$ postlabel[r] となるが, r の選び方より, $w = r$ となる. また, postlabel[v] $\leq$ postlabel[r] = postlabel[w] であるので, $v \neq r$ ならば v の探索は r の探索より後から始まり先に終わる (v の探索が r の探索より先に始まったとすると, v から r へのパス $P(v, r)$ が G に存在するので, v の探索中に r の探索が呼び出されたことになって, postlabel[v] $>$ postlabel[r] となるからである). これは r の探索中に v の探索が呼び出されたことを意味する. すなわち, v は T で r の子孫となり, r から v への有向パスが G に存在することになる.

以上のことより, T_R に含まれるすべての点 v に対して, v から r へのパスと r から v へのパスが存在することが言え, T_R の任意の 2 点 v, w に対しても両方行のパスが存在することになる. したがって, v と w は同一の強連結成分に属する. 同一の強連結成分に属する 2 点は, 任意の深さ優先探索で得られる木に対して, 同一の木に含まれることは既に述べているので, アルゴリズムの正当性が証明できたことになる.

3.3 省略．

3.4 省略（プログラムは近代科学社のサイトに載せる予定）．

第 4 章

4.1 始点 s からすべての点への最長パス木を下図の (a) に，始点 s からすべての点への最短パスを表現する根付き木を下図の (b) に，太線で示している．

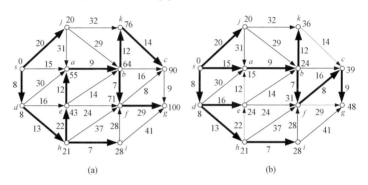

(a)　　　　　　　　　　(b)

4.2 $d_{\max}(s) = 0$ であり，s から $v \neq s$ への最長パスは必ず v を終点とする辺を最後に用いるので，$d_{\max}(v)$ は，

$$d_{\max}(v) = \max\{d_{\max}(u) + \text{length}(u,v) \mid (u,v) \in \delta^-(v)\}$$

を満たす．すなわち，式 (4.2) が成立する．

4.3 有向無閉路グラフ G に入次数 0 の点が存在しないとすると，任意の点 v から出発してその点に入る辺を逆にたどり，同一の点が出現しない限りこれを繰り返すことができるので，点数が有限であることに注意すれば，いつかは前に出現した点に到達することになる．したがって，有向閉路が存在してしまうことになり，有向無閉路グラフであることに反する．

　有向無閉路グラフ G の点数 n による帰納法で証明できる．$n = 1$ のときは自明に成立する．そこで，$n \geq 1$ 以上で成立すると仮定して，点数 $n+1$ の有向無閉路グラフ G で考える．G には入次数 0 の点 v が存在するので，v はランク $\text{rank}(v) = 1$ とできる．次に，G から v を除去して得られるグラフ $G' = G - \{v\}$ は有向無閉路グラフであるので，G' で再帰的に残りのすべての点 $w \in V(G')$ のランク $\text{rank}'(w)$ を求めると，帰納法の仮定より，それは G' のトポロジカルラベリングになっている．そこで，G の v と異なる各点 w に対して $\text{rank}(w) = \text{rank}'(w) + 1$ とする．すると，v に入ってくる辺はないので，v を始点とする辺に対しては終点 w の $\text{rank}(w)$ は $\text{rank}(w) = \text{rank}'(w) + 1 > \text{rank}(v) = 1$ であり，G の他の残りの各辺 (u,w) は G' の辺であり，帰納法の仮定から，$\text{rank}(u) = \text{rank}'(u) + 1 < \text{rank}'(w) + 1 = \text{rank}(w)$ が成立する．したがって，rank が有向無閉路グラフ G のトポロジカルラベリングになっている．

4.4 $d_{\min}(s) = 0$ であり，s から $v \neq s$ への最短パスは必ず v を終点とする辺を最後に用

いるので，$d_{\min}(v)$ は，

$$d_{\min}(v) = \min\{d_{\min}(u) + \text{length}(u,v) \mid (u,v) \in \delta^-(v)\}$$

を満たす．すなわち，式 (4.3) が成立する．

プログラムは省略する（近代科学社のサイトに置く予定）．

第 5 章

5.1 G は連結な無向オイラーグラフ（すべての点の次数が偶数）であるとする．任意に 1 点 v_0 を選び，$u := v_0$ とおいて u から出発して未探索の辺をたどりながら（スタック S の先頭に挿入して）パス P を延伸していく．ある点 x にパス P が到着すると，$x = u$ でない限り，x の次数が偶数であるので，まだたどっていない未探索の辺が x に接続していることになる．したがって $x = u$ でない限り，パス P を確実に延伸できる．$x = u$ でもまだたどっていない未探索の辺が $x = u$ に接続しているときはパス P を確実に延伸できる．そこで，$x = u$ に到達して，$x = u$ に接続している辺はすべてたどってしまっている（$x = u$ に接続する未探索の辺はない）とする．このときはこのパス P は u から出発して u で終了しているので閉じている．アルゴリズムの 2. までがここまでに対応する．G のすべての辺をたどってしまっているときには，このパス P が一筆書きになるので終了できる．

そこで，P は G のすべての辺をまだたどりきれていない（未探索の辺が存在する）とする．そして P の出発点を u 以外の点に変更できないかと考える．そこでこれまでたどったパスを u から戻りながら，まだたどっていない未探索の辺が接続している最初の点 x まで戻る（このとき戻った辺がその順番で S の先頭から削除されて L の先頭に挿入されている）．そして，（いま戻った）パス P の x から u の部分を P_2，最初の u から x までの P の部分を P_1 とすると，$P = P_1 P_2$ であるが，それを $P = P_2 P_1$ とつなぎかえる（アルゴリズムではこの部分に対応することは省略しているが，仮想的には，S の末尾に u から x に戻った辺をその順番で挿入していると見なせる）．すなわち，$u := x$ とおいて，パス P は $u = x$ から出発していると考える．こうして点 x からまたパス P を延伸していく．これを繰り返して，G のすべての辺をパス P がたどるようにできる．したがって，最終的に P は一筆書きとなる（この P では，一般には出発点は v_0 でないが，一筆書きはどの点を出発点としてもかまわないので，これで問題ない）．

5.2 省略．

5.3 省略．

5.4 省略（プログラムは近代科学社のサイトに置く予定）．

第 6 章

6.1 M に関する増加パスが G に存在するならば，本文でも述べたように，マッチングの辺の本数を増加できるので，M は最大マッチングではない．そこで，以下では逆を示す．

M に関する増加パスが G に存在しないとする．さらに，M^* を G の任意の最大マッチングとする．そして，$M \triangle M^* = (M - M^*) \cup (M^* - M)$ とおく（図 2(a)）．ここで，$|M - M^*| = |M^* - M|$ ならば，$|M| = |M^*|$ となり，M も G の最大マッ

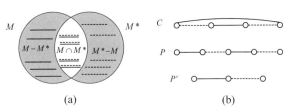

図 2 (a) $M \triangle M^* = (M - M^*) \cup (M^* - M)$, (b) $G|(M \triangle M^*)$

チングとなる．したがって，$|M - M^*| = |M^* - M|$ が示せれば十分である．

辺集合 $M \triangle M^*$ で誘導される G の辺誘導部分グラフ $G|(M \triangle M^*)$ の各点に接続する辺は明らかに 1 本以上 2 本以下である．したがって，$G|(M \triangle M^*)$ の各連結成分はパス P か閉路 C である（図 2(b)）．さらに，それらのパス P と閉路 C では M と M^* の辺が交互に現れる．したがって，$G|(M \triangle M^*)$ の閉路 C の長さは偶数であり，C に含まれる M の辺の本数と M^* の辺の本数は等しい．また，M に関する増加パスは存在しないので，$G|(M \triangle M^*)$ のパス P で M の辺の本数は M^* の辺の本数以上である．同様に，M^* は最大マッチングであるので，M^* に関する増加パスも存在しないことになり，$G|(M \triangle M^*)$ のパス P で M^* の辺の本数は M の辺の本数以上である．したがって，$G|(M \triangle M^*)$ のパス P に含まれる M の辺の本数と M^* の辺の本数は等しい．以上により，$G|(M \triangle M^*)$ における M の辺の本数と M^* の辺の本数は等しくなり，$|M - M^*| = |M^* - M|$ であることが言えた．

6.2 $G(M)$ の各点 v に対して $d(v) = \mathrm{level}[v]$ とする．レベルグラフ $G_L(M)$ の s から t への最短な有向パス（長さ $\ell = d(t)$）で辺を共有しないパスの極大集合を，

$$\mathcal{P} = \{P_1, P_2, \ldots, P_k\}$$

とする．Q' を $\mathcal{P}$ に含まれるパスの辺を全部集めた集合とし，Q を Q' からパスの両端の辺を除いた集合とする．すなわち，

$$Q = Q' - F_M$$

である．すると $\mathcal{P}$ は極大であるので，$G_L(M) - Q'$ には s から t への有向パスは存在しない．したがって，$G(M) - Q'$ にも s から t への長さ ℓ の有向パスは存在しない（長さ $\ell + 1$ 以上のパスは存在しうる）．t 以外の各点 v に対しては，s から v への最短パスの長さは $d(v)$ 以上となる．一方，更新されたマッチング $M' = (Q - M_r) \cup (M - Q_r)$（$Q_r, M_r$ はそれぞれ，Q, M に含まれる辺をすべて逆向きにした辺の集合）に関する補助グラフ $G(M') = (V(M'), E(M'))$ は，$G(M) - Q'$ に Q_r を付け加えることで得られるが，付け加えた Q_r の辺 (v, w) に対しては，$d(v) = d(w) + 1$ である（$d(\cdot)$ の大きい方から小さい方に向かっている）ので，新しく s から t への長さ ℓ の有向パスが生じることはない．t 以外の各点 v に対しても，s から v への最短パスが存在するときにはその長さは $d(v)$ 以上となる．したがって，(1) を示せた．

(2) 出てくる最短パスの長さは全体の反復で高々 $\sqrt{n}$ 個しかないことを以下に示す．M^* を最大マッチング，M をマッチングとし，

$$\beta^* = |M^*|, \quad \beta = |M|, \quad k = \beta^* - \beta$$

とする．このとき，$k > 0$ なら M に関する長さ $2\lfloor \beta/k \rfloor + 1$ 以下の増加パスが存在す

ることをまず示そう．辺集合 $M' = (M - M^*) \cup (M^* - M)$ で誘導される G の部分グラフ $G|M'$ を考えると，$G|M'$ の連結成分はパスか長さが偶数の閉路になる．閉路に寄与する M と M^* の辺数は等しい．一方，パスは M と M^* の辺が交互に出てくる交互パスとなるが，そのうち少なくとも k 個は M に関する増加パスとなる．実際は M^* に関する増加パスは存在しないので，M に関する増加パスはちょうど $k = \beta^* - \beta$ 個となる．これらの増加パスがすべて長さ $2\lfloor \beta/k \rfloor + 3$ 以上であるとすると，M の辺は各パスに $\lfloor \beta/k \rfloor + 1$ 個以上含まれ，$\beta = |M| \geq k(\lfloor \beta/k \rfloor + 1) > \beta$ となり矛盾する．したがって，M に関する長さ $2\lfloor \beta/k \rfloor + 1$ 以下の増加パスが存在することが言えた．これは最短な増加パスの長さは全体で高々 $k + \beta/k$ 個であることを示している．実際，M が求められるまでの最短な増加パスの長さは $2\lfloor \beta/k \rfloor - 1$ 以下であるので，そこまでの最短な増加パスの長さは高々 β/k 種類，それ以降は高々 k 種類である．したがって，$k = \lfloor \sqrt{\beta^*} \rfloor$ と選べば，$\beta/k \leq \beta^*/k = O(\sqrt{\beta^*})$ から最短な増加パスの長さの種類は $O(\sqrt{\beta^*})$ $(= O(\sqrt{n}))$ となる．

6.3 省略．

第 7 章

7.1 負の長さの辺が存在するとき Dijkstra のアルゴリズムが正しい答えを出さない反例のネットワークとして，

が挙げられる．負の長さの辺が存在するこの反例において，Dijkstra のアルゴリズムでは s から t への距離が $\mathrm{distance}[t] = 11$ となって固定されてしまうが，実際の最短パスの長さは 7 である．

7.2 Dijkstra のアルゴリズムで最終的に得られる最短パス木の辺を太線で描くと，

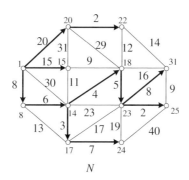

となる．なお，途中の動作は紙面の都合で省略した．

7.3 省略．

第 8 章

8.1 8.2 節の Warshall-Floyd 法のプログラムの実行結果を与える．なお，紙面の都合で距離行列 D とパス行列 P を横に並べて表示している．また，数字の 1000 は無限大を意味する．

```
入力するデータは有向ネットワークのデータです
有向ネットワークの点数 n と辺数 m を入力してください
m 本の各辺の始点と終点および長さを入力してください
有向ネットワークの点数 n=6，辺数 m=13

距離行列 D[1]                           パス行列 P[1]
      0     4  1000  1000  1000  1000        0    1   -1   -1   -1   -1
   1000     0     6  1000     8  1000       -1    0    2   -1    2   -1
      5  1000     0     7     1  1000        3   -1    0    3    3   -1
   1000     2     1     0     3     4       -1    4    4    0    4    4
   1000  1000  1000     2     0     3       -1   -1   -1    5    0    5
     -1  1000  1000  1000  1000     0        6   -1   -1   -1   -1    0

距離行列 D[2]                           パス行列 P[2]
      0     4  1000  1000  1000  1000        0    1   -1   -1   -1   -1
   1000     0     6  1000     8  1000       -1    0    2   -1    2   -1
      5     9     0     7     1  1000        3    1    0    3    3   -1
   1000     2     1     0     3     4       -1    4    4    0    4    4
   1000  1000  1000     2     0     3       -1   -1   -1    5    0    5
     -1     3   999   999   999     0        6    1   -1   -1   -1    0

距離行列 D[3]                           パス行列 P[3]
      0     4    10  1000    12  1000        0    1    2   -1    2   -1
   1000     0     6  1000     8  1000       -1    0    2   -1    2   -1
      5     9     0     7     1  1000        3    1    0    3    3   -1
   1000     2     1     0     3     4       -1    4    4    0    4    4
   1000  1000  1000     2     0     3       -1   -1   -1    5    0    5
     -1     3     9   999    11     0        6    1    2   -1    2    0

距離行列 D[4]                           パス行列 P[4]
      0     4    10    17    11  1000        0    1    2    3    3   -1
     11     0     6    13     7  1000        3    0    2    3    3   -1
      5     9     0     7     1  1000        3    1    0    3    3   -1
      6     2     1     0     2     4        3    4    4    0    3    4
   1000  1000  1000     2     0     3       -1   -1   -1    5    0    5
     -1     3     9    16    10     0        6    1    2    3    3    0

距離行列 D[5]                           パス行列 P[5]
      0     4    10    17    11    21        0    1    2    3    3    4
     11     0     6    13     7    17        3    0    2    3    3    4
      5     9     0     7     1    11        3    1    0    3    3    4
      6     2     1     0     2     4        3    4    4    0    3    4
      8     4     3     2     0     3        3    4    4    5    0    5
     -1     3     9    16    10     0        6    1    2    3    3    0
```

演習問題解答   *213*

```
距離行列 D[6]                           パス行列 P[6]
     0    4   10   13   11   14          0    1    2    5    3    5
    11    0    6    9    7   10          3    0    2    5    3    5
     5    5    0    3    1    4          3    4    0    5    3    5
     6    2    1    0    2    4          3    4    4    0    3    4
     8    4    3    2    0    3          3    4    4    5    0    5
    -1    3    9   12   10    0          6    1    2    5    3    0

距離行列 D[7]                           パス行列 P[7]
     0    4   10   13   11   14          0    1    2    5    3    5
     9    0    6    9    7   10          6    0    2    5    3    5
     3    5    0    3    1    4          6    4    0    5    3    5
     3    2    1    0    2    4          6    4    4    0    3    4
     2    4    3    2    0    3          6    4    4    5    0    5
    -1    3    9   12   10    0          6    1    2    5    3    0
```

8.2 省略.

第9章

9.1 Kruskal のアルゴリズムの途中の更新と得られる最小全点木を以下に示している（対応するユニオンファインド木の更新の様子は省略）．

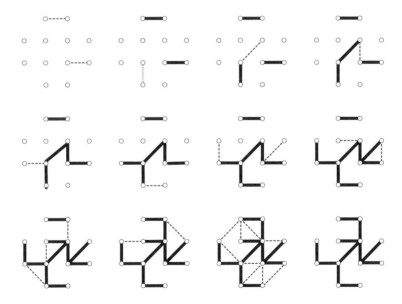

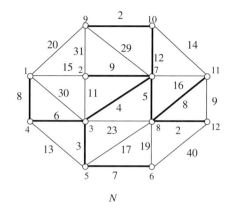

9.2 省略.

9.3 下図は，点 1 を出発点として最小全点木を求める Prim のアルゴリズムの動作（点の番号はアルゴリズムで VP に入れられる順番）を示したものである．実装は省略．

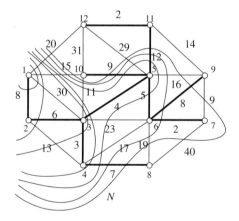

第 10 章

10.1 入口・出口を除いたすべての点での流量保存制約により，

$$\text{value}(f) = \sum_{e \in \delta^+(s)} f(e) - \sum_{e \in \delta^-(s)} f(e)$$

$$= \sum_{v \in X} \left(\sum_{e \in \delta^+(v)} f(e) - \sum_{e \in \delta^-(v)} f(e) \right)$$

$$= \sum_{e=(v,w)\in E(X,V(G)-X)} f(e) + \sum_{e=(v,w)\in E(X,X)} f(e)$$
$$- \sum_{e=(u,v)\in E(V(G)-X,X)} f(e) - \sum_{e=(u,v)\in E(X,X)} f(e)$$
$$= \sum_{e=(v,w)\in E(X,V(G)-X)} f(e) - \sum_{e=(u,v)\in E(V(G)-X,X)} f(e)$$

から式 (10.1) が得られる.

10.2 以下の図は,図 (a1) のネットワークに対する Ford-Fulkerson のアルゴリズムにおける反復の様子である.各 i で,(ai) は反復 $i-1$ 後のフロー f_i,(bi) は反復 i における残容量ネットワーク $N(f_i)$ と最短パス P_i である.f_5 が流量 25 の最大フローであり,最小 1-6 カットは $X = \{1,2,3,4,5\}$ で容量は 25 である.

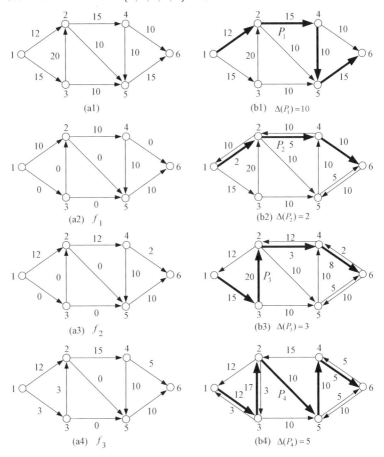

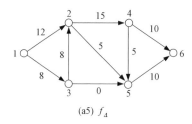

(a5) f_4

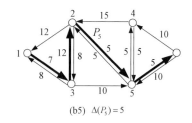

(b5) $\Delta(P_5) = 5$

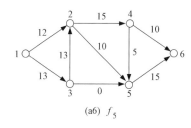

(a6) f_5

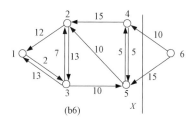

(b6) X

10.6 節の最大フローを求める Ford-Fulkerson のアルゴリズムのプログラムに対象のネットワーク N の以下の入力,

```
6 9
1 2 12
1 3 15
2 4 15
2 5 10
3 2 20
3 5 10
4 5 10
4 6 10
5 6 15
1 6
```

を与えると以下のような反復の様子と最小カットの出力が得られる．上記の図と一致していることを確認されたい．

入力するデータは有向ネットワークのデータです
有向ネットワークの点数 n と辺数 m を入力してください
m 本の各辺の始点と終点および容量を入力してください
入口 s と出口 t を入力してください
有向ネットワークの点数 n=6, 辺数 m=9

Δ (P1)= 10
辺 9 始点 5 終点 6   f(9): 0 --> 10
辺 7 始点 4 終点 5   f(7): 0 --> 10
辺 3 始点 2 終点 4   f(3): 0 --> 10
辺 1 始点 1 終点 2   f(1): 0 --> 10

```
Δ(P2)= 2
辺 8   始点 4   終点 6    f( 8): 0 -->  2
辺 3   始点 2   終点 4    f( 3):10 --> 12
辺 1   始点 1   終点 2    f( 1):10 --> 12

Δ(P3)= 3
辺 8   始点 4   終点 6    f( 8): 2 -->  5
辺 3   始点 2   終点 4    f( 3):12 --> 15
辺 5   始点 3   終点 2    f( 5): 0 -->  3
辺 2   始点 1   終点 3    f( 2): 0 -->  3

Δ(P4)= 5
辺 8   始点 4   終点 6    f( 8): 5 --> 10
辺 7   始点 4   終点 5    f( 7):10 --> 5
辺 4   始点 2   終点 5    f( 4): 0 -->  5
辺 5   始点 3   終点 2    f( 5): 3 -->  8
辺 2   始点 1   終点 3    f( 2): 3 -->  8

Δ(P5)= 5
辺 9   始点 5   終点 6    f( 9):10 --> 15
辺 4   始点 2   終点 5    f( 4): 5 --> 10
辺 5   始点 3   終点 2    f( 5): 8 --> 13
辺 2   始点 1   終点 3    f( 2): 8 --> 13

入口 1 から出口 6 への最大フロー f
辺 1   始点 1   終点 2   容量 12    f( 1)=12
辺 2   始点 1   終点 3   容量 15    f( 2)=13
辺 3   始点 2   終点 4   容量 15    f( 3)=15
辺 4   始点 2   終点 5   容量 10    f( 4)=10
辺 5   始点 3   終点 2   容量 20    f( 5)=13
辺 6   始点 3   終点 5   容量 10    f( 6)= 0
辺 7   始点 4   終点 5   容量 10    f( 7)= 5
辺 8   始点 4   終点 6   容量 10    f( 8)=10
辺 9   始点 5   終点 6   容量 15    f( 9)=15
最大フロー f の流量 = 25

最小 1-6 カット X
X={ 1  2  3  4  5 }
辺 8   始点 4   終点 6   容量 10    f( 8)=10
辺 9   始点 5   終点 6   容量 15    f( 9)=15
最小 1-6 カット X の容量 = 25
```

第 11 章

11.1 以下の図は，図 (a1) のネットワークに対する Dinic のアルゴリズムにおける反復の様子である．各 i で，(ai) は反復 $i-1$ 後の残容量ネットワーク $N(f_i)$，(bi) は反復 i におけるレベルネットワーク $N_L(f_i)$ と極大フローである．f_2 が流量 25 の最大フローであり，最小 1-6 カットは $X = \{1, 2, 3, 4, 5\}$ で容量は 25 である．

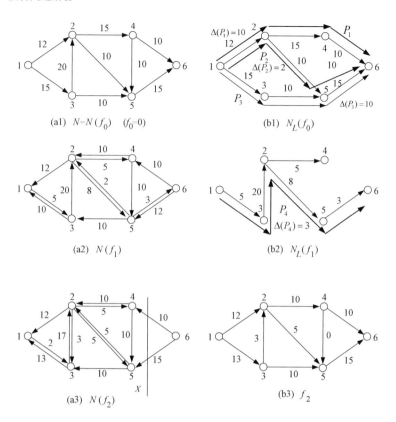

11.3 節の Dinic の最大フローアルゴリズムのプログラムに，対象のネットワーク N の以下の入力，

```
6 9
1 2 12
1 3 15
2 4 15
2 5 10
3 2 20
3 5 10
4 5 10
4 6 10
5 6 15
1 6
```

を与えると以下のような反復の様子と最小カットの出力が得られる．上記の図と一致していることを確認されたい．

入力するデータは有向ネットワークのデータです

有向ネットワークの点数 n と辺数 m を入力してください
m 本の各辺の始点と終点および容量を入力してください
入口 s と出口 t を入力してください
有向ネットワークの点数 n=6，辺数 m=9

Δ（P1）= 10
辺 8　始点 4　終点 6　容量 10　　f(8): 0 --> 10
辺 3　始点 2　終点 4　容量 15　　f(3): 0 --> 10
辺 1　始点 1　終点 2　容量 12　　f(1): 0 --> 10

Δ（P2）= 2
辺 9　始点 5　終点 6　容量 15　　f(9): 0 --> 2
辺 4　始点 2　終点 5　容量 10　　f(4): 0 --> 2
辺 1　始点 1　終点 2　容量 12　　f(1):10 --> 12

Δ（P3）= 10
辺 9　始点 5　終点 6　容量 15　　f(9): 2 --> 12
辺 6　始点 3　終点 5　容量 10　　f(6): 0 --> 10
辺 2　始点 1　終点 3　容量 15　　f(2): 0 --> 10

Δ（P4）= 3
辺 9　始点 5　終点 6　容量 15　　f(9):12 --> 15
辺 4　始点 2　終点 5　容量 10　　f(4): 2 --> 5
辺 5　始点 3　終点 2　容量 20　　f(5): 0 --> 3
辺 2　始点 1　終点 3　容量 15　　f(2):10 --> 13

入口 1 から出口 6 への最大フロー f
辺 1　始点 1　終点 2　容量 12　　f(1)=12
辺 2　始点 1　終点 3　容量 15　　f(2)=13
辺 3　始点 2　終点 4　容量 15　　f(3)=10
辺 4　始点 2　終点 5　容量 10　　f(4)= 5
辺 5　始点 3　終点 2　容量 20　　f(5)= 3
辺 6　始点 3　終点 5　容量 10　　f(6)=10
辺 7　始点 4　終点 5　容量 10　　f(7)= 0
辺 8　始点 4　終点 6　容量 10　　f(8)=10
辺 9　始点 5　終点 6　容量 15　　f(9)=15
最大フロー f の流量 = 25

最小 1-6 カット X
X={ 1　2　3　4　5 }
辺 8　始点 4　終点 6　容量 10　　f(8)=10
辺 9　始点 5　終点 6　容量 15　　f(9)=15
最小 1-6 カット X の容量 = 25

11.2 Dinic の最大フローアルゴリズムの k 回目の 2.～ 4. の反復を考える．$N_L(f)$ の極大フロー f'' を求めるアルゴリズムの 3. で得られたパスの系列を $P_1, P_2, \ldots, P_k$ とする．P^R をこのようなパスの辺を逆向きにした辺の集合，すなわち，

$$P^R = \{a^R \mid a \in P_i,\ i = 1, 2, \ldots, k\}$$

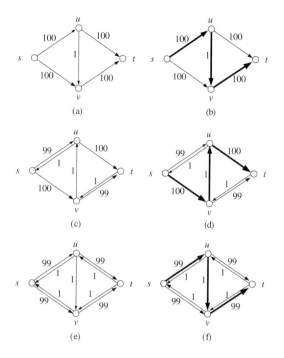

図 3 Ford-fulkerson のアルゴリズムで反復回数が大きくなる例

とする ($a = e^R \in E^R$ に対して，$a^R = e$ と考える)．そこで，ある i ($i = 1, 2, \ldots, k$) に対して，$\mathrm{cap}'(a) = \Delta(P_i)$ となった辺の集合を Q とする．すなわち，

$$Q = \{a \in E(f) \mid \mathrm{cap}_f(a) = f''(a)\}$$

である．もちろん，$P_1, P_2, \ldots, P_k$ の選び方より，$N_L(f) - Q$ には s から t への有向パスは存在しない．したがって，$N(f) - Q$ にも s から t への長さ $\ell = \mathrm{level}[t]$ の有向パスは存在しない（長さ $\ell + 1$ 以上のパスは存在しうる）．t 以外の各点 v に対しては，s から v への最短パスの長さは $\mathrm{level}[v]$ 以上となる．

一方，4. の終了後更新されたフロー（便宜上 f' とする）に関する残容量ネットワーク $N(f')$ は $N(f) - Q$ に P^R の辺を付け加えることで得られるが，付け加えた P^R の辺 $a^R = (v, w)$ に対しては，$N(f)$ で $\mathrm{level}[v] = \mathrm{level}[w] + 1$ である（$\mathrm{level}[\cdot]$ の大きい方から小さい方に向っている）ので，このような辺を利用しても s から各点 v への最短パスの長さが小さくなることはない．したがって，新しく s から t への長さ ℓ の有向パスが生じることはない．t 以外の各点 v に対しても，s から v への最短パスの長さは $\mathrm{level}[v]$ 以上となる．したがって，補題が示せた．

11.3 図 3(a) のネットワーク $N = (G; \mathrm{cap}, s, t)$ において，図 (b) の太線で示しているよう

な増加パスが選ばれてそのパスに沿ってフローを増やす．すると，残容量ネットワークは図 (c) のようになり，そこで図 (d) の太線で示しているような増加パスが選ばれてそのパスに沿ってフローを増やす．すると，残容量ネットワークは図 (e) のようになり，そこでまた図 (f) の太線で示しているような増加パスが選ばれてそのパスに沿ってフローを増やす．このように反復が進むと，200 回反復が行われる．100 の容量を 100 億にすると，反復回数は 200 億となる．したがって，Ford-Fulkerson のアルゴリズムは多項式時間のアルゴリズムではない．

11.4 下図の (a) のレベルネットワークにおいて，太線で示しているようなフロー（太線以外の辺はフローが 0）は流量 1 の極大フローであるが，最大フローは流量 2 で図 (b) に太線で示しているようなフロー（太線以外の辺はフローが 0）である．

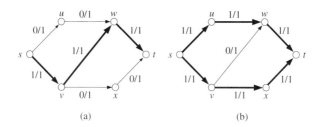

第 12 章

12.1 手持ちの各血液型 i を供給点 i と考えて左側に書き，需要の各血液型 j を需要点 j と考えて右側に書いて，血液型 i が血液型 j に輸血可能であるとき i から j に向かう辺 (i, j) を考えると，二部グラフが得られる（図 4 の (a) と (c)）．さらに，この二部グラフに入口 s，出口 t の 2 点を加えて，s から左側の各点 i に向かう辺 (s, i) と右側の各点 j から t に向かう辺 (j, t) を加える．そして，各 (s, i) の容量を血液型 i の手持ちの量とし，各 (j, t) の容量を血液型 j の需要量とする．二部グラフの辺の容量を無限大とする．このネットワークで最大フローを求める（図 4 の (b) と (d)）．

最初の問題では，最大フローの流量が 99 となって，総需要量の 100 を満たせない（図 4(b)）．一方，2 番目の問題では，最大フローの流量が 100 となって，総需要量の 100 を満たせる（図 4(d)）．二部グラフの辺 (i, j) のフローの値は，その辺のそばに表示している．なお，0 の表示は省略している．二部グラフの辺 (i, j) のフローの値は，手持ちの血液型 i から需要の血液型 j への輸血量を表している．

12.2 省略（プログラムは近代科学社のサイトに置く予定）．

第 13 章

13.1 省略（解答を近代科学社のサイトに置く予定．後述の参考文献 [1], [7], [13] なども参照されたい）．

13.2 省略（解答を近代科学社のサイトに置く予定．後述の参考文献 [1], [7], [13] なども参照されたい）．

13.3 以下の図は，図 13.6（図 (a1)）のネットワークにおける流量最大のフローで費用最小のフローを，負の長さの辺が存在する補助ネットワークでの最短パスを繰り返し求め

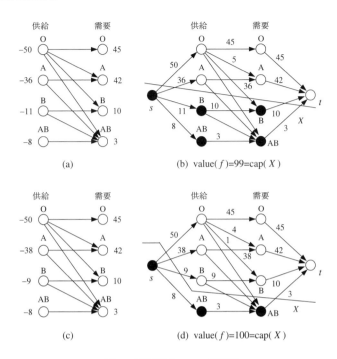

(a)

(b) value(f)=99=cap(X)

(c)

(d) value(f)=100=cap(X)

図 4 演習問題 12.1 の解答図

るアルゴリズムと負の長さの辺が存在しない補助ネットワークで Dijkstra のアルゴリズムで最短パスを繰り返し求めるアルゴリズムの反復の様子である.

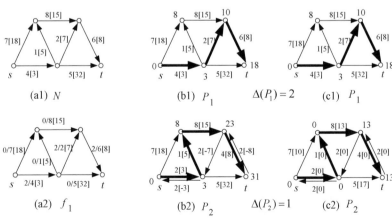

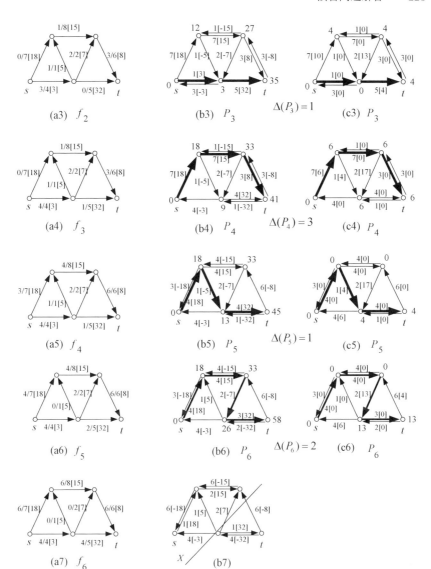

また，図 13.6 のネットワークの以下の入力,

5 7
1 2 7 18
1 3 4 3
2 4 8 15
3 2 1 5
3 4 2 7
3 5 5 32
4 5 6 8
1 5

を与えると以下のような反復の様子の出力が得られる．なお，簡約費用が負になっている辺は残容量が 0 で逆向きの辺しかないことを意味している．(簡約) 距離が -1 は s から到達不可能であることを意味している．上記の図と一致していることを確認されたい．

入力するデータは有向ネットワークのデータです
有向ネットワークの点数 n と辺数 m を入力してください
m 本の各辺の始点，終点，容量および費用を入力してください
入口 s と出口 t を入力してください
有向ネットワークの点数 n=5, 辺数 m=7

各点を始点とする辺のリスト
点 v: v を始点とする辺 (その終点) の並び
  1:    2 (2)   4 (3)
  2:    1 (1)   6 (4)   7 (3)
  3:    3 (1)   8 (2)   10 (4)   12 (5)
  4:    5 (2)   9 (3)   14 (5)
  5:   11 (3)   13 (4)

辺 1 始点 1 終点 2 簡約費用 18 容量 7 f(1)= 0
辺 2 始点 1 終点 3 簡約費用 3 容量 4 f(2)= 0
辺 3 始点 2 終点 4 簡約費用 15 容量 8 f(3)= 0
辺 4 始点 3 終点 2 簡約費用 5 容量 1 f(4)= 0
辺 5 始点 3 終点 4 簡約費用 7 容量 2 f(5)= 0
辺 6 始点 3 終点 5 簡約費用 32 容量 5 f(6)= 0
辺 7 始点 4 終点 5 簡約費用 8 容量 6 f(7)= 0

点 1 簡約距離 0   距離 0
点 2 簡約距離 8   距離 8
点 3 簡約距離 3   距離 3
点 4 簡約距離 10   距離 10
点 5 簡約距離 18   距離 18

Δ (P1)= 2
辺 7 始点 4 終点 5 費用 8 容量 6 f(7): 0 --> 2
辺 5 始点 3 終点 4 費用 7 容量 2 f(5): 0 --> 2
辺 2 始点 1 終点 3 費用 3 容量 4 f(2): 0 --> 2

辺 1　始点 1　終点 2　簡約費用　10　容量　7　f(1)= 0
辺 2　始点 1　終点 3　簡約費用　 0　容量　4　f(2)= 2
辺 3　始点 2　終点 4　簡約費用　13　容量　8　f(3)= 0
辺 4　始点 3　終点 2　簡約費用　 0　容量　1　f(4)= 0
辺 5　始点 3　終点 4　簡約費用　 0　容量　2　f(5)= 2
辺 6　始点 3　終点 5　簡約費用　17　容量　5　f(6)= 0
辺 7　始点 4　終点 5　簡約費用　 0　容量　6　f(7)= 2

点 1　簡約距離　 0　　距離　 0
点 2　簡約距離　 0　　距離　 8
点 3　簡約距離　 0　　距離　 3
点 4　簡約距離　13　　距離　23
点 5　簡約距離　13　　距離　31

Δ (P2)= 1
辺 7　始点 4　終点 5　費用　 8　容量　6　f(7): 2 --> 3
辺 3　始点 2　終点 4　費用　15　容量　8　f(3): 0 --> 1
辺 4　始点 3　終点 2　費用　 5　容量　1　f(4): 0 --> 1
辺 2　始点 1　終点 3　費用　 3　容量　4　f(2): 2 --> 3

辺 1　始点 1　終点 2　簡約費用　10　容量　7　f(1)= 0
辺 2　始点 1　終点 3　簡約費用　 0　容量　4　f(2)= 3
辺 3　始点 2　終点 4　簡約費用　 0　容量　8　f(3)= 1
辺 4　始点 3　終点 2　簡約費用　 0　容量　1　f(4)= 1
辺 5　始点 3　終点 4　簡約費用　-13　容量　2　f(5)= 2
辺 6　始点 3　終点 5　簡約費用　 4　容量　5　f(6)= 0
辺 7　始点 4　終点 5　簡約費用　 0　容量　6　f(7)= 3

点 1　簡約距離　 0　　距離　 0
点 2　簡約距離　 4　　距離　12
点 3　簡約距離　 0　　距離　 3
点 4　簡約距離　 4　　距離　27
点 5　簡約距離　 4　　距離　35

Δ (P3)= 1
辺 6　始点 3　終点 5　費用　32　容量　5　f(6): 0 --> 1
辺 2　始点 1　終点 3　費用　 3　容量　4　f(2): 3 --> 4

辺 1　始点 1　終点 2　簡約費用　 6　容量　7　f(1)= 0
辺 2　始点 1　終点 3　簡約費用　 0　容量　4　f(2)= 4
辺 3　始点 2　終点 4　簡約費用　 0　容量　8　f(3)= 1
辺 4　始点 3　終点 2　簡約費用　-4　容量　1　f(4)= 1
辺 5　始点 3　終点 4　簡約費用　-17　容量　2　f(5)= 2
辺 6　始点 3　終点 5　簡約費用　 0　容量　5　f(6)= 1
辺 7　始点 4　終点 5　簡約費用　 0　容量　6　f(7)= 3

点 1　簡約距離　 0　　距離　 0
点 2　簡約距離　 6　　距離　18
点 3　簡約距離　 6　　距離　 9

点 4   簡約距離 6   距離 33
点 5   簡約距離 6   距離 41

Δ(P4)= 3
辺 7   始点 4   終点 5   費用 8   容量 6   f(7): 3 --> 6
辺 3   始点 2   終点 4   費用 15   容量 8   f(3): 1 --> 4
辺 1   始点 1   終点 2   費用 18   容量 7   f(1): 0 --> 3

辺 1   始点 1   終点 2   簡約費用 0   容量 7   f(1)= 3
辺 2   始点 1   終点 3   簡約費用 -6   容量 4   f(2)= 4
辺 3   始点 2   終点 4   簡約費用 0   容量 8   f(3)= 4
辺 4   始点 3   終点 2   簡約費用 -4   容量 1   f(4)= 1
辺 5   始点 3   終点 4   簡約費用 -17   容量 2   f(5)= 2
辺 6   始点 3   終点 5   簡約費用 0   容量 5   f(6)= 1
辺 7   始点 4   終点 5   簡約費用 0   容量 6   f(7)= 6

点 1   簡約距離 0   距離 0
点 2   簡約距離 0   距離 18
点 3   簡約距離 4   距離 13
点 4   簡約距離 0   距離 33
点 5   簡約距離 4   距離 45

Δ(P5)= 1
辺 6   始点 3   終点 5   費用 32   容量 5   f(6): 1 --> 2
辺 4   始点 3   終点 2   費用 5   容量 1   f(4): 1 --> 0
辺 1   始点 1   終点 2   費用 18   容量 7   f(1): 3 --> 4

辺 1   始点 1   終点 2   簡約費用 0   容量 7   f(1)= 4
辺 2   始点 1   終点 3   簡約費用 -10   容量 4   f(2)= 4
辺 3   始点 2   終点 4   簡約費用 0   容量 8   f(3)= 4
辺 4   始点 3   終点 2   簡約費用 0   容量 1   f(4)= 0
辺 5   始点 3   終点 4   簡約費用 -13   容量 2   f(5)= 2
辺 6   始点 3   終点 5   簡約費用 0   容量 5   f(6)= 2
辺 7   始点 4   終点 5   簡約費用 -4   容量 6   f(7)= 6

点 1   簡約距離 0   距離 0
点 2   簡約距離 0   距離 18
点 3   簡約距離 13   距離 26
点 4   簡約距離 0   距離 33
点 5   簡約距離 13   距離 58

Δ(P6)= 2
辺 6   始点 3   終点 5   費用 32   容量 5   f(6): 2 --> 4
辺 5   始点 3   終点 4   費用 7   容量 2   f(5): 2 --> 0
辺 3   始点 2   終点 4   費用 15   容量 8   f(3): 4 --> 6
辺 1   始点 1   終点 2   費用 18   容量 7   f(1): 4 --> 6

辺 1   始点 1   終点 2   簡約費用 0   容量 7   f(1)= 6
辺 2   始点 1   終点 3   簡約費用 -23   容量 4   f(2)= 4

辺 3　始点 2　終点 4　簡約費用　0　容量 8　f(3)= 6
辺 4　始点 3　終点 2　簡約費用 13　容量 1　f(4)= 0
辺 5　始点 3　終点 4　簡約費用　0　容量 2　f(5)= 0
辺 6　始点 3　終点 5　簡約費用　0　容量 5　f(6)= 4
辺 7　始点 4　終点 5　簡約費用 -17　容量 6　f(7)= 6

点 1　簡約距離　0　距離　0
点 2　簡約距離　0　距離 18
点 3　簡約距離 -1　距離 -1
点 4　簡約距離　0　距離 33
点 5　簡約距離 -1　距離 -1

入口 1 から出口 5 への流量最大の最小費用フロー f
辺 1　始点 1　終点 2　費用 18　容量 7　f(1)= 6
辺 2　始点 1　終点 3　費用　3　容量 4　f(2)= 4
辺 3　始点 2　終点 4　費用 15　容量 8　f(3)= 6
辺 4　始点 3　終点 2　費用　5　容量 1　f(4)= 0
辺 5　始点 3　終点 4　費用　7　容量 2　f(5)= 0
辺 6　始点 3　終点 5　費用 32　容量 5　f(6)= 4
辺 7　始点 4　終点 5　費用　8　容量 6　f(7)= 6
最大フロー f の流量 = 10　　f の費用 = 386

第 14 章

14.1 $x = (x_1, x_2, x_3) = (8, 4, 12)$ を考える．$x_1 = 8, x_2 = 4, x_3 = 12$ を，最初の制約式 $x_1 - x_2 + 3x_3 \geq 40$ の左辺に代入すると，$8 - 4 + 36 = 40$ であるので，この制約式は満たされる．同様に，2 番目の制約式 $5x_1 + 2x_2 - x_3 \geq 24$ の左辺に代入すると，$40 + 8 - 12 = 36$ であるので，この制約式も満たされる．したがって，$x = (8, 4, 12)$ は実行可能解である．目的関数の $7x_1 + x_2 + 5x_3$ に $x_1 = 8, x_2 = 4, x_3 = 12$ を代入すると，$56 + 4 + 60 = 120$ となるので，この線形計画問題の最適解の値 z^* は $z^* \leq 120$ を満たす．

さらに，二つの制約式を加えると $x_1 - x_2 + 3x_3 + 5x_1 + 2x_2 - x_3 = 6x_1 + x_2 + 2x_3 \geq 40 + 24 = 64$ となり，目的関数値は $7x_1 + x_2 + 5x_3 \geq 6x_1 + x_2 + 2x_3 \geq 40 + 24 = 64$ となる．したがって，$z^* \geq 64$ である．

14.2 この問題の線形計画問題は問題 14.1 の線形計画問題（主問題）の双対問題である．さらに，詳細は省略するが，$y = (y_1, y_2) = (2, 1)$ は双対問題の実行可能解であり，$x = (x_1, x_2, x_3) = (7, 0, 11)$ は主問題の実行可能解であり，目的関数値がともに 104 である．したがって，弱双対定理（定理 14.2）より，$y = (y_1, y_2) = (2, 1)$ は双対問題の最適解であり，$x = (x_1, x_2, x_3) = (7, 0, 11)$ は主問題の最適解である．

14.3 出口 $t = 2$ から入口 $s = 1$ への辺 e_{10} を加え，その辺の容量を無限大とする．すると，得られたネットワークの接続行列 A は，

と書ける.

$$A = \begin{pmatrix} & 1 & 2 & 3 & 4 & 5 & 6 & 7 & 8 & 9 & 10 \\ 1 & 1 & 1 & 0 & 0 & 0 & 0 & 0 & 0 & 0 & -1 \\ 2 & 0 & 0 & 0 & 0 & 0 & 0 & 0 & -1 & -1 & 1 \\ 3 & -1 & 0 & -1 & 1 & -1 & 0 & 0 & 0 & 0 & 0 \\ 4 & 0 & -1 & 1 & 0 & 0 & 1 & 0 & 0 & 0 & 0 \\ 5 & 0 & 0 & 0 & -1 & 0 & 0 & -1 & 1 & 0 & 0 \\ 6 & 0 & 0 & 0 & 0 & 1 & -1 & 1 & 0 & 1 & 0 \end{pmatrix}$$

と書ける.

$$\boldsymbol{x} = \begin{pmatrix} x_1 \\ x_2 \\ x_3 \\ x_4 \\ x_5 \\ x_6 \\ x_7 \\ x_8 \\ x_9 \\ x_{10} \end{pmatrix}, \quad \boldsymbol{u} = \begin{pmatrix} 17 \\ 20 \\ 3 \\ 22 \\ 2 \\ 13 \\ 5 \\ 25 \\ 10 \end{pmatrix}, \quad \boldsymbol{p} = \begin{pmatrix} p_1 \\ p_2 \\ p_3 \\ p_4 \\ p_5 \\ p_6 \end{pmatrix}, \quad \boldsymbol{d} = \begin{pmatrix} d_1 \\ d_2 \\ d_3 \\ d_4 \\ d_5 \\ d_6 \\ d_7 \\ d_8 \\ d_9 \end{pmatrix}$$

とし,$\boldsymbol{x}'$ は $\boldsymbol{x}$ から x_{10} を除いた 9 次元ベクトル,$\boldsymbol{I}_k$ は $k \times k$ 恒等行列,$\boldsymbol{0}_k$ はすべての要素が 0 の k 次元ベクトルであるとする.すると,最大フローを求める問題は,

$$\begin{array}{rrcl} \text{maximize} & x_{10} & & \\ \text{subject to} & A\boldsymbol{x} & \geq & \boldsymbol{0}_6 \\ & \boldsymbol{I}_9 \boldsymbol{x}' & \leq & \boldsymbol{u} \\ & \boldsymbol{x}' & \geq & \boldsymbol{0}_9 \end{array}$$

と書ける.双対問題は,

$$\begin{array}{rrcl} \text{minimize} & \boldsymbol{u}^T \boldsymbol{d} & & \\ \text{subject to} & A^T \boldsymbol{p} - \boldsymbol{I}_9 \boldsymbol{d} & \leq & \boldsymbol{0}_9 \\ & p_2 - p_1 & \leq & -1 \\ & \boldsymbol{p} & \geq & \boldsymbol{0}_6 \\ & \boldsymbol{d} & \geq & \boldsymbol{0}_9 \end{array}$$

と書ける.

参考文献

　本書は『アルゴリズムの基礎とデータ構造：数理と C プログラム』（近代科学社，2017）の続編である．『アルゴリズムの基礎とデータ構造：数理と C プログラム』の参考文献に挙げた基本的なアルゴリズムとデータ構造についての参考文献はここでは省略する．
　本書を執筆する際に全面的に参考にした代表的な文献は以下の 5 件である．

[1] 浅野 孝夫：『情報の構造——データ構造とグラフアルゴリズム（上），ネットワークアルゴリズムとデータ構造（下）』，日本評論社，1994．

[2] 浅野 孝夫，今井 浩：『計算とアルゴリズム』，オーム社，2000．

[3] 浅野 孝夫：『離散数学——グラフ・束・デザイン・離散確率』，サイエンス社，2010．

[4] J. Kleinberg and E. Tardos: *Algorithm Design*, Addison-Wesley, 2005（日本語訳は浅野 孝夫，浅野 泰仁，小野 孝夫，平田 富夫：『アルゴリズムデザイン』，共立出版，2008）．

[5] R.E. Tarjan: *Data Structures and Network Algorithms*, SIAM, 1983（日本語訳は岩野 和生：『新訳 データ構造とネットワークアルゴリズム』，毎日コミュニケーションズ，2008）．

　本書は，とくに，[1] の Paskal 言語で記述されたグラフ・ネットワークアルゴリズムのプログラムを，C 言語でより読みやすくして，サイズの大きい問題を解く際に必要となる領域の見積りも与えたものである．その意味では，[1] の一部の章の改訂版とも言える．本書で述べることのできなかったネットワークフローの様々な問題への応用については，上記の文献 [4] で詳細に取り上げられている．
　本書で取り上げなかったグラフ・ネットワークアルゴリズムのさらなる解説については以下の 2 点が薦められる．

[6] B. Korte and J. Vygen: *Combinatorial Optimization* (5th edition), Springer, 2012（日本語訳は浅野 孝夫，浅野 泰仁，小野 孝夫，平田 富夫：『組合せ最適化第 2 版』（原著 4 版の日本語訳），丸善出版，2012）．

[7] 繁野 麻衣子：『ネットワーク最適化とアルゴリズム』，朝倉書店，2010．

　　[6] はネットワークアルゴリズムを含む組合せ最適化の分野を網羅していて，最新の研究成果まで取り上げている．[7] は教科書として最適であるだけでなく，参考文献も豊富でしっかりとしているので，ゼミや研究用としても最適である．
　　グラフ・ネットワーク理論，離散数学，組合せ最適化などの多岐にわたる分野と密接に関係して，グラフ・ネットワークアルゴリズムは発展してきた．関連する書籍は膨大

であり，参考文献として全部を列挙することはできないので，著者が親しんできた代表的なものだけを以下に挙げておく．

[8] 伊理 正夫, 白川 功, 梶谷 洋司, 篠田 庄司, 他：『演習グラフ理論—基礎と応用』, コロナ社, 1983.

[9] 茨木 俊秀, 石井 利昌, 永持 仁：『グラフ理論—連結構造とその応用』, 朝倉書店, 2010.

[10] 加納 幹雄：『情報科学のためのグラフ理論』, 朝倉書店, 2001.

[11] 西野 哲朗, 若月 光夫：『情報工学のための離散数学入門』, 数理工学社, 2015.

[12] 藤重 悟：『グラフ・ネットワーク・組合せ論』, 共立出版, 2002.

[13] 室田 一雄, 塩浦 昭義：『離散凸解析と最適化アルゴリズム』, 朝倉書店, 2013.

[14] R.K Ahuja, T.L. Magnanti, and J.B. Orlin: *Network Flows: Theory, Algorithms and Applications*, Prentice-Hall, 1989.

[15] R. Diestel: *Graph Theory* (3rd edition), Springer, 2005 （日本語訳は根上 生也, 太田 克弘：『グラフ理論』（原書第 2 版の日本語版），シュプリンガー・フェアラーク東京，2000）.

[16] E. Lawler: *Combinatorial Optimization: Networks and Matroids*, Holt, Rinehart and Winstone, 1976.

[17] T. Nishizeki and N. Chiba: *Planar Graphs: Theory and Algorithms*, Dover Books on Mathematics, 2008.

[18] C.H. Papadmitriou and K. Steiglitz: *Combinatorial Optimization: Algorithms and Complexity*, Prentice-Hall, 1982.

最後に，グラフ・ネットワークアルゴリズムに基づいて発展してきている分野を取り上げた文献を挙げておく．

[19] D. Easley and J. Kleinberg: *Networks, Crowds and Markets: Reasoning about a Highly Connected World*, Cambridge University Press, 2010(日本語訳は浅野 孝夫, 浅野 泰仁：『ネットワーク・大衆・マーケット』, 共立出版, 2013).

[20] V.V. Vazirani: *Approximation Algorithms*, Springer, 2002 （日本語訳は浅野 孝夫：『近似アルゴリズム』, 丸善出版, 2012）.

[21] P.D. Williamson and J.B. Shmoys: *The Design of Approximation Algorithms*, Cambridge University Press, 2011 （日本語訳は浅野 孝夫：『近似アルゴリズムデザイン』, 共立出版, 2015）.

索　引

数字・英字

2 彩色可能グラフ (2-colorable graph), 47, 85

LP 緩和 (LP-relaxation), 192
LP 双対定理 (LP-duality theorem), 185
LP 問題 (linear program), 183

No 証明 (No certificate), 183

$s\text{-}t$ カット ($s\text{-}t$-cut), 128

Yes 証明 (Yes certificate), 183

あ行

入口 (source), 126

オイラー (Eulerian), 68
オイラーツアー (Eulerian tour), 68
横断辺 (cross edge), 28, 42
親 (parent), 3

か行

下界付きフロー (flow with lower bounds), 158
カット (cut), 117
カット特性 (cut property), 116
完備データ構造 (complete data structure), 7

木 (tree), 3
木辺 (tree edge), 28, 42
キュー (queue), 23
供給点 (supply vertex), 155
凝縮グラフ (condensed graph), 57

強連結 (strongly connected), 50
強連結成分 (strongly connected component), 50
極大フロー (maximal flow), 144

グラフ (graph), 1
グラフ探索 (graph search), 22

子 (child), 3
後行順 (postorder), 5, 28, 41
交互パス (alternating path), 84
後退辺 (backward edge), 28, 42

さ行

最小 $s\text{-}t$ カット (minimum $s\text{-}t$-cut), 128
最小カット問題 (minimum cut problem), 128
最小最大関係 (mini-max relation), 186
最小全点木 (minimum spanning tree), 115
最小費用循環フロー問題 (minimum-cost circulation problem), 198
最小費用フロー問題 (minimum-cost flow problem), 162
最大フロー (maximum flow), 127
最大フロー最小カット定理 (max-flow min-cut theorem), 129
最大フロー問題 (maximum flow problem), 127
最大マッチング (maximum matching), 84
最短パス木 (shortest path tree), 99
最長パス木 (longest path tree), 62
最適解 (optimal solution), 183
最適値 (optimal value), 183
残容量ネットワーク (residual network),

232　索 引

130

自己ループ (self-loop), 1
次数 (degree), 68
子孫 (descendant), 4
実行可能解 (feasible solution), 183
始点 (tail), 1
弱双対定理 (weak duality theorem), 186
終点 (head), 1
主問題 (primal program), 184
需要 (demand), 154
需要付きフロー (flow with demands), 154
需要点 (demand vertex), 155
順序木 (ordered tree), 5
小数 s-t カット (fractional s-t cut), 192
真部分グラフ (proper subgraph), 3

スタック (stack), 23

正準形 (canonical form), 183
整数性定理 (integrality theorem), 133
制約式 (constraints), 182
接続 (incident), 1
接続行列 (incidence matrix), 19
接続辺リスト (incidence list), 7
線形計画問題 (linear program), 182
先行順 (preorder), 5, 28, 41
前進辺 (forward edge), 28
全点木 (spanning tree), 115
全点部分グラフ (spanning subgraph), 115
全点森 (spanning forest), 115

増加パス (augmenting path), 84, 130
双対定理 (duality theorem), 185
双対問題 (dual program), 184
相補性条件 (complementary slackness conditions), 187
祖先 (ancestor), 4

た行
多重グラフ (multi-graph), 2
多重辺 (multi-edges), 2
単純 (simple), 3
単純グラフ (simple graph), 2

端点 (end vertex), 1
端点解 (extreme point solution), 193

出口 (sink), 126
点 (vertex), 1

動的計画法 (dynamic programming), 61
独立集合 (independent set), 85
トポロジカルソート (topological sort), 59
トポロジカルラベリング (topological labeling), 59

な行
長さ (length), 3

二部グラフ (bipartite graph), 47, 85

根 (root), 3
根付き木 (rooted tree), 3
ネットワーク (network), 7, 60

ノード (node), 3

は行
葉 (leaf), 4
パス (path), 3
幅優先順 (breadth-first order), 5, 41
幅優先探索 (breadth-first search), 23
幅優先探索木（森）(breadth-first search tree (forest)), 33, 41

一筆書き (Eulerian tour), 68
標準的データ構造 (standard data structure), 9, 14

深さ (depth), 4
深さ優先探索 (depth-first search), 23
深さ優先探索木（森）(depth-first search tree (forest)), 28, 41
部分木 (subtree), 5
部分グラフ (subgraph), 2
フロー (flow), 126
ブロックフロー (blocking flow), 144

並列辺 (parallel edges), 1
閉路 (circuit), 3
辺 (edge), 1
変数 (variables), 183

補木辺 (cotree edge), 28, 42
補助グラフ (auxiliary graph), 86
補助ネットワーク (auxiliary network), 163

ま行
マッチ (matched), 84
マッチング (matching), 84

無向グラフ (undirected graph), 1
無向辺 (undirected edge), 1

目的関数 (objective function), 182

や行
有向グラフ (directed graph), 1
有向辺 (directed edge), 1

誘導部分グラフ (induced subgraph), 46, 50

良い特徴付け (good characterization), 183, 186
容量 (capacity), 126, 128, 193
容量制約 (capacity constraint), 126

ら行
流量 (value), 127
流量保存制約 (conservation constraint), 126
隣接 (adjacent), 1
隣接行列 (adjacency matrix), 18
隣接点リスト (adjacency list), 7

レベル (level), 89
レベルグラフ (level graph), 89, 143
レベルネットワーク (level network), 143
連結 (connected), 3, 68
連結成分 (connected component), 3, 50

著者紹介

浅野 孝夫 (あさの たかお)
- 1977 年　東北大学大学院工学研究科 電気及通信工学専攻 修了（工学博士）
- 1977 年　東北大学工学部 通信工学科 助手
- 1980 年　東京大学工学部 計数工学科 講師
- 1985 年　上智大学理工学部 機械工学科 助教授
- 1992 年　中央大学理工学部 情報工学科 教授
  　　　　現在に至る

主要著書
- 『情報の構造（上・下）』（日本評論社，1994 年）
- 『計算とアルゴリズム』（共著，オーム社，2000 年）
- 『情報数学』（コロナ社，2009 年）
- 『離散数学』（サイエンス社，2010 年）
- 『アルゴリズムの基礎とデータ構造』（近代科学社，2017 年）

主要訳書
- 『アルゴリズムデザイン』（共訳，共立出版，2008 年）
- 『組合せ最適化』（共訳，丸善出版，2012 年）
- 『ネットワーク・大衆・マーケット』（共訳，共立出版，2013 年）
- 『近似アルゴリズムデザイン』（共立出版，2015 年）

グラフ・ネットワークアルゴリズムの基礎
数理と C プログラム

Ⓒ 2017 Takao Asano　　　　　　Printed in Japan

2017 年 4 月 30 日　　　　初版第 1 刷発行

著　者　　　　　浅　野　孝　夫

発行者　　　　　小　山　　透

発行所　　　　　㈱ 近代科学社

〒 162-0843　東京都新宿区市谷田町 2-7-15
電話　03-3260-6161　振替　00160-5-7625
http://www.kindaikagaku.co.jp

藤原印刷　　　ISBN978-4-7649-0536-8
　　　　　定価はカバーに表示してあります．

世界標準MIT教科書
アルゴリズムイントロダクション 第3版 総合版

■著者
T.コルメン, C.ライザーソン, R.リベスト,
C.シュタイン

■訳者
浅野 哲夫, 岩野 和生, 梅尾 博司,
山下 雅史, 和田 幸一

■B5判・上製・1120頁

■定価（14,000円＋税）

　原著は，計算機科学の基礎分野で世界的に著名な4人の専門家がMITでの教育用に著した計算機アルゴリズム論の包括的テキストであり，本書は，その第3版の完訳総合版である．

　わかりやすさだけを重視した解説書とは一線を画し，アルゴリズムの設計から完成に至る理路整然とした道筋が本書には示されている．その道を丁寧にたどることで，読者は世界標準のアルゴリズムに導かれていく．

　さらに各節末には練習問題（全957題）が，また章末にも多様なレベルの問題が多数配置されており（全158題），学部や大学院の講義用教科書として，また技術系専門家のハンドブックあるいはアルゴリズム大事典としても活用できる．

■主要目次
I 基礎 / II ソートと順序統計量 / III データ構造
IV 高度な設計と解析の手法 / V 高度なデータ構造 / VI グラフアルゴリズム
VII 精選トピックス / 付録 数学的基礎 / 索引（和（英）‐英（和））